교사를 위한
대화법

교사를 위한 대화법

3단계 모형으로 익히는
듣기, 칭찬하기, 지적하기

김중수 지음

Humanist

머리말

학생들은 일상 속에서 끊임없이 대화한다. 학생들은 학교에서, 가정에서, 그 밖의 모든 장소에서, 친구와 가족과 선생님 등과, 과거부터 현재를 거쳐 미래까지 모든 시간에서 학생들은 대화를 하게 된다. '대화'라는 장르가 가지는 영향력은 어마어마한 것이다. 이렇게 중요한 대화에 대한 교육을 제대로 받은 학생들은 인간관계를 잘 맺게 되고, 다른 사람들에게 좋은 영향력을 미치게 되며, 자기 스스로를 있는 그대로 받아들이면서 자존감 높은 인생을 살 수 있게 된다.

대화 교육을 제대로 받지 않고 본능에 따라, 또는 인터넷이나 방송이나 또래 문화 등 제한된 범위의 대화 문화 속에서 영향을 받은 채로 자라게 되면 어른이 되어서도 제대로 된 대화를 하지 못하게 되고, 자기 자녀들에게도 대화의 모범을 보여주지 못하게 되며, 현세대의 사회 전체와 후세대에까지 악영향을 미치게 된다.

이 책에서는 수업 시간에 할 수 있는 대화 교육의 원리와 방법, 수업 시간이 아닐 때 교사가 할 수 있는 대화의 실천에 대해 구체적인 사례를 들며 소개하려 한다. 교사의 대화법을 다룬 《교사와 학생 사이》, 《교사 역할 훈련》, 《비폭력대화》, 《교사의 마음리더십》 등에서 공통적인 요소를 뽑아 가르치기 쉬운 원리로 재구성했다. 사회에 만연한 혐오 표현, 언어폭력, 비속어 남용 등의 문제에 '대화'라는 장르 교육으로 접근하는 사례를 보여준다. 대화는 타인과의 대화뿐만 아니라 자기 자신과의 대화까지 포함한다. 자기 마음의 소리에 귀를 기울일 줄 아는 사람은 남에게 휘둘리지 않고 자존감 높은 삶을 살 수 있다.

이 책은 수업 시간에 학생들에게 대화하는 법을 가르치는 내용이 대부분이지만, 그보다 더 중요한 것은 교사 자신이 대화하는 법을 잘 알고 대화법대로 잘 실천하는 일이다. 수업 시간에는 학생들에게 공감적 듣기를 하라고 가르치면서 복도에서 학생들을 만났을 때는 공감적 듣기를 실천하지 않는 교사가 있다면 학생들은 무엇을 배울 것인가? 수업 시간에 학생들에게 배려하는 말하기를 하라고 가르칠 때 교사가 강압적으로 "너희는 배려하는 말하기를 해야만 해."라고 윽박지른다면 학생들은 무엇을 배울 것인가?

이 책에서의 '대화'는 전통적인 입말 대화와 함께 스마트폰이나 PC의 메신저, 채팅 프로그램상의 글말 대화까지를 포함한다. 의사소통할 때 몸말이 전달하는 정보의 양이 65~70%이고, 입말은 약 30~35%의 정보만을 전달한다는 연구 결과처럼, 몸말(비언어적인 요소)은 대화에서 매우 큰 역할을 한다. 그런데 사이버 공간의 글말 대화에서는 비언어적인 요소를 활용할 수가 없으므로 오로지 말의 내용만으로 생각과 감정을 전달해야 한다. 사이버 공간에서는 글말로 된 표현만이 유일한 소통의 창구가 된다. 비언어적인 요소를 제외한 '말' 그 자체를 적절하게 다듬는 일이 중요해진다는 뜻이다.

'대화하기'를 제대로 교육한다면 교사와 학생, 학생과 학생, 교사와 교사 간의 소통에 도움이 된다. 그뿐만 아니라 학생들의 사이버 폭력을 예방할 수도 있고, 사이버 공간에서의 대화 문화를 바른 방향으로 이끄는 데도 도움이 될 것이다. 진정한 대화가 무엇인지를 알게 해주신 '마음 리더십 대화'의 창안자 김창모 박사님과 배미애 선생님께 감사의 마음을 전한다.

김중수

차례

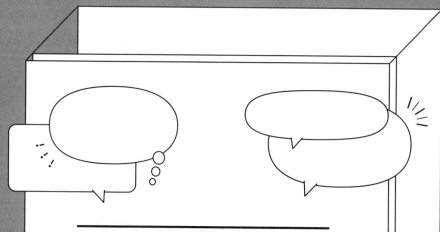

1부

대화와
듣기

1. 대화란 무엇인가?

국어교육에서 '대화'란 '면담, 토의, 발표, 연설, 토론, 협상'과 구분되는 담화의 한 장르이다. 대화는 대중화법이 아니라는 점에서 '발표, 연설'과 다르고, 집단화법이 아니라는 점에서 '토의, 토론, 협상'과 다르다. 화법의 격식성을 기준으로 공식적인 담화와 비공식적인 담화를 구분한다. 면담, 토의, 발표, 연설, 토론, 협상이 모두 공식적인 담화이고, 대화만이 비공식적인 담화이다. 면담, 토의, 발표 같은 공식적인 담화는 제대로 배우고 열심히 연습해야 할 것 같은 생각이 든다. 그에 비해 비공식적인 담화인 대화는 굳이 배우지 않아도 될 것같이 생각된다. 대화는 우리가 말을 배우는 순간부터 죽기 직전까지 한순간도 빠짐없이 평생을 함께한다. 당장 쉬는 시간의 교실을 떠올려 보라. 쉬는 시간과 점심시간에 학생들은 대부분 대화로 시간을 보낸다. 심지어 수업 시간에도 학생들은 대화를 한다. 이처럼 학생들은 일상에서 늘 '대화'라는 비공식적인 화법을 쓰고 있기 때문에 그것을 따로 배워야 하는 것으로 여기지 않는다.

공식적인 담화를 잘하는 것은 사회생활을 할 때 도움이 된다. 비공식적인 담화를 잘하는 것은 일상생활을 할 때 도움이 된다. 사회생활을 해본 사람은 알겠지만, 우리는 사회생활을 할 때 관계 맺는 사람들과 공식적인 말만 주고받으며 지내지는 않는다. 공식적인 관계로 만나는 사람들과도 비공식적인 담화를 주고받을 기회가 많다. 때로는 공식적인 담화보다 비공식적인 담화를 통해서 사회생활의 많은 부분이 결정되기도 한다.

반대로 생각해 보자. 일상생활을 함께 나누는 사람들에게 사회생활에서나 사용할 법한 공식적인 화법을 적용하면 어떻게 될까? 그다지 좋은 결과가 예상되지 않는다. 공식적인 화법이 오가는 관계에서 비공식적인 화법은 도움이 되지만, 비공식적인 화법이 오가는 관계에서 공식적인 화법은 도움이 되지 않는다. 그리고 사회생활은 할 때도 있고 안 할 때도 있지만 일상생활을 하지 않고 살 수는 없다. 이런 면에서 비공식적 화법이 더욱 중요하며, 비공식적 화법의 대표적인 장르인 '대화'에 대한 올바른 교육이 필요하다.

대화 교육은 대화를 할 줄 아는 것을 넘어서 대화를 제대로 할 줄 아는 사람을 기르는 교육이다. 친구들과 재미있게 이야기를 주고받고 있지만 문득 자신만 소외당하는 느낌이 든 적이 없는가? 순간순간 드는 서운함을 애써 감추며 상대의 말에 맞장구친 적은 없는가? 친하다는 이유로 부당하게 떠맡겨지는 일들, 그다지 친하지도 않은 사람의 들어주기 싫은 부탁을 단지 거절하기가 어렵다는 이유로 모두 내 일로 끌어안고 힘겨워하며 상대에 대한 원망을 넘어 자기 자신을 원망한 적은 없는가? 친구들과 실컷 수다를 떨고 헤어져 집으로 돌아오는 길에 마음에 허전함이 남은 일은 없는가? 이것은 제대로 대화를 한 경험은 아니다.

가수 김광석의 소극장 라이브 앨범을 듣다 보면 이런 대화가 나온다.

후배 형, 나 요즘 힘들어.

광석 뭐가?

후배 그냥 힘들어.

광석 아, 글쎄 뭐가?

후배 힘들…….

광석 너만 할 땐 다 그래.

후배 형이 언제 나만 해봤어? (후배가 키가 엄청 크고 김광석이 키가 작은 것을 빗대어 한 말)

물론 웃자고 한 이야기겠지만, 힘들어서 선배를 찾아갔는데 이런 대화를 나눴다면 대화를 마친 후배는 어떤 생각을 할까? '아, 괜히 말했다.'라고 생각할 것이다. 이런 경험은 사람의 마음에 상처를 남긴다. 하지만 올바른 대화법을 이용하여 대화를 한다면 어떤 대화 상황에서도 자존감을 지키고 상대를 배려할 수 있게 된다.

우리가 수업 시간에 만나는 아이들에게 올바른 대화법을 교육하는 것은 한 사람 한 사람의 일생을 구원하는 것과 마찬가지다. 나아가 이 아이들이 자라서 인생의 선배가 되고 부모가 되었을 때 자라나는 아이들의 마음에 상처를 주지 않고 대화를 할 수 있게 된다면, 그래서 서로의 마음을 알아주고 서로를 배려하는 올바른 대화법을 모두가 자연스럽게 실천하게 된다면 얼마나 좋을까. 그러니 대화법을 교육하는 일은 우리 사회의 미래를 구원하는 것이나 마찬가지다.

그럼에도 국어교육에서 대화 장르는 면담, 토의, 발표, 연설, 토론, 협상 같은 장르에 비해 소홀히 취급되어 왔다. 서종훈(2014)에서는 그 이유를 '전통적인 글말 중심 문화와 군사 문화의 영향, 언어 표현에만 치중한 입말 교육, 대중화법과 집단화법이 중시된 입말 교육, 담화 유형으로서의 독자적인 위상 마련 소홀' 등으로 들고 있다. 하지만 '편 가르기'를 넘어 '타자에 대한 혐오'가 만연하는 이 시대에, 다른 어떤 장르보다도 우선 대화 장르에 대한 교육이 필요하다.

대화란 두 사람 이상의 대화 참여자가 형식에 얽매이지 않고 자유롭게 화자와 청자의 역할을 순서 교대에 의해 바꾸어가며 언어적인 상호 작용을 하는 것이다. 대화 상황을 외부에서 관찰해 보면, 갑이 말한 뒤에 을이 말하고, 을이 말하고 나면 갑이 말하는 식의 발화 연속체로 보인다. 그래서 사람들은 '청자의 역할'이란 '상대의 말이 끝나기를 기다리며 말을 하지 않고 있는 것'이라고 오해하기도 한다. 그러나 순서 교대의 형식만을 갖춘다고 대화가 성립하는 것은 아니다. 유동수(2008)는 갑이 말하고 나서 을이 말하고 이어서 갑이 말한다면 돌아가면서 독백을 하는 것일 뿐이며 이는 '사이비 대화'라고 한다. 진정한 대화란 갑이 말하면 을이 '듣고', 을이 말하면 갑이 '듣는' 행위의 연속체를 말한다.

독백의 주고받기는 관계를 공허하고 불편하게 만든다. 제대로 된 대화는 관계를 따뜻하게 만들고 말에 힘이 실리게 한다. 그래서 《대화의 철학》에서는 "진정한 대화는 이성의 교환일 뿐만 아니라 이성과 정서와 의지의 전인적인 만남이다. 대화가 일상적인 지껄임이 아니라 참다운 대화라면 그것은 언제나 실존적인 만남이다."라고 했다.

허영주(2014)는 대화를 다음과 같이 나누기도 한다.

- 비교육적 대화
- 교육적 대화 - 진리 탐구로서의 대화
  - 교수로서의 대화
  - 논쟁으로서의 대화
  - 영원한 대화
  - 친밀한 대화

교육적 대화의 궁극적인 모습이 '진리 탐구로서의 대화'라면 교육적 대화의 첫걸음은 일상적으로 이루어지는 '친밀한 대화'가 된다. '친밀한 대화'가 이 책에서 다루려는 대화 교육의 대상이다. '영원한 대화, 논쟁으로서의 대화, 교수로서의 대화, 진리 탐구로서의 대화'는 '친밀한 대화'가 바탕이 되어야 성공할 수 있다.

2. 듣기란 무엇인가?

대화에서 화자의 행위는 쉽게 식별된다. 그런데 청자의 행위인 '듣기'는 내면의 사고 과정이므로 단지 '말하지 않고 있을 뿐인 사람'과 '듣고 있는 사람'은 겉으로 보기에 비슷해 보인다. 그래서 대화 교육에서 '고개 끄덕임'이나 '맞장구' 같은 비언어적 반응과 '응', '그랬구나' 같은 언어적 반응을 보이는 것이 '바람직한 청자의 역할'로 다루어진다. 나아가 이와 같은 '반응하기'를 듣기의 인지적 과정에 포함하기도 한다.

그런데 청자의 적극적 역할을 표현하는 언어적 반응은 함부로 하면 안 된다. 청자의 언어적 반응과 관련하여 《교사 역할 훈련》에서는 대화를 망치는 12가지 표현을 제시한다. 언어적 반응을 할 때 '명령, 경고, 설교, 충고, 판단, 비난, 비판, 해석, 칭찬, 위로, 질문, 다른 주제로 넘어가기'를 해서는 안 된다. 명령, 설교, 비난 등은 대화를 망친다고 누구나 인정하겠지만, 위로나 칭찬마저도 대화를 망치는 표현에 포함된다는 말에는 선뜻 동의하기가 어려울 것이다.

그러나 이는 당연한 일이다. 갑이 어떤 말을 했을 때 을이 만약 위로나 칭찬을 한다면 그것은 '말하기'의 영역이다. 갑이 말하면 을이 '듣기'를 해야 하는데, 들을 차례에 말을 했으니 그 대화가 망가질 수밖에 없다.

그렇다면 '듣기'란 무엇인가? 언어 사용 영역은 크게 '표현'과 '이해'로 나뉜다. 표현은 내용의 '생산'에, 이해는 내용의 '수용'에 해당한다. 듣기란 이 중에서 상대방을 이해하고 수용하는 행위를 말한다. 이때의 이해와 수용은 단순히 말해진 내용만을 이해하는 것이 아니라 화자가 말하지 않은 것까지도 수용하여 화자라는 인간 자체를 이해하는 수준이어야 한다.

토론이나 토의에 비해 소홀히 다루어진 대화 장르 안에서도 듣기는 말하기보다 소홀히 취급되어 왔다. 흔히 대화의 원리로서 교육 내용에 선정되는 '순서 교대의 원리', '협력의 원리', '공손성의 원리' 등에는 격률이 제시된다. 그 내용을 보면 모두 '말하기'의 원리이다. '순서 교대의 원리'는 언제 말할지를 판단하는 원리이고, '협력의 원리'는 어떤 말을 할지를 판단하는 원리이다. '공손성의 원리' 역시 어떤 말을 어떤 식으로 할지를 판단하는 원리일 뿐 '어떻게 들을지'에 대한 원리는 구체적으로 제시된 적이 없다. 《화법교육론》에서 '분석적 듣기, 공감적 듣기, 대화적 듣기'로 나누어 그 특성과 원리를 설명하고 있지만, 교육적 실천이 가능한 정도로 구체화되어 있지는 않다.

2015 국어과 교육과정에서 '대화' 장르와 관련되는 성취기준과 그 내용은 다음과 같다.

[2국01-03] 자신의 감정을 표현하며 대화를 나눈다.
[4국01-01] 대화의 즐거움을 알고 대화를 나눈다.

[4국01-04] 적절한 표정, 몸짓, 말투로 <u>말한다.</u>

[6국01-07] 상대가 처한 상황을 이해하고 공감하며 듣는 태도를 지닌다.

[9국01-02] 상대의 감정에 공감하며 적절하게 반응하는 대화를 나눈다.

[12화작02-01] 대화 방식에 영향을 미치는 자아를 인식하고 관계 형성에 적절한 방법으로 <u>자기를 표현한다.</u>

[12화작02-02] 갈등 상황에서 자신의 생각, 감정이나 바라는 바를 <u>진술하게 표현한다.</u>

[12화작02-08] 부탁, 요청, 거절, 사과, 감사의 말을 상황에 맞게 <u>효과적으로 한다.</u>

밑금 그은 부분에서 보듯이 8개의 성취기준 가운데 5개가 '말한다', '표현한다'라고 되어 있어 '화법은 곧 말하기 능력'이라는 오해를 불러일으킨다. 이러한 오해는 '대화를 잘하는 사람'이라고 하면 '화술이 좋은 사람'을 떠올리는 고정관념과도 맞닿아 있다. 하지만 대화를 잘하는 사람은 '말하기'를 술술 잘할 뿐 아니라 '듣기'도 잘하는 사람이다. 잘 듣는 것은 따로 '경청'이라고 하여, 흔히 듣기를 '듣기'와 '경청'으로 나눈다. 이것은 듣기의 수준에 따른 구분인데, 논의하는 사람마다 표현이 조금씩 다르다.

　㉮ 휴 맥케이, 김석원 역,《대화와 설득의 기술》
　　㉠ 듣기는 고민하지 않고 상대방의 메시지를 접수하는 과정이다.
　　㉡ 경청은 대화에 참여하는 것을 말한다.

④ 사토 마나부, 손우정 역, 《수업이 바뀌면 학교가 바뀐다》

㉠ 하나는 '의미를 이해한다'라는 영어에서 말하는 'understanding'으로서의 이해 방식이다. (중략) "당신이 말하고 있는 것이 이런 것이죠?"라는 반응의 답을 듣고 말이 통했다고 생각하는 사람이 있을까?

㉡ '음미한다'라는 영어의 'appreciation'으로 표기되는 이해 방식이다. (중략) 아이가 발언하는 내용의 의미가 아니라 그 발언에 담겨 있는 기분이나 이미지로 마음이 통하는 듣는 방식이다.

⑤ 토마스 고든, 김홍옥 역, 《교사 역할 훈련》

㉠ 소극적 듣기(침묵): 침묵은 학생을 '방해'하지는 않지만 교사가 자기 이야기에 주의를 기울이고 있는지를 확신시키지는 못한다.

㉡ 적극적 듣기(피드백): 적극적 듣기는 학생에게 자기 생각과 감정이 존중받고 이해되고 받아들여진다는 인상을 준다. 그리고 심화된 의사소통을 가능하게 해준다.

이 가운데 우리가 추구해야 할 듣기는 ㉮, ㉯, ㉰ 각각에서 ㉡ 항목이다. '경청'은 이전의 국어과 교육과정에서 '적극적 듣기'라고 불러왔고, 2009 국어과 교육과정에서부터는 경청을 넘어서서 '공감적 듣기'가 전면에 등장했다.

원래 '적극적 듣기'는 듣기의 형식에 따른 구분으로 '소극적 듣기'와 대비되는 개념이다. 소극적 듣기와 달리 적극적 듣기는 상대방에게 '내가 잘 듣고 있음'을 표현하는 듣기를 말한다. '공감적 듣기'는 듣기의 내용에 따른 구분으로 '비공감적 듣기'와 대비되는 개념이다. 공감적 듣기는 화자의 성격과 처지와 기분을 고려하여 화자가 이해하고 느낀 그대로를 이해하고 느끼는 듣기를 말한다.

'적극적 듣기'나 '공감적 듣기'라고 이름 붙이는 순간, '소극적 듣기'와 '비공감적 듣기'가 함께 생겨난다. 하지만 대화에서 소극적 듣기와 비공감적 듣기가 설 자리는 없다. 듣기와 경청이 있는 것이 아니라 '듣기'와 '안 듣기'가 있을 뿐이다. 다시 말해, 다음 ㉮의 관점을 버리고 ㉯를 택한다는 뜻이다.

㉮ 듣기에는 '소극적·비공감적 듣기'와 '적극적·공감적 듣기'가 있다. 진정한 듣기는 '적극적·공감적 듣기'이다.

㉯ 듣기는 '적극적·공감적 듣기'만을 말한다. '소극적·비공감적 듣기'는 듣기가 아니다.

국어교육에서는 사실 '공감적 듣기' 항목을 따로 설정하지 말고 그냥 '듣기' 안에 공감적 듣기의 요소를 포함해서 가르치는 것이 마땅하다. 그렇지 않은 듣기라면 그것은 '듣기'가 아니다. 최소한 '대화 교육에서의 듣기'는 아니어야 한다. 대화에서 소극적 듣기, 비공감적 듣기가 필요한 경우도 있을 것이다. 그러나 그것은 특별히 예외적인 상황에서 '전략적 무관심'을 표시하는 경우에 해당할 수는 있어도, 그것을 과연 '듣기'라고 할 수 있을까?

듣기의 본질은 앞서 말한 대로 화자의 생각을 수용한다는 뜻이다. 대화에서 화자는 생각을 생산하여 표현하고 청자는 화자가 표현한 말을 수용하여 이해한다. 따라서 대화 장르에서 듣기와 말하기의 순서 교대를 개념화할 때, 입으로 소리를 내느냐 귀로 소리를 받아들이느냐 하는 신체적 기준으로 말하기와 듣기를 구분해서는 안 된다. 갑의 말에 이어서 을이 말을 할 때, 그 말의 내용이 상대의 생각을 수용하는지, 자신의 생각을 표현하는지에 따라 '듣기'의 영역과 '말하기'의 영역으로 나누어야 한다.

> ㉮ **학생** 선생님, 저는 시험공부 때문에 힘들어요.
>
> **교사** 그래, 시험공부 때문에 힘들다는 말이구나.
>
> ㉯ **학생** 선생님, 저는 시험공부 때문에 힘들어요.
>
> **교사** 그래, 조금만 참고 견디면 좋은 결과가 있을 거야.

㉮와 ㉯의 교사 발화를 비교해 보자. 물리적인 행위의 기준에 따르면 둘 다 '말하기'이다. 그러나 ㉮에서 교사의 말은 학생의 생각을 수용하는 내용이다. 화자인 학생이 한 말의 내용을 청자인 교사가 이해했다는 표시일 뿐, 청자인 교사 자신의 생각은 담겨 있지 않다.

㉯에서 교사가 한 말은 자신의 생각을 생산하여 표현하는 내용이다. 화자인 학생의 말을 듣고 교사 자신이 생각을 생산하여 말로 표현한 것이다.

이 중에서 ㉮와 같은 교사의 발화 양식이 이 책에서 다루고자 하는 '듣기'의 핵심이 된다.

《한알 집단상담》(유동수 외, 2009)에서 대화의 질을 좌우하는 대화의 수준에 대해 "대화의 수준은 사실 및 의미 듣기, 기분 듣기, 성격 듣기, 본심 듣기, 칭찬·인정, 지적·대결의 수준으로 나누어 생각해 볼 수 있다."라고 했다. 이를 '듣기'와 '말하기'로 구분해 보면 다음과 같다.

- 듣기: 사실 및 의미 듣기, 기분 듣기, 성격 듣기, 본심 듣기
- 말하기: 칭찬·인정, 지적·대결

소미영(2012)에서 공감적 듣기의 반응 요소로 '열린 질문하기'를, 대화적 듣기의 반응 요소로 '긍정적 피드백하기'를 설정한 바 있다. 또한 관계 지향적 듣기의 반응 요소로 '상대방으로부터 들은 정보나 내용에 대한 자신의 느낌을 솔직히 표현함'을 설정했다. 그러나 이런 '열린 질문, 긍정적 피드백, 느낌 표현하기'는 모두 '대화에서의 반응'이 될 수는 있어도 '듣기 반응'이 될 수는 없다. '열린 질문'은 들은 내용에 대해 청자가 궁금한 내용을 표현하는 말하기이다. '긍정적 피드백'은 들은 내용에 대해 청자가 지지한다는 생각을 표현하는 말하기이며, '느낌 표현하기'는 들은 내용에 대해 청자 내부에서 생산된 느낌을 표현하는 말하기이다.

정상섭(2005)에서도 공감적 듣기에 해당하는 내용으로 '칭찬하기, 해석하기' 등을 들면서 '칭찬'에 대해서는 '자신의 솔직한 감정 표현', '해석'에 대해서는 '다른 관점에서 사태를 볼 수 있도록 청자가 도와주는 것'이라고 했다. 이 경우에도 화자가 말한 내용에 대해서 청자의 감정을 표현하거나 다른 관점을 보여주는 것은 모두 '듣기'의 본질인 '이해'와 '수용'과는 거리가 멀다. 이런 것들을 모두 포괄하려면 '공감적 대화'라고 이름을 붙여야 한다. '듣기'가 아닌 행동을 '공감적 듣기'라고 불러서는 안 된다.

앞서 말한 소극적 듣기와 비공감적 듣기를 이러한 관점으로 정리해 보자. 첫째, 아직 적극적 듣기 또는 공감적 듣기를 배우지 못한 미성숙한 청자인 경우이다. 이런 경우를 두고 소극적 듣기와 비공감적 듣기가 성립한다고 말하지는 않는다. 둘째, 특별히 예외적인 상황에서 누군가가 '전략적 무관심'으로서 소극적 듣기와 비공감적 듣기를 실행하는 경우이다. 이 경우 소극적 듣기와 비공감적 듣기는 화자의 말을 수용하고 이해하는 행위로서의 듣기가 아니라 청자 자신의 어떤 의사를 생산하고 표현하는 행위로서, 이는 '말하기'에 해당하는 것이다.

따라서 '적극적 듣기', '공감적 듣기'만을 대화에서의 '듣기'로 철저하게 인식해야 대화 교육이 성공할 수 있다.

3. 듣기 3단계 모형

비폭력 대화를 주창한 로젠버그(Rosenberg)는 "다른 사람들로부터 말이나 다른 형태로 부정적인 뜻이 전해졌을 때, 우리는 다음 네 가지 중 하나를 선택할 수 있다."라고 말하면서 ㉑의 방식을 선택할 것을 권한다.

㉮ 비난과 비판을 개인적으로 받아들이기: 다른 사람의 판단을 그대로 받아들여서 자신을 탓하는 것

㉯ 말하는 상대방을 나무라기: "당신은 그런 말을 할 자격이 없어요! 당신이 더 심해요." 같은 말로 반박하는 것

㉰ 자신의 느낌과 욕구를 느끼기: 상대방의 비난과 비판으로 상처받은 자

신의 감정과 좌절된 욕구를 알아차리는 것

㉠ 말하는 상대방이 지금 표현하는 느낌과 욕구를 느끼기: 상대방이 어떤
감정과 어떤 욕구를 가지고 비난과 비판을 하는지 알아차리는 것

구체적으로 예를 들어보자. 학생이 다음과 같이 말을 하면 교사는 어
떤 생각이나 기분이 들까? 그리고 어떻게 대답해야 할까?

학생 선생님, 솔직히 우리한테 관심 있으세요?

이런 말을 들은 교사는 화가 나지만 어느 정도는 이해하고 좋게 해결
하려 할 것이다. 그러나 다음과 같이 말하기도 한다.

교사 아니, 학생이 그렇게 말하는데 어떻게 화가 안 나겠어요?

로젠버그는 "내가 어떻게 화를 안 낼 수가 있느냐?"라는 말에 대해
"당신은 화를 안 낼 수가 있다."라고 알려준다. 학생이 위와 같이 말한
상황에 로젠버그의 방식을 적용하면 다음과 같이 된다. 분노 외에 죄책
감, 섭섭함, 염려 등이 모두 선택 가능한 감정인 것이다.

㉮ 비난과 비판을 개인적으로 받아들이기: "내가 그동안 너희에게 무심했
구나." → 후회, 죄책감
㉯ 말하는 상대방을 나무라기: "너는 뭘 잘했다고 그런 말을 하니? 학생
이 선생한테 건방지게!" → 분노, 괘씸함

㉰ 자신의 느낌과 욕구를 느끼기: '나의 노력도 몰라주다니. 내가 이런 말을 듣다니.' → 섭섭함, 억울함

㉱ 말하는 상대방이 지금 표현하는 느낌과 욕구를 느끼기: '이 아이가 나에게 서운한 게 있었구나. 나한테 보살핌을 받고 싶었구나.' → 염려, 안타까움

바람직한 반응으로 제시된 ㉱는 말하는 상대방이 지금 표현하는 느낌과 욕구를 느끼는 반응이다. 그리고 '이 아이가 나에게 서운한 게 있었구나.'에서 알 수 있듯이 화자인 학생이 표현한 말을 이해하고 수용하는 반응이다. 그에 비해 ㉮, ㉯, ㉰는 화자의 말을 듣고 청자가 자신의 생각을 생산한 반응이다.

㉯와 같은 반응으로 학생과 교사의 대화가 이루어진다면 다음과 같을 것이다.

학생 선생님, 솔직히 우리한테 관심 있으세요?

교사 너는 뭘 잘했다고 그런 말을 하니? 학생이 선생에게 건방지게?

대화 참여자가 각자 자신의 생각을 돌아가면서 표현하는 '독백의 주고받기', '사이비 대화'란 바로 이와 같은 대화를 가리킨다. 진정한 듣기란 "네가 어떻게 나한테 그런 말을 할 수가 있니?" 대신 "네가 나한테 그런 말을 하다니, 무슨 일이 있었구나. 내가 들어줄게."라고 반응하는 것이다.

그렇다면 청자는 '듣기'만 해야 하는가? 학생의 말을 듣고 교사는 ㉯

와 같은 생각은 아예 하면 안 되는 것인가? 그렇지 않다. 앞서 진정한 대화는 갑이 말하면 을이 듣고, 을이 말하면 갑이 듣는 것이라고 했다. 그러니 내 생각을 표현하는 것은 일단 ㉑와 같은 듣기를 한 다음이어야 한다.

《교사 역할 훈련》에서 충고·비판뿐만 아니라 칭찬이나 위로도 대화를 망친다고 한 말을 주의 깊게 이해해야 한다. 대화를 할 때 충고, 비판, 칭찬, 위로 등을 하지 말라는 뜻이 아니다. 상대방에게 충고하거나 비판하거나 위로하거나 칭찬하고 싶다면 우선 상대의 말을 '듣고' 나서 하라는 말이다.

그런데 로젠버그는 부정적인 말을 들었을 때 ㉑와 같은 반응을 선택하라고 했다. ㉮부터 ㉑까지의 반응이 모두 가능한 상황에서 그중 하나를 고르는 '선택'이라는 행위는 교사 자신의 감정과도 연관되어 있어서 심리적 부담이 크다. '괘씸하고 억울함'이 느껴지는데 그것을 억누르고 '염려와 안타까움'을 선택하기가 쉬울 리 없다. 자꾸 참고 들어주면 '내가 호구가 된 기분'도 들고, 만약 참다가 폭발해 버리면 성격파탄자처럼 보이기도 한다.

그러니 '듣기'란 적극적이고 공감적으로 듣겠다는 결심이나 각오를 다지는 것만으로 해결되는 문제가 아니다. 구체적이고 반복적인 '기술'과 '훈련'이 필요한 것이다. 기술과 훈련의 필요성에 대해 《부모와 아이 사이》에서는 다음과 같이 지적한 바 있다.

마침 전문 의사가 우리에게 주사를 놓기 전에, "사실 난 수술 실습을 많이 받지는 않았지만 환자들을 사랑해요. 상식에 따라 수술할 거예요." 하고 말한다면 어떤 기분이 들 것인가? 아마도 두려운 나머지 도망칠지도 모른다.

국어과 교육과정에도 '공감적 듣기'의 원리가 나와 있지만 훈련이나 연습이 가능하도록 구체화되어 있지 않다. 학생들은 '적극적으로 청자 반응을 해야지.' '상대의 말을 수용적 입장에서 이해해야지.'라고 생각해도 어떻게 해야 하는지 몰라서 실행을 못 한다. 물론 교과서 수준에서 구체화되기는 하겠지만, 교과서 집필자의 개별 연구에 맡겨만 둘 것이 아니라 교육과정 수준에서 어느 정도 틀은 잡아주어야 한다. 뒤에 나오겠지만, 2015 교육과정의 〈화법과 작문〉에는 갈등 상황에서 '말하기' 요령이 나-전달법으로 구체화되어 있다. 이제 대화 장르 교육을 위해 간단하면서도 효과적인 '듣기 모형'을 제시하고자 한다.

듣기 모형에 따라 훈련된 사람은 화자의 말에 의해 발생하는 자신의 감정에 휘둘려 즉흥적인 반응으로 대화를 망치는 대신, 어떤 상황에서도 일단 적절한 듣기 반응을 할 수 있게 된다. 청자가 화자의 말을 이해하고 수용하게 되면 화자는 이해받는 느낌이 들어서 청자에게 우호적인 태도를 유지하게 되고, 청자 역시 화자를 이해하게 되어 기분 나쁜 말을 들어도 크게 기분이 상하지 않는다. 즉 성공적인 대화의 지름길은 바로 '듣기'에 있는 것이다.

그렇다면 '수용'과 '이해'로서의 듣기 모형은 어떠해야 하는가?

㉮ 듣기: 사실 및 의미 듣기 / 기분 듣기 / 성격 듣기 / 본심 듣기

(유동수 외,《한알 집단상담》)

ⓝ 듣기: 사실 및 의미 듣기 / 기분 듣고 받아들이기 / 성격 알아주기 및

숨은 뜻 알아주기 　　　　　　　　　　　(유동수 외,《한상담》)

대화 장르 교육을 위한 듣기 모형은 ㉮를 토대로 하되 ⓝ와 같이 3단
계로 구성하고, ⓝ의 '성격 알아주기'를 제외하는 것이 좋다.

1단계에서 대화의 청자는 우선 화자가 말한 사실, 그 말 속에 담긴 의
미를 듣는다. 이때 청자는 사실 그대로를 정확하게 파악하는 인지적 능
력이 필요하며, 화자의 말이 분명한 인지적 오류를 일으키고 있더라도
일단은 화자가 그렇다고 인식하거나 생각한 그대로를 알아줄 필요가
있다. 오류를 바로잡는 것은 그 다음이다.

2단계에서 대화의 청자는 화자가 한 말 속에 담긴 화자의 기분이나
감정이 어떠한지를 듣는다. 흔히 이 단계를 '공감적 듣기'라고 부른다.
김영진(2016)은 공감을 "넓은 의미에서 동감, 연민, 동정, 자기 이입 등
을 모두 포함한다. 반면에 좁은 의미에서 그것은 동감이거나 또는 자기
이입이다."라고 했다. 박성석(2013)은 '동감', '감정 전염', '감정 이입'과
의 비교를 통해 '공감'의 특성을 정리했다. '공감'이라는 것은 정서의 원
천이 타인에게 있으며, 정서적 일치 이전에 반드시 인지적 과정이 선행
되며, 타인과 자신을 구별하는 인식이 바탕에 깔려 있다. 따라서 청자는
화자의 기분·감정을 꼭 같이 느낄 필요는 없다. 화자가 어떤 기분·감
정인지를 알아주기만 하면 된다. 청자의 기분을 표현하는 말은 아직 해
서는 안 된다.

3단계에서 대화의 청자는 화자가 말로 표현하지 않았지만 말하고 싶
었던 것, '숨은 뜻' 또는 '본심'을 듣는다. 지금까지의 '공감적 대화'에

대한 연구가 감정의 영역에 머물렀다면 이 3단계 모형은 공감의 단계를 넘어서서 화자가 어떤 말을 하게 된 근원적인 '의도'까지를 추구한다. '숨은 뜻', '본심', '의도'는 로젠버그의 용어로는 '욕구'에 가깝다. 모든 대화에서 말을 꺼내는 사람은 그 말을 하는 이유가 있다. 청자가 그 이유를 알아차려서 듣게 되면 화자는 청자에 대해 '이 사람이 진정으로 나를 알아주는구나.'라는 만족감을 느낄 것이고, 청자 역시 화자에 대한 완전한 이해에 도달한다. 《화법교육론》에서 말한 '대화적 듣기'는 이 3단계와 그 뒤에 이어지는 청자의 역할 변경을 통한 '말하기'를 모두 포함하는 개념이다. 나는 '대화적 듣기' 속에서도 '듣기'의 국면과 '말하기'의 국면이 본질적으로 구분될 수 있다고 보는 것이다.

모형을 구성하면서 ⑭의 듣기 수준 가운데 '성격 알아주기'는 제외했다. '성격 알아주기'는 화자의 감정을 이해하는 데 큰 도움이 되는 면이 있다. 슬픈 일을 겪었다 하더라도, 남에게 말을 많이 해서 털어버리는 성격을 가진 사람과 남에게 자기 이야기를 잘 하지 않는 성격을 가진 사람이 느끼는 슬픔의 크기는 다르다. 이럴 때 '성격 알아주기'를 통해서 화자가 느낀 감정의 크기를 정확하게 들으면 훨씬 큰 공감의 힘을 발휘할 수 있다.

그럼에도 이 모형에서 '성격 알아주기'를 제외한 이유는 '사실 및 의미 듣기', '기분 듣기', '숨은 뜻 알아주기'는 비교적 짧은 기간에 훈련 및 적용이 가능한 데 비해 '성격 듣기(알아주기)'는 쉽게 익혀지지 않아 배우는 데 오래 걸리기 때문이다. 또한 '기분 듣기'가 가장 중요한 부분이므로 이 부분이 제대로 되면 '성격 듣기' 단계를 반드시 거치지는 않아도 되기 때문이다.

그리고 모형을 구성하면서《한알 집단상담》과《한상담》에서 대화의
'수준, 깊이'라고 표현된 것을 '단계'라는 말로 바꾸었다. '기분 듣기'보
다 '숨은 뜻 알아주기'가 높은 수준이기는 하지만, 높은 수준의 듣기를
추구하느라 곧바로 '숨은 뜻 알아주기'를 시도한다면 오히려 실패한다.
낮은 수준을 거쳐서 높은 수준으로 나아가야 함을 강조하기 위해 '단
계'라는 표현을 썼다.

이상의 내용을 바탕으로 개발한 듣기 모형은 다음과 같이 나타낼 수
있다.

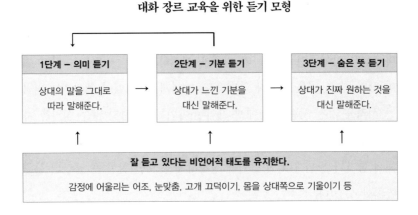

대화 장르 교육을 위한 듣기 모형

4. 단계별 듣기 전략

듣기 1단계는 '의미 듣기' 단계이다. 의미 듣기에서는 상대방이 말한 사
실과 그 의미를 듣는다. 이때 사용하는 전략은 '상대의 말을 그대로 따

라 말해준다.'이다. 이를 상담 화법에서는 '재진술'이라고 하는데, 상대방의 말을 요약하거나 표현을 약간 바꾸어도 되지만 상대방의 말을 그대로 되돌려 주는 것이 가장 안전하다. 요약하거나 표현을 바꿀 때 청자의 관점이 개입되어서 본래 의미나 뉘앙스가 달라질 우려가 있기 때문이다. 의미나 뉘앙스가 달라지면 상대방은 이해받지 못한 기분이 든다. 하지만 상대방의 말이 너무 길다면 요약해 주는 것이 좋다. 안 그러면 상대방은 인간이 아니라 앵무새와 대화하는 기분이 들 것이다.

> **내담자** 나는 메카로 성지순례 여행을 떠나야 해요. 학기 중에 2주 동안 그 여행을 가야 하는데 학점에 큰 지장을 줄 것 같아 가는 것이 꺼려져요. 하지만 나에게는 선택권이 없어요. 내 종교와 관련되어 있기에 어쩔 수가 없어요.
>
> **상담자** 아, 당신은 성지순례 여행을 떠나야 하는군요.

1단계에서 청자가 사용할 말투는 아래의 상담자가 말한 것과 유사하게, "<u>당신 말은 이러이러한 말이군요.</u>"이다. 이것은 청자가 화자의 말을 이해했다는 신호가 된다. 이때 반드시 "예."와 같은 긍정 반응을 받아내야 한다. "아니요."라고 하면 청자가 잘못 이해한 것이므로 "아, 그 뜻이 아니라는 말이군요."라고 말한 뒤 다시 시도한다.

듣기 2단계는 '기분 듣기' 단계이다. 기분 듣기에서는 상대방이 느꼈을 기분을 듣는다. 이때 사용하는 전략은 '상대의 기분을 찾아 대신 말해준다.'이다. 이때 '그 상황에서 나라면 이런 기분이 들었겠다.'라는 태도를 버리고 '그 상황에서 저 사람이라면 이런 기분이 들었겠다.'를 느끼기 위해 노력해야 한다. 화자가 슬픔을 느낄 때, 청자는 세 가지 감정적 반응이 가능하다. 첫째는 "나는 안 슬픈데 그게 왜 슬퍼?"와 같은 비공감적 반응이고, 둘째는 "네가 슬프니 나도 슬프다."와 같은 동감의 반응이고, 셋째는 "슬퍼하는 널 보니 나는 안타깝다."와 같은 공감의 반응이다. 박성석(2013)에서 "공감이란 타인과 자신을 구별하는 인식"이라고 말한 것처럼, 이러한 공감의 반응에서도 청자는 그 감정이 화자의 것임을 분명히 인식하면서 공감의 반응을 할 수 있어야 한다. 예를 들어, 슬픔에 잠겨 이야기하는 화자에게 청자는 '듣기'가 끝나 후 화자를 위로하거나 격려하는 말을 해야 하는데, 같이 슬픔에 휩쓸리면 구해줄 사람이 없게 된다. 2단계 듣기에서 사용할 말은 "당신은 이러이러한 기분이 들었겠군요."이다. 1단계와 마찬가지로 "예."와 같은 반응을 얻어내야 하며, "아니요."라고 하면 다시 시도한다.

2단계가 가장 중요하다. 인간을 움직이게 하고 머뭇거리게 하는 것은 생각이 아니라 감정이기 때문이다. 또한 생각한 것과 다르게 말이 나가는 것도 감정 때문이며, 상대의 좋은 말이 때로 나쁘게 들리는 것도 감정 때문이다. '기분 듣기' 단계의 중요성에 대해《부모와 아이 사이》에서는 다음과 같이 말했다.

아이들은 (중략) 자신에게 투영된 감정의 소리를 듣고 자신의 감정에 대해서 이해하게 된다. (중략) 그와 같이 중요한 메시지 뒤에는 다음과 같은 확신이 담겨 있다. '기분이 편안할 때, 가장 좋은 해결책을 찾을 수 있을 거야.'

듣기의 1단계와 2단계는 순환적이다. 어떤 사람이 말을 하기 시작하면 여러 가지 이야기가 꼬리를 물고 나온다. '듣기'를 할 때는 그것을 하나하나 확인하며 들어주어야 한다. 말하는 이가 "아니요."라고 부정하거나 "예."라고 대답해 놓고 또 다른 이야기를 꺼낸다면 아직 멀었다는 신호이므로 1, 2단계를 반복해 주어야 한다. 2단계가 완벽하게 되었다는 표지는 상대방의 말에서 발견할 수 있다. 시원하게 모든 것을 털어낸 화자는 드디어 본심을 꺼낸다.

교사 듣기 방법은 너무 쉽단다. 너도 할 수 있어.

학생 선생님, 제 마음을 맞혀보세요.

교사 빨리 집에 가고 싶지?

학생 아니요. 오늘 어차피 늦게 집에 가는 날이라서 가기 전에 뭔가 해야 할 일이 있어요.

교사 아, 오늘 어차피 늦게 집에 가는 날이라서 가기 전에 뭔가 해야 할 일이 있구나?

학생 예.

비공식적인 말 듣기를 처음 연습하는 교사는 위와 같은 상황을 많이 겪는다. 말 듣기는 상대방과 의미를 공유하는 소통의 과정이지 틀리면 패배하는 생각 맞히기 퀴즈 게임이 아니다. 상대방이 맞다고 하는 것도 소통의 과정이고 틀렸다고 하는 것도 소통의 과정이다. 맞다고 하면 다음 단계로 나아가면 되고 틀렸다고 하면 1단계로 되돌아가면 된다. 그러한 주고받음이 대화이다.

[상황] 선생님이 독서경진대회 참가자에 한 학생을 추천했는데, 별말 안하고 있다가 대회 날짜가 가까워지자 갑자기 찾아왔다.

학생 선생님, 저 독서경진대회 안 나가면 안 돼요?

교사 독서경진대회 나가는 게 부담되나 보네.

학생 그거 제가 신청한 것도 아니고 선생님이 맘대로 이름 넣은 거잖아요.

교사 아, 선생님이 네 의견을 안 물어보고 맘대로 추천해서 맘이 불편했나 보구나?

학생 네. 그리고 같이 나가는 친구는 똑똑하고 책도 많이 읽는 앤데, 저는 공부도 못하는데 나가서 웃음거리 되면 어떡해요?

교사 네가 네 친구랑 비교당해서 웃음거리 될까 봐 걱정이 되나 보네?

학생 네. 그리고 이제 시간도 얼마 없는데 책도 안 읽었단 말이에요.

교사 아, 아직 책을 못 읽었는데 책 읽을 시간이 부족해서 걱정이 되는구나?

학생 네. 엄청 걱정돼요. 책 목록 적어준 종이도 잃어버렸거든요. 한 장만 더 출력해 주시면 안 돼요?

교사 그래, 책 목록 또 적어달라고 하면 내가 화낼까 봐 많이 걱정했겠구나. 괜찮아. 바로 출력해 줄게.

학생 네. 고맙습니다.

이 학생은 교사가 사실(의미) 듣기를 하는 동안 "네."라고 말은 하지만 그걸로 끝이 아니라 그 뒤에 또 자기 할 말을 한다. "네. 그리고 같이 나가는 친구는 똑똑하고 책도 많이 읽는 앤데 저는 공부도 못하는데 나가서 웃음거리 되면 어떡해요?" "네. 그리고 이제 시간도 얼마 없는데 책도 안 읽었단 말이에요." 그런데 교사가 학생의 걱정을 차근차근 들어주자 "네. 엄청 걱정돼요."라고 하고 나서 교사에게 진짜 하고 싶은 말을 한다. "한 장만 더 출력해 주시면 안 돼요?" 이 말이 바로 "선생님, 저 독서 경진대회 안 나가면 안 돼요?"라는 말에 담긴 '숨은 뜻'이 된다.

그래서 듣기의 마지막 3단계는 '숨은 뜻 듣기' 단계이다. 상대방의 발화에 숨겨진 뜻을 알아차리는 듣기이다. 사람들은 기분이 좋거나 상대와의 관계가 좋을 때는 곧바로 진심을 말한다. 그러나 자신의 기분이 불편하거나 상대와의 관계가 불편할 때 하고 싶은 말을 쉽게 꺼내지 못한다. 그리고 이러한 '감정'이 입 밖으로 나오는 과정에서 '노이즈'가 되어 본심을 왜곡하는 표현을 하게 된다. 본심은 그렇지 않은데 상처 주는 말을 하는 사람들, 전혀 괜찮지 않으면서 말로만 괜찮다고 하는 사람들, 홧김에 한 말이었다며 "가란다고 진짜 가나!"라고 서운해하는 사람들은 모두 '민망함, 부끄러움, 서운함, 분노' 등의 감정 때문에 본심을 '있는 그대로' 표현하지 못하는 경우이다. 평범한 청자는 상대방이 표현한 말만 듣고 판단한다. 그러나 대화 교육을 받은 청자는 상대방이 하지 않은 말을 들을 수 있다. 독심술을 쓰라는 말이 아니다. 상대방이 마음 놓고 자기 이야기를 해서 본심까지 털어놓을 수 있도록 '듣기 능력'을 발휘하라는 뜻이다. 1, 2단계를 거치며 기분이 풀린 사람이라면 스스로 본심을 말하기 시작한다. 상대방이 말하지 않는다면 들으면서 물어서 확인할 수도 있다. 3단계에서 사용할 말은 "당신이 진짜로 원하는 것은 이러이러한 것이군요."이다.

소미영(2012)에서 관계 지향적 듣기의 특성으로 제시한 "표면적인 정보 이면에 숨겨진 말하는 이의 심리적 욕구에 집중"하는 듣기가 바로 이 3단계에서 이루어진다.

㉮ 아이가 어떤 사건에 대해서 말을 하거나 물으면, 사건 그 자체보다는 사건이 암시하는 관계에 초점을 맞추어 대답해야 한다.

(하임 G. 기너트, 신홍민 역, 《부모와 아이 사이》)

㉯ "당신과는 도저히 함께 살 수가 없으니 차라리 이혼을 합시다."라고 펄펄 뛰는 사람도 '우리도 남들처럼 오순도순 행복하게 살아봤으면 좋겠습니다.'라는 숨은 뜻을 가지고 있을 때가 있다.

(유동수, 《감수성 훈련》)

㉮에서 밑금 그은 부분은 표현된 말 이면의 숨은 뜻, 즉 본심이나 의도를 알아차리라는 뜻이다. 그리고 그것은 듣기 모형의 1단계, 2단계를 찬찬히 따라가면 저절로 드러난다. ㉯의 사례는 더욱 극적이다. 이혼하자는 말 속의 숨은 뜻은 '함께 잘 살고 싶다.'이다. 이혼하자는 말을 꺼낸 의도 역시 '잘 살아보려고'이다. '차라리 이혼합시다.'라는 말만 들은 청자와 '오순도순 살고 싶습니다.'까지 알아들은 청자는 화자에 대한 이해 수준이 완전히 다르다. 그리고 깊이 이해한 청자는 표면적인 의미만 이해한 청자와는 완전히 다른 반응을 보일 것이다. 이러한 듣기 능력이 바로 '대화 교육'에서 추구해야 하는 '듣기'의 참모습이다.

'진짜 원하는 것', '숨은 뜻'을 말로 표현할 때 유의할 점이 있다. 첫째, 긍정문으로 표현하는 것이 좋다. 둘째, 특정인의 행동 변화보다는 '내가 원하는 상태'를 묘사하는 것이 좋다. 본심은 '내가 원하는 것'인데, 'A를 하지 않는 것'을 본심으로 잡으면 그 A를 하지 않는 상태가 된 다음 뭘 어떻게 되길 원하는지 여전히 모르기 때문이다. 머리가 아픈 사람의 본심을 '머리가 안 아프면 좋겠다.'라고 기술한다면, 머리가 안 아프고 배가 아픈 상태가 되었을 때 본심이 이루어진 것으로 볼 수 있을까?

또한 '내가 원하는 것'을 "부모님이 나에게 사과를 하는 거예요."라고 묘사한들, 그 본심이 이루어지느냐의 여부가 부모님에게 달려 있기 때문에 상황 개선의 주도권을 남에게 넘겨주는 셈이 된다. 그리고 상황의 주도권이 남에게 있다면, 나는 상황을 바꾸는 데 영향력을 미치기 어려워 본심을 이루지 못한 실망감과 무기력에 빠지기 쉽다. 본심을 "부모님이 나에게 사과를 해서 내가 부모님을 미워하지 않고 편하게 대하는 거예요."라고 묘사한다면, '부모님이 나에게 사과를 해서' 부분은 목적지로 가는 과정이고 그 뒤의 '내가 부모님을 미워하지 않고 편하게 대하는 것'이 진짜 원하는 것이 된다. 그리고 그것을 이루기 위해 반드시 '사과'가 동반되지 않아도 되는 길을 찾는다면, 상황을 개선하는 일을 남에게 맡겨두고 그저 상황이 바뀌기만을 수동적으로 기다리는 무기력한 인간이라는 모습에서 탈피할 수 있다.

1, 2단계를 거치지 않고 곧바로 3단계의 "당신이 진짜로 원하는 것은 이러이러한 말이군요."라고 했을 때는 상대방이 감정의 노이즈 때문에 "네."라고 인정하지 않을 수 있으므로 1, 2단계를 반드시 거쳐야 한다. 가장 중요한 것은 2단계이며, 시간이 부족하고 전달되는 내용이 분명하다면 1단계를 생략하고 2단계를 바로 실행해도 된다.

다음은 오정선(2009)의 연구에서 학생들에게 '공감적 듣기'를 교육한 사례이다. 학생 2는 '선생님이 야단치는 게'라고 하여 '의미 듣기' 단계를 간단히 한 다음 곧장 '못마땅하다'라는 2단계로 넘어가고 있다.

학생 1 난 선생님이 걸핏하면 나만 야단치는 게 정말 못마땅해. 내가 공부를 못한다고 차별하는 건지…….

학생 2 선생님이 야단치는 게 못마땅하다는 말이지?

학생 1 응, 나만 맨날 야단치는 것 같아.

학생 2 그래서 <u>기분이 좋지 않구나?</u>

학생 1 기분이 안 좋지.

학생 2 선생님도 기분이 좋지 않은 것 같던데.

학생 1 그러시겠지. <u>내가 좀 더 잘해야지.</u>

짝 활동에서 학생 2가 학생 1의 기분을 대신 말해주는 연습을 하고 있다. 듣기 모형으로는 2단계에 해당한다. 그랬더니 학생 1의 반응이 '내가 좀 더 잘해야지.'처럼 바뀌었다. 교사가 차별한다고 불평하던 학생 1이 <u>스스로의 모습도 반성하는 말을 한 것이다.</u> 이 '내가 좀 더 잘해야지.'가 '나만 맨날 야단치는 것 같아.'라는 말 속에 숨은 뜻이다. '나만 맨날 야단치는 선생님이 못마땅하다.'가 아니라 '맨날 야단맞지 않도록 내가 더 노력하겠다.'가 학생 1의 선한 본심이다. 그것이 못마땅한 기분에 가려져 있었을 뿐이다.

사춘기 청소년을 파충류의 뇌에 비유하면서 청소년들을 이해하려는 시도들이 있다. 하지만 학생들은 파충류가 아니다. 학생들은 반성할 줄 알고 사리 분별도 할 줄 안다. 단지 감정에 사로잡혀서 진짜 마음을 스스로 알아차리지 못하고 있을 뿐이다. 감정에 사로잡혀 이성이 마비되는 것은 청소년이나 어른이나 같다. 교사가 할 일은 학생을 파충류로 규정하는 것이 아니라 학생들의 순간적인 감정에 가려져 있는 선한 본심을 발견하도록 돕는 것이다. 그리고 그것은 '대화'로 가능하다.

감정에 사로잡히기 싫다면 말투를 조금 바꾸어보는 것도 도움이 된다. "나는 슬퍼요."보다 "나는 슬픔을 느껴요."가 좀 더 나의 감정을 객관적으로 표현하는 말이다. 현재 내가 슬픔으로 가득 차 있다 하더라도 슬픔 그 자체가 '나'인 것은 아니기 때문이다. 그리고 하루 24시간 내내 슬픈 것은 아니므로 "나는 슬픔을 느낄 때가 있어요."라고 표현하는 것이 좀 더 낫다. 짜증, 분노, 미움, 시기, 질투 같은 감정을 표현할 때도 "나는 짜증나요." 대신에 "나는 짜증을 느낄 때가 있어요."라고 바꾸어보자.

마지막으로 1, 2, 3단계를 통틀어서 '잘 듣고 있음을 드러내는 태도', 즉 반언어적·비언어적 표현도 꼭 필요하다. 《교사 역할 훈련》에서는 "진심, 공감, 신뢰, 수용 같은 태도가 전제되지 않은 채 일종의 수법으로 사용될 경우 기계적이고 거짓되고 속 보이는 수작으로 받아들여질 위험성도 있다."라고 '태도'의 중요성을 강조했다.

교사 그래서 고민이 뭔데?

학생 인문계를 가자 하니, 내 꿈은 제빵사나 요리사 쪽인데…… 그럴려면 자격증 정도는 있어야 할 거 같은데, 인문을 다니면 그럴 시간이 있을까…… 전문을 가자 하니 꿈과 적성을 살리는 데는 도움을 줄 거 같지만 세상이 보는 시선이 좋지 않을 거 같고…… 무엇보다 이래서 꿈을 이룰 수 있을까…… 중3 고민이 다 이런 거죠 뭐

교사 인문계를 가자 하니 네 꿈은 제빵사나 요리사 쪽인데 그럴려면 자격

증 정도는 있어야 할 거 같은데, 인문을 다니면 그럴 시간이 없을 것 같고, 전문을 가자 하니 꿈과 적성을 살리는 데는 도움을 줄 거 같으나 세상이 보는 시선이 좋지 않을 거 같고, 무엇보다 정말 꿈을 이룰 수 있을지 확신이 안 선다는 말이구나?

학생 네

교사 정말 답답하고 막막하고 고민되겠다

학생 네. 지금 이것저것 많은 고민과 걱정이 있지만 이게 제일 큼. 그리고 오늘 다시 생각하기 시작

교사 그것 말고도 많은 고민과 걱정이 있지만 그 문제가 제일 크구나. 그리고 오늘 다시 생각하기 시작하니 고민이 되는구나?

학생 네

교사 막막하고 갑갑하겠다. 갈등 되고. 누가 도와줬으면 좋겠고 고민을 해야 되는 현실이 싫어지겠는걸

학생 우와 소름이 막 돋네

(중략)

학생 점점 아 그냥 한순간을 때우려는 것일까 하는 생각이 드는데용
약간 놀리는 것처럼 보이기도 해요
국어식으로 풀어서 한 번 더 되묻지 마여 ㅋㅋ
친구한테 보여주니까 ㅇㅇㅋㅋㅋㅋ 또 나왔네 이러던데요

위의 대화는 내가 중학교 3학년 남학생과 주고받은 문자 대화이다. 이 학생에 대해 나는 평소에 '미래에 대해 생각만 많이 하고 막상 구체적인 노력은 하지 않는 학생'이라고 여기고 있었다. 그래서 이 학생이

고민을 털어놓아도 '어차피 절실하지도 않은 고민일 것이다.'라는 생각에 건성으로, 기계적으로 듣기 모형을 적용했다. 기계적인 적용이 반복되다 보니 학생도 마지막에 가서는 자신을 놀리는 말투로 느꼈다. 내가 진정성 있게 들어줄 마음이 없다면 "다음에 이야기하자."라고 정확하게 거절해야 한다.

　마찬가지로 상대방을 조종하려는 목적의식을 가지고 '듣기'를 해서는 안 된다. '공감적 듣기'로 제대로 들어주었더니 문제가 해결되더라는 말을 듣고 실천을 결심한 학생이 있다고 가정해 보자. 그 학생은 자기 반 교사와의 갈등을 해결하려고 교사에게 듣기 모형을 적용하여 대화를 시도한다. 그러고는 다음과 비슷한 심정을 느끼게 될 것이다.

> 선생님께 우리가 원하는 것이 무엇인지 벌써 몇 번을 말씀드렸는데 전혀 달라지는 것이 없어요. 도대체 말이 안 통하는 선생님이에요. 기린 언어도 다 소용이 없어요.
>
> (군디 가슐러·프랑크 가슐러, 안미라 역,《내 아이를 위한 비폭력 대화》)

'기린 언어'란 로젠버그의 '비폭력 대화'라는 대화 훈련에서 사용하는 용어로, 관계를 좋게 만드는 대화법을 말한다. 반대로 관계를 망치는 대화법은 '자칼 언어'라고 한다. 선생님의 행동을 바꾸기 위한 목적으로 기린 언어, 즉 공감적 듣기를 사용하는 것은 큰 효과를 보기 어렵다. '듣기'란 들음으로써 상대를 이해하고 자신의 입장에 비추어 문제 해결의 접점을 함께 찾기 위한 방법일 뿐, 듣기 자체가 문제 행동을 교정할 수 있는 유일무이한 만병통치약이 아니다. 다만 내가 상대방의 말을 잘 들어주면 상대방도 내 말을 잘 들어주기 때문에 공감적 듣기를 하면 좋은 결과로 돌아오기 마련이다.

또한 사람들은 상대방이 진심으로 자기 말에 귀를 기울이는지, 아니면 자기를 조종하기 위해 '듣기'라는 방법을 이용하고 있는지를 민감하게 알아차린다. 자기를 조종하려는 상대방에게 마음을 열 사람은 없다. 오히려 비뚤어질 가능성이 크다. 이런 면에서 《교사 역할 훈련》에서 '칭찬'도 위험하다고 말한 것이다. 왜냐하면 어른들은 아이를 조종하기 위해 칭찬을 사용하는 경우가 많기 때문이다. 직장에서 상사가 부하를 칭찬하는 것, 부모가 집에서 자녀를 칭찬하는 것도 마찬가지다.

여기서 제안한 모형은 '듣기'의 과정을 보여주는 것임에도 불구하고 각 단계의 전략이 모두 '말해준다'로 끝나고 있음에 주목해야 한다. '말해준다'라는 행위만 보고 오해할 수도 있지만, 이것은 '말하기'가 아니라 '듣기'의 과정이다. 의사소통을 생산과 수용으로 나누었을 때, 듣기 모형의 1~3단계에서 쓰는 말은 교사가 어떤 생각을 생산하여 전달하려고 하는 것이 아니라 학생이 한 말의 의도와 기분을 수용하기 위해 사용하는 말이기 때문이다. 이러한 듣기를 '입으로 듣기'라고 부르기도 한다. 소미영(2012)에서도 "듣는 이의 반응에 따라 말하는 이가 반응을 달리할 뿐 아니라 관계를 발전시키느냐 악화시키느냐를 결정하는 능동적이고 중요한 단계이기 때문에 듣는 이의 '반응'은 매우 중요하다."라고 하며 청자의 반응을 강조했다. 본 모형은 청자가 어떤 '반응'을 할 것인지를 언어적·비언어적으로 나누어 단계별로 제시했고, 이러한 청자의 반응은 화자에게는 이해받는 느낌을 주며 말을 이어가는 힘이 되고, 청자에게는 화자를 이해하는 힘이 된다. 이로써 대화는 완성되는 것이다.

앞에 나왔던 대화를 듣기 모형에 따라 바로잡아 보면 다음과 같이 진행될 것이다.

학생 선생님, 솔직히 우리한테 관심 있으세요?

[1단계]

교사 내가 너희에게 관심이 없어 보인다는 말이구나?

학생 네. 맨날 쟤네들만 말 걸어주고 칭찬해 주잖아요.

교사 내가 다른 반 애들에게만 말 걸어주고 칭찬해 주는 것처럼 보였다는 말이구나?

학생 네. 우리한테는 말도 안 걸어주고…….

교사 내가 너희한테는 말도 안 걸어줬다는 말이구나?

학생 네.

[2단계]

교사 그렇다면 정말 실망스럽고 서운하기도 하고, 속도 상하고 내가 원망스럽기도 하고, 또 저 애들에게 질투도 났겠구나?

학생 네.

[3단계]

교사 그러니까 네가 진짜로 원하는 건 내가 앞으로 너희들에게 말도 걸어주고 칭찬도 해줬으면 좋겠다는 말이지?

이처럼 학생의 말이 사실은 '자기들에게도 말을 걸어주고 칭찬해 달라'는 의사 표시였음을 이해한 뒤에도 교사가 "어떻게 화가 안 나겠어요?"라는 반응을 보일까?

5. 듣기 모형의 적용 사례

EBS에서 했던 〈우리 아이가 달라졌어요〉라는 프로그램에서 아이들을 교육하는 방법으로 가장 많이 제시되는 해결책이 바로 '듣기'이다. 이 프로그램에서 전문가가 "혜성이가 이게 궁금하구나. 답답하겠다."처럼 아이의 말을 받아주라고 조언한다.

부모의 그런 반응을 본 아이는 금세 감정적인 동요를 멈추고 편안한 관계를 유지할 수 있게 된다.

아이가 해달라는 것을 해주거나 거절하기 전에 먼저 아이의 말을 들어주는 것. 그것은 학교에서 교사가 학생들을 대할 때도 필요하다.

교무실에 앉아 있는데 우리 반 아이들 3명과 학예제 담당 교사가 대화하는 소리가 들렸다.

우리 반 학생들 무용 연습하게 평생학습실 열쇠 좀 주세요.

담당 교사 거긴 이제 출입금지야. 다들 쓰고 싶어 하는데 몇 팀만 허락해 줄 수도 없고…… 불공평하잖니.

우리 반 학생들 지금까지 잘 써왔는데요?

담당 교사 그건 행정실에서 잘 모르고 열쇠를 준 거야. 이제부터 행정실에도 말해놓을 테니 거기서 열쇠 받을 생각하지 마. 그리고 특별실 사용하는 건 교장 선생님이 허락해야만 되는 거라서 나한테 졸라도 나도 권한이 없어.

아이들이 담임인 나에게 와서 말을 시작했다. 이때 교사는 담당 교사의 편을 들어주거나, 아이들의 편을 들어주거나, 교실 문제를 나서서 해결해 주고 싶은 충동이 들 것이다. 그 모든 충동을 억제하고 우선은 학생의 말을 제대로 들어야 한다.

학생 선생님 혹시 빈 교실 없어요?

교사 왜?

학생 춤 연습 하게요.

교사 그동안 평생학습실에서 해왔잖아.

학생 이제 안 된대요. 아 진짜⋯⋯ 전에도 다른 언니들 왔었는데 그냥 같이 연습했단 말이에요. 근데 우리만 쓰는 게 불공평하대요.

교사 <u>그동안 잘 써오던 연습실을 못 쓰게 돼서</u> (1단계) <u>당황스럽고 아쉽겠구나?</u> (2단계)

학생 네. 우리 토요 방과후 댄스반이라서 학예제 올라가야 되는데 토요일에만 연습하기에는 시간이 모자란단 말이에요. 애들도 시간 끝나면 다 집에 가고. 그래서 평일에 연습해야 되는데⋯⋯.

교사 학예제에 올라가려면 토요일 말고 평일에도 <u>연습을 더 많이 해야 되는데 마땅히 장소가 없다는 말이지?</u> (1단계)

학생 네. 교실에서 하려면 애들이 다 쳐다봐서 안 돼요. 생각해 보세요. 완벽하게 연습해서 무대에서 딱 보여줘야 멋있지⋯⋯ 교실에서 연습하는 걸 다 봤는데 축제 때 무슨 재미가 있겠어요?

교사 <u>제대로 연습해서 정말 멋진 무대를 보여주고 싶다는 말이지?</u> (3단계)

학생 네. 탈의실도 남학생용뿐이라서 애들 옷 갈아입으러 오니까 연습할수도 없고요. 남는 교실 좀 없어요?

교사 여기저기 생각해 봐도 마땅히 연습할 곳이 없어서 <u>막막하겠구나?</u> (2단계)

학생 선생님도 올해 처음 오셔서 어디가 남는 교실인지 잘 모르시죠?

교사 하하, <u>내가 남는 교실이 있는지 없는지 모를 것 같다는 말이구나?</u> (1단계)

학생 네. 어떡해요, 선생님이 좀 돌아다니면서 빈 교실 좀 알아봐 주세요.

교사 나한테 교실을 구해달라고 말할 정도면 <u>정말 답답하고 막막하겠네.</u> (2단계) 안타깝구나.

학생 에휴, 그냥 토요일에 더 열심히 연습할게요. 안녕히 계세요.

이러고 교무실 밖으로 나가기에 아쉬움과 찜찜함을 안고 업무를 보는데, 잠시 후에 아이들이 다시 돌아왔다.

학생 선생님, 그러면 혹시 교장 선생님한테 말해도 돼요?

교사 뭘?

학생 평생학습실 쓰게 해달라고요.

교사 그래, 직접 가서 말해봐라.

학생 갔다 와서 말씀드릴게요.

이러고 또 교무실 밖으로 나가기에 아이들이 대견하고 결과가 궁금했다.

학생 선생님, 된대요. 교장 선생님이 허락했어요.

교사 와, 잘됐네. 너희는 스스로 문제를 해결하는 힘과 용기가 있구나.

학생 아니에요. 교장 선생님한테 가는 걸 허락해 준 선생님 덕분이죠 뭐.

그리고 아이들은 다시 예전처럼 평생학습실에서 연습을 했다.

고등학교 진학 시기가 되면 중학교 3학년 학생들은 갑자기 고민에 빠진다. "어느 학교 갈까요?" "어디가 좋아요?" "전 어떡해요?" 등등. 한번은 한 학생이 메신저로 고등학교 진로를 고민하는 대화를 걸었다.

교사 어디 가고 싶은데?

학생 경××고등학교요

교사 다른 데는?

학생 잘 모르겠는데요 쌤

교사 ㅁㅁ고 가지 왜?

학생 싫어여. 아 쌤도 내 미래를 ㅜㅜㅜ 망치려고… 일단 넣어봐야 알죠 ㅜ 쌤 왜 그래요?

교사 경××고가 좋은 학교라고 생각하냐?

학생 아니 그런 건 아닌데… 일단 그래도

교사 그냥 막연히 ㅁㅁ고보단 나을 거란 추측이겠지?

학생 아닙니다 쌤 제가…

교사 철저히 조사해 본 결과?

학생 정보제어과에서 아버지께서도 전기제어과로 나오라고 하고…

학생 그런 걸로 나오면 아빠가 기술자라고 다 도와주신다고 하고 해서…

학생 좀… 저도 원래 가고 싶었고… 전기 쪽으로 그래서 그런 건데요

교사 아빠가 전기 쪽으로 기술 배워서 나오면 다 도와준다고 했고, 너도 원래 전기 쪽으로 가보고 싶어서 경××고등학교가 끌렸단 말이지?

학생 네. 그나마 간당간당해도 들어갈 때가 없어요… 거의 전기쪽은…

학생 ○○고 갈려고 해도 지금 성적이 좀 그래서… 우리 형도 ○○고지만… 쌤은 어떻게 했으면 좋겠어?

교사 성적이 간당간당해도 어쨌든 경××고 가고 싶다는 말이구나. 전기 쪽은 ○○고도 있지만 거긴 성적이 아예 안 되고 그나마 가능성이 경××고가 있어서 고민 중이구나?

학생 네 ㅠ.ㅠ 어떡하죠

교사 정말 고민되겠네

학생 네… 일단 넣어볼까여 경××고로?

교사 일단 넣어보고 싶은 거구나? 되든 안 되든. 성적이 생각보다 낮게 나와서 짜증나고 후회되겠다

학생 네

학생 일단 쌤 넣어볼게요

교사 그래

학생 네 감사해욤 ㅎ.ㅎ

대부분의 진로 상담은 '듣기'만으로 해결이 된다. 학생은 자신의 진로를 못 정해서 질문하는 것이 아니라 자신이 정한 진로에 대해 확신을 얻고 싶어서 질문을 하는 것이기 때문이다. 위 대화에서도 교사가 '일단 넣어보고 싶은 거구나?'라고 자기 본심을 지지해 주자 대화가 종료된다. 만약 학생이 보다 많은 사실적인 정보를 얻기를 원한다면 그 부분은 듣기가 끝난 다음에 따로 다루어야 한다. 그렇게 정보를 다루는 부분은 이미 대화의 영역을 넘어서게 된다.

어떤 교사들은 학생의 고민을 들으면 본인이 먼저 안타깝고 안달이

나서 빨리 해결해 주고 싶은 욕망이 생긴다. 교사로서 학생을 사랑하는 순수한 마음가짐이긴 하지만 전문직 종사자라면 그러한 순간에도 올바른 대화를 통해 학생이 스스로 자신의 감정에 가려진 숨은 뜻(본심)을 찾도록 도울 수 있어야 한다.

학생 쌤, 난 크면 뭘 할 수 있어요?

교사 커서 뭐가 될지 궁금한가 보네? (1단계: 사실 듣기)

학생 네.

교사 머릿속에 뭐가 잘 안 떠오르나 보다. (1단계: 사실 듣기)

학생 갑자기 커서 뭐 할지 생각났어요.

교사 궁금하기도 하고 좀 걱정되기도 하고 그렇니? (2단계: 기분 듣기)

학생 네.

교사 특별히 되고 싶은 것도 없고 특별히 잘하는 것도 없고 그냥 이렇게 살다가 어른 되면 뭐 해서 먹고 살지? 이런 생각이 드나 보네. (1단계: 사실 듣기)

학생 하고 싶은 건 있어요.

교사 오, 하고 싶은 건 있구나. 그게 뭔데? (1단계: 사실 듣기)

학생 이런 소리 하면 좀 그럴 거 같은데…… 유치원 때부터 티비에 나오는 탤런트요.

교사 아 옛날부터 티비에 나오는 탤런트가 되면 좋겠다 생각은 하는데 막상 '정말로 될 수 있을까' 하는 생각도 들고, 탤런트 해도 진짜 떠서 잘나가야 돈도 많이 벌 건데 그냥 무명 탤런트 해서는 먹고 살기 어려울 것 같기도 하고 그런가 보네? (1단계: 사실 듣기)

학생 살짝 자신감이 없어요.

교사 자신감이 없는 거구나? (2단계: 기분 듣기)

학생 네. 그런 거 같아요.

교사 괜히 탤런트 한다고 이리저리 돈 쓰고 시간 쓰고 하다가 결국 못 되면 어쩔까 걱정도 되고? 그래서 만약 탤런트 안 할 거면 뭐 해서 먹고 살지? 하는 궁금증이 갑자기 생겼나 보네? (1단계: 사실 듣기)

학생 네. 역시 쌤.

교사 이제 고등학교도 올라가는데 진로가 막연해서 조금 불안하겠다. 살짝 고민이 되겠네? (2단계: 기분 듣기)

학생 네. 어떡하죠?

교사 너는 집안 사정도 잘 알고 그래서 책임감도 조금 느끼는 상황이니까 더 고민되고 걱정되겠다. (2단계: 기분 듣기)

학생 어쩌죠?

교사 내 생각엔 네가 탤런트가 꼭 되느냐 안 되느냐보다 확실한 직업이 정해지고 네 힘으로 그 직장을 구할 수 있으면 좋겠다고 생각하는 것 같은데? (3단계: 숨은 뜻 듣기)

학생 오, 고마워요 쌤.

이 대화에서 실제로 해결된 것은 없다. 교사는 그저 학생이 '난 크면 뭘 할 수 있어요?'라는 말을 듣고 그 속에 숨은 뜻인 '나는 확실한 직업이 정해지고 내 힘으로 그 직장을 구하고 싶다.' 즉 경제적인 자립을 하고 싶은 본심을 발견하여 되돌려 줄 뿐이다. 교사의 입으로 표현된 이 본심은 교사가 학생의 말 속에 숨은 뜻을 '들은' 결과인 것이다.

시험 기간에도 학생들은 고민이 많아진다. 기말고사 첫날 한 학생에게서 문자가 왔다.

학생 선생님 도덕 갈았어요. 속상해요

'오늘 친 건 잊어버리고 내일 시험 준비를 열심히 하는 게 더 도움이 되지 않겠니?'라고 답하고 싶은 충동을 꾹 참고 듣기의 단계로 들어선다.

학생 선생님 도덕 갈았어요. 속상해요
교사 도덕 시험 갈아서 속상하구나. 아섭고 억울하고 기운 빠지겠다
학생 네 기운 빠져요. 진짜 도덕이 제일 어려운 과목 같아요. 뭐가 중요한 건지도 모르겠고 한자도 많고 헷갈려요
교사 도덕 공부 어떻게 해야 될지 감이 안 와?
학생 네. 매번 도덕 공부할 때마다 뭔가 막막하고 뭘 해야 될지 모르겠어요. 중1 때도 도덕 못했는데…
교사 도덕이 늘 자신이 없었구나. 도덕 쌤한테 상담해 보지?
학생 선생님들한테 물어보면요, 이번엔 어디서 많이 출제했으니까 그거 많이 보라고만 알려줘요. 당연히 시험 잘 보는 거 좋은데 저는 이번 시험 때 뭐 공부해야 되는지 알고 싶은 게 아니라 도덕 과목 어떻게 공부하는지를 알고 싶어요
교사 도덕은 일단 암기 과목이고 추론적 읽기를 잘해야 된다
학생 선생님 암튼 고마워요. 쌤이라도 있어서 다행이에요. 다른 과목 열공해야지…

졸업한 아이들 중에 바로 버스 한 정거장 옆에 있는 학교에 진학한 녀석이 있다. 우리 반은 아니었지만 잘 아는 아이인데, 하루는 중학교에 찾아왔다. 알고 보니 자기 반에서 손재주 좋은 애들을 모아서 환경 미화를 하는데, 뒷벽을 꾸밀 아이디어가 없다고 작년 담임에게 물어보러 온 것이었다. 대화에 내가 끼어들었다.

학생 선생님 뒷벽을 꾸미려는데 아이디어가 없어요. 뭐 좋은 생각 없어요?

교사 아, 뒷벽을 꾸미고 싶은데 아이디어가 잘 안 떠오르나 보네?

학생 예. 담임 선생님이 애들 몇 명을 정해줬어요.

교사 선생님이 너보고 뒷벽을 꾸미라고 했나 보네?

학생 예.

교사 근데 아이디어가 안 떠올라서 답답하고 막막하겠다.

학생 그렇죠. 뭐 좋은 생각 없어요?

교사 그래도 그 일을 제대로 해내고 싶은가 보네. 여기까지 와서 의견을 물어보는 걸 보니.

학생 예. 아이디어 하나만 주세요.

교사 선생님이 너한테 시켰는데 실망시키고 싶지 않은가 보구나?

학생 예.

교사 정말 맡은 일을 잘 해내고 싶은데 생각이 안 나서 막막하고 답답한가 보네.

학생 예. 역시 정보통신과니까 컴퓨터로 하는 게 좋겠죠?

교사 아, 컴퓨터로 뒷벽을 꾸미겠다는 말이구나?

학생 예.

교사 내용 말이냐, 디자인 말이냐?

학생 디자인이요.

교사 아, 컴퓨터 모니터 배경으로 깔고 내용을 넣으려고?

학생 예. 그리고 아까 여○○ 선생님이 남자애들이니까 축구 배경으로 해 보라고 했어요.

교사 축구공 이런 거 그리고 내용 써 넣게?

학생 네, 그렇죠. 근데 저는 축구를 잘 못해서 잘 모르겠어요.

교사 컴퓨터는 괜찮은 생각인 거 같은데, 축구 배경은 그냥 그런기 봐?

학생 예. 그리고 다른 애들이랑 의논해 봐야 해요.

교사 아, 오늘 바로 정하는 게 아니고 같이 하기로 한 애들이랑 의논해서 결정해야 되는구나?

학생 예. 아마 내일 만날 거예요.

교사 그래, 컴퓨터랑 축구랑 잘 이야기해서 결정해 봐라.

학생 네. 고맙습니다.

교사는 컴퓨터가 나은지 축구가 나은지 판단해 줄 필요 없다. 판단은 학생이 스스로 할 수 있다. 교사는 학생이 본심을 찾도록 돕기만 하면 된다.

6. 듣기 모형의 좋은 점

이 모형은 여러 가지 장점이 있다. 첫째, 《교사 역할 훈련》에서 경고한 '대화를 망치는 12가지 요소'의 개입을 철저히 막아준다는 점이다. 둘째,

다른 사람들로부터 말이나 다른 형태로 부정적인 뜻이 전해졌을 때 즉 각적인 방어적 반응 대신 가장 적절한 반응을 할 수 있게 해준다. 셋째, 인간에 대한 이해를 통해 기저에 잠복해 있는 진짜 문제를 쉽게 확인하 도록 도와주면서도 학생을 문제 해결의 주체로 남겨둔다. 넷째, '공감적 듣기'가 감정의 공감에 머무른다면 이 모형은 감정 이면의 본심에 도달 함으로써 인간 자체에 대한 이해를 가능하게 해준다.

중학교 3학년 때 담임을 맡았던 반의 한 학생이 고등학교에 진학한 뒤에 스승의날 즈음에 문자를 보냈다.

학생 쌤, 스승의날에 몇 시에 끝나요?

교사 4교시 하고 마친다

학생 아, 근데 저희 학교 벌써 문과 이과 정하라는데 어디 갈지…

교사 벌써 문과 이과를 정해야 돼서 고민되나 보구나? (1+2단계)

학생 예. 이과 가야 될 것 같긴 한데 성적은 문과가 잘 나와서요

교사 이과 가야 될 것 같은데 성적은 문과 쪽으로 잘 나오는가 보구나? (1 단계)

학생 문과를 가야겠네요

교사 성적 때문에 문과를 가야 될 것 같은데 취직이나 이런 거 생각하면 이과가 나을 것 같아서 갈등되겠다 (1+2단계)

학생 그게 제 생각…

교사 되게 갈등 되겠다. (2단계) 누가 확신을 주는 조언을 해주면 좋을 텐 데 (3단계)

학생 그니까요… 우리 담임은 잘 모르는 것 같음

우선 '학생을 문제 해결의 주체로 남겨둔다.'라는 《교사 역할 훈련》의 말처럼 이 학생은 스스로 문과를 고르는 선택을 한다. 처음에는 문과와 이과 중 어디를 가야 할지 몰라서 갈등했지만, 청자인 교사가 "너는 문과를 가거라."라고 말하지도 않았는데 스스로 문제를 해결한다. 교사는 오로지 화자인 학생의 생각과 학생의 기분을 내용으로 하는 듣기를 해 주었을 뿐이다.

또 하나, 맨 마지막 학생의 말을 통해 볼 때 현재 담임은 제대로 된 주언을 못 해주고 있다. 그렇지만 현재 담임이 "너 문과에 가야 돼."라고 조언해 주었다면, 심지어 학생 자신이 '문과를 가는 것이 낫겠지?' 하고 생각하고 있었다 하더라도 담임의 말을 듣지 않았을 것이다. 그 이유에 대해 신의진(2011)은 "인간은 누구나 자기가 주체적으로 무언가 선택하는 대신 그저 끌려가야만 할 때 반항적이 된다. 자율성을 침해당하는 것만큼 사람에게 무력감과 좌절감을 갖게 하는 일이 없다."라고 설명하고 있다. 담임이 "너 문과에 가야 돼."라고 말하는 순간 이 학생은 자율성을 침해당한 기분이 들고 무력감과 좌절감을 느끼기 때문에 그 조언을 받아들이지 않는다. 물론 이것은 왜곡된 인식이며 나중에 기회를 봐서 교정해 주어야 한다. 하지만 지금은 학생의 말을 듣고 이해하는 것이 먼저이다.

3단계까지 듣고 나면 교사는 표면에 나타난 문과·이과 선택에 따른 고민과 갈등뿐만 아니라 학생의 마음속 더 깊은 곳에 있는 감정까지 느낄 수 있게 된다. 그것은 '고등학교 올라가서 중요한 결정의 순간이 왔는데 믿고 의지할 사람이 없는 막막함, 불안함, 두려움' 등이다. 이러한 막막함, 불안함 등은 학생이 말로 표현하지 않았지만 청자가 들을 수 있는 '숨은 뜻'이기도 하다. '문과·이과 선택에 따른 고민을 하는 학생'과 '중요한 결정의 순간에 믿고 의지할 어른이 없어서 불안한 학생'을 보는 청자의 심정 또한 달라진다. 이렇게 교사가 듣기 모형에 따라 대화를 하다 보면 특별히 의도하지 않더라도 공감적 듣기가 저절로 되며, 공감을 넘어서서 인간 자체의 이해에 도달하게 된다.

이런 모형의 장점을 인정하면서도 "매번 아이를 데리고 당연한 일들에 대해 토론을 하는 건 시간을 너무 많이 뺏기는 일이에요. 전 그렇게 한가하지 못해요."와 같은 회의적인 반응을 보이는 경우가 있다. 그러나 사실은 이러한 듣기 모형에 따라 대화를 할 때 오히려 시간이 덜 걸린다. 그뿐만 아니라 앞의 사례들에서 살펴보았듯이 상대방이 스스로 결론을 내리기 때문에 결심이 지속되는 효과도 더 크다. 문제를 빨리 해결하려고 상대방에게 "쓸데없는 소리 하지 말고 시키는 대로 해."라고 말했다가 결론 없는 감정싸움으로 번지기도 하고, 기껏 충고와 조언을 해 주었더니 알려준 대로 하지 않고 결국 자기 마음대로 하는 상대방을 보면서 마음이 허전해지는 경험은 누구에게나 있을 것이다. 그것은 실패한 대화에 가깝다.

이제 우리는 다음에서 '듣고 있는 사람'과 '말하고 있는 사람'이 누구인지를 구분할 수 있게 되었다.

학생 저 〈슈퍼스타 K〉 시즌 4에 나가고 싶은데요. 제가 음악 쪽에 소질이 있어 보이세요?

교사 1 그런 프로에는 아무나 나가는 게 아니야. 넌 끼도 부족하고 노래도 그냥 조금 잘하는 것뿐이지. 현실을 직시하는 게 어때?

교사 2 우와, 그런 생각을 다 하고…… 멋지다. 일단 한번 나가 보면 좋은 경험이 될 거야. 혹시 아니? 네가 우승할지도 모르지. 얼른 신청해.

교사 3 〈슈퍼스타 K〉 시즌 4에 나가고 싶은데 네가 음악에 소질이 있어서 잘해낼 수 있을지 궁금하다는 말이구나.

이 사례에서 교사 1은 말할 것도 없거니와, 공감적 대화를 다루는 연구들에서조차 교사 2를 공감적 듣기로 보는 경우가 있다. 그러나 교사 2의 발화는 자신의 생각을 표현한 것이지 화자인 학생의 말을 수용한 것이 아니다. 듣기 후에 자신의 생각을 '말하기'로 표현한 것이며, 그 말의 내용이 공감적일 수는 있으나 '듣기' 그 자체로 볼 수는 없다. 반면 교사 3은 겉으로 보기에는 '말하기'를 하고 있지만 그 내용은 학생의 말을 수용하는 '듣기'이다.

지금까지의 논의를 바탕으로 대화 장르에서의 '듣기'를 재개념화하면 다음과 같다.

첫째, 대화에서 공감적 듣기가 필요한 순간과 비공감적 듣기가 필요한 순간이 따로 있는 것이 아니라, 대화에서는 늘 공감적 듣기를 실천해야만 대화 장르의 목적이 달성되므로 공감적 듣기라는 용어를 군이 사용할 필요가 없다. 둘째, 공감적 듣기를 넘어선 '숨은 뜻 듣기'를 통해 화자에 대한 진정한 이해에 도달한 후에 화자와 청자의 역할이 교대되어야 한다. 셋째, 이를 위해 청자는 '화자가 한 말의 의미'를 듣고, '화자의 기분'을 듣고, '화자가 그 말을 한 숨은 뜻'을 듣는 3단계 듣기를 해야 한다. 넷째, 각 단계별로 듣기의 결과가 반드시 언어적으로 표현되어야 하며, 경청하고 있다는 비언어적 표현이 동반되면 더욱 좋다.

이 정도까지 들었다면 이제 말할 차례가 되었다고 보아도 좋다. '듣기' 후에는 대화 내용에 따라 필요한 '말하기'를 할 줄 알아야 한다.

가끔 상대방의 말을 들어주는 대화법에 대해 회의적인 반응들이 있다. 주된 의문은 '상대방이 버릇없는 행동을 해도 들어주어야 하는가?' '상대방이 오해로 인해 감정이 폭발하는 경우에도 해명하지 않고 들어주어야 하는가?' '나에게 상처를 주는 말을 할 때도 상대의 말을 들어주어야 하는가?' 등이다. 이러한 의문에 대한 답은 이미 제시되어 있다.

- 말하기: 칭찬·인정 / 지적·대결

상대의 말을 들은 후 그 말이 긍정적이고 나의 기분을 좋게 한다면 '칭찬·인정'의 말하기를 하면 된다. 상대의 말을 들은 후 그 말이 부정적이고 나의 기분을 나쁘게 한다면 '지적·대결'의 말하기를 하면 된다. 즉 대화에서는 '듣기'를 한 후에 '말하기'를 하게 되어 있다. 이것이 바로 '화자와 청자의 역할을 순서 교대한다'는 말의 진정한 의미이다.

앞에서 학생이 "선생님, 솔직히 우리한테 관심 있으세요?"라고 한 말을 예로 들면, 교사는 3단계 듣기가 모두 끝난 뒤에 "나는 네가 '우리한테 관심 있냐'고 묻는 말을 듣고 섭섭하고 억울하고 화가 났어. 학생이 교사에게 버릇없이 말하면서 나를 비난한다는 생각이 들었기 때문이야. 앞으로는 안 그랬으면 좋겠다."라고 훈육할 수 있다. 그러나 이러한 교사의 말하기가 학생이 말한 뒤에 듣기 과정 없이, 즉 학생의 말을 수용하는 과정 없이 곧바로 이어서 표현되면 훈육의 효과가 떨어짐은 물론

이고 교사와 학생의 관계도 망가진다. 반대로 교사가 '말하기'를 빠뜨리고 표현하지 못하면 학생을 버릇없게 키우게 되고 교사는 자괴감과 무력감에 빠질 수 있다.

공감적 듣기를 잘못 배운 사람은 상대의 말을 참고 들어주며 인내심을 발휘하는 것이 공감적 듣기라고 생각하기도 한다. 그것 역시 잘못되었다. 참고 견디며 남의 말을 듣는 것은 올바른 대화가 아니다. 참다 보면 쌓인 감정이 뒤늦게 폭발하여 오히려 대화를 망치게 된다. 바람직한 대화 원칙을 배웠고 열심히 훈련하여 대화법에 대한 책을 쓸 정도가 된 사람조차도 인내심의 한계를 드러내게 되는 자신의 모습을 고백한 글들이 많다.

> 나는 화가 나기 시작했지만, 계속 표정 관리를 하면서 친구들과 대화를 이어나갔다. 그런데 포크가 바닥에 떨어지는 것을 보자 더 이상 참을 수가 없었다. 인내의 한계를 넘는 순간이었다. 나는 화가 머리끝까지 나서 아이들을 향해 소리를 질렀다.
>
> (군디 가슐러·프랑크 가슐러, 안미라 역, 《내 아이를 위한 비폭력 대화》)

그러면 상대가 참고 견디기 어려운 말을 걸어오는 경우에 인내심을 발휘하지 않고 어떻게 하라는 말인가? 간단하다. 상대의 말하기에 반응하여 "나는 더 이상 견디기 힘들다."라고 말하기 전에 우선 '듣기'를 먼저 하라는 것이다. '참고 들어야 해.'라는 생각으로 본인의 감정에 부담을 주기 전에 '우선 듣고 다음에 말하자.'라는 생각으로 듣기를 하면 된다. 이를 위해서 단계별로 분명하게 행동이 정해져 있는 절차적 모형이 필요한 것이다. 그리고 그러한 상황에서 말하는 요령은 다음 장에서 다룰 것이다.

마지막으로 짚어야 할 것은, 듣기는 관계를 회복해 주고 상대가 스스로 자기의 본심을 찾아서 문제를 해결하려는 의지를 되찾게 해주는 데는 도움이 되지만, 그러한 심리적인 문제가 해결되고 난 다음 '사실'에 관한 문제는 이성적으로 따로 다루어주어야 한다는 점이다.

중학교를 졸업하고 고등학교에서 취업반에 다니는 학생이 '인턴십 이력서'를 쓰기 위해 문자를 보내왔다.

㉮

학생 쌤, 저 이력서 써야 되는데요. 어떻게 쓰면 좋을까요?

교사 이력서를 써야 되나 보구나 ㉠

교사 안 써보던 거라 막막하고 어렵겠다 ㉡

교사 제대로 써야 한다고 생각하니 더 부담되고 답답하겠네 ㉢

교사 정말 중요한 이력서고 꼭 붙었으면 좋겠단 말이지? ㉣

학생 넹. 어떻게 써야 될까요?

교사 인턴도 가고 면접도 보니 다 컸다는 생각에 놀랍고 대견하네 ㉤

학생 ㅋㅋ 쌤 여전하시네요 ㅋㅋ 대화 방식이 ㅋ ㉥

학생 쌤한테 배웠던 게 기억나요

㉯

학생 취업을 하는 게 더 좋겠죠? 취업 진학 고민이에요 ㅜㅜ

교사 취업을 할지 진학을 할지 고민된다는 말이구나 ㉠

교사 엄청 갈등 되겠다 ⓛ

학생 네ㅜㅜ

학생 대학을 가도 최종은 취직이잖아요

학생 대학 좋은 곳 나와도 실업자들이 많은데 왜 굳이 대학에 가야 되는 걸까요?

교사 일단 취업을 생각하고 있구나 ⓒ

학생 네

교사 그런데 대학을 가라고 하는 말들이 들리나 보네

학생 네 아빠께서ㅜㅜ

교사 그런데 인턴을 가려고 하니 갈등이 생겼구나 ⓔ

교사 그래도 일단 인턴을 하고 싶은 맘이 제일 크고 ⓜ

교사 그러려면 이력서를 잘 써야 된다는 말이지? ⓗ

학생 네 맞아요ㅜㅜ ⓢ

ⓓ

교사 인터넷에 '이력서 쓰는 법' 이렇게 검색해 봤니? ㉠

학생 취업가이드북이라고 책도 있어요. 그리고 몇 가지 검색도 해봤구요

교사 근데도 확실해지지가 않고 여전히 어렵구나? ㉡

학생 네ㅜㅜ

교사 내가 어떻게 도와주면 좋겠니? ㉢

학생 아니에요. 제가 스스로 해볼게요. 이런 것도 해봐야죠 ㉣

학생 이제부터라도ㅜㅜ

교사 아이고 대견하고 기특하네. 꼭 잘됐으면 좋겠다 ㉤

62

학생 감사합니당 꼭 붙을게염 ㅋㅋㅋㅋ ⓗ

⑦에서 ㉠은 사실 듣기, ㉡과 ㉢은 기분 듣기, ㉣은 숨은 뜻 듣기이다. 이를 한번에 적용했더니 ⓗ과 같은 반응이 돌아왔다. 그리고 학생이 또 다른 고민을 표현했다. 이때 이미 학생이 이력서 고민에 대해서는 감정적으로 편해진 듯 보였다.

두 번째 고민에 대해서는 아직 학생의 본심이 잘 느껴지지 않아서 차례차례 입으로 듣기를 했다. ⓝ에서 ㉠과 ㉢은 사실 듣기, ㉡과 ㉣은 기분 듣기, ㉤과 ㉥은 숨은 뜻 듣기이다. 그랬더니 ㉦과 같은 반응이 돌아왔다. 이제 학생이 '자신이 진짜 원하는 것'을 알아차린 듯 보였다.

학생이 감정적으로 여유로워졌고 자신의 본심을 알아차린 것 같아서 이제는 '사실 문제'를 해결하는 걸 돕고 싶었다. ⓓ에서 ㉠과 ㉢은 '이력서 쓰기'를 실제로 하기 위해서 방법적인 도움을 주려고 한 것이다. 그랬더니 ㉣과 같은 반응이 돌아왔다.

교사와의 대화를 통해 다음의 ⓐ가 ⓑ로 바뀌는 걸 볼 수 있다.

ⓐ **학생** 쌤, 저 이력서 써야 되는데요. 어떻게 쓰면 좋을까요?
ⓑ **학생** 아니에요. 제가 스스로 해볼게요. 이런 것도 해봐야죠

다음과 같은 대화는 별로 좋은 결과가 기대되지 않는다.

학생 쌤, 저 이력서 써야 되는데요. 어떻게 쓰면 좋을까요?
교사 네가 스스로 해봐라. 이런 것도 해봐야지.

앞의 ㉮~㉰와 같은 대화를 통해 학생은 직접 이력서 쓰는 법도 검색해 보면서 스스로 성장할 기회를 갖게 된 것이다. 어느 날 은행에 갔는데 이 학생이 그 은행에서 인턴 일을 하고 있는 것을 우연히 보았다.

고3 졸업하고 3월에 대학교 입학할 예정인 학생이 동생 중학교 졸업식 참석하는 길에 교무실에 놀러 왔다.

학생 선생님, 대학교 가면 도서관에 틀어박혀 살면서 장학금 받는 게 낫겠죠?

교사 도서관에서 공부 열심히 해서 장학금을 받겠다는 말이구나?

학생 네. 대학교 가면 돈도 많이 드는데 장학금이라도 받아야죠.

교사 대학교 가서 돈이 많이 들까 봐 장학금을 받겠다는 말이구나?

학생 네. 알바하면 공부할 시간이 없잖아요.

교사 알바를 해서 돈을 벌 수도 있지만 그러면 공부를 할 시간이 없다는 말이지?

학생 네. 옷도 사복 입으니까, 똑같은 옷 입을 수도 없고 맨날 새로 사야 되는데요…….

교사 대학 가면 돈이 많이 드는데 알바를 해서 버는 게 나은지 장학금 받는 게 나은지 고민 중이라는 말이구나. 각각의 장단점을 말해볼래?

학생 알바하면 돈은 버는데 공부할 시간이 없고, 장학금 받으면 학비는 줄어드는데 옷 사고 할 돈이 나오는 건 아니고……. 그럼 주말에만 알바하면 어떨까요? 주중에는 도서관에서 공부하고 주말에는 알바하고요.

교사 그래, 그러면 되겠네. 그러면 피곤하지 않을까 염려되네.

학생 네, 선생님. 이제 졸업식장에 올라가 볼게요.

이 대화에서 교사가 말한 '각각의 장단점을 말해볼래?'는 듣기의 원리는 아니지만 사실 문제를 해결하기 위한 실마리가 된다. 이번에도 역시 학생이 스스로 문제를 해결한다. 그리고 그 이전에 교사의 듣기가 있었기 때문에 사실 문제를 해결할 수 있었다.

2부

대화와
말하기

1. 반응으로서의 말하기 교육

대화에서 '말하기'에는 두 가지 종류가 있다. 첫째는 자기 생각을 조리 있고 재미나게 표현하는 말하기이다. 둘째는 아직 끝나지 않은 듣기로서의 말하기이다. 첫째를 '화제 중심의 말하기'라 하고, 둘째를 '반응 중심의 말하기'라 불러보자.

우리가 '흔히 말을 재미있게 한다'거나 '화술이 좋다'고 하는 사람은 화제 중심의 말하기를 잘하는 사람을 말한다. 이런 사람들은 자신의 경험을 재미있게 표현하고 이야기의 완급을 조절할 줄 알며, 상대와 대화하는 데 부담이 없어 대화 자리를 주도하고, 여러 사람의 대화 차례를 조절하여 분위기를 좋게 하는 능력이 있다. 이런 사람의 말하기 능력을 교육의 대상으로 삼을 수도 있을 것이다. 하지만 공식적인 말인 토론, 발표, 협상 등과 달리 비공식적인 말인 대화에서 이런 화제 중심의 말하기가 필수 능력은 아니다. 국어 시간에 모두 문학을 배우지만 시인이나 소설가가 되는 사람은 적다. 그리고 시인이나 소설가가 될 것은 아니지만 문학적 표현의 기초는 학생 모두가 배워두면 좋다. 대화의 주인공이나 화술의 대가가 되기 위해 대화의 말하기를 배울 필요는 없다는 뜻이다. 조리 있게 말하기, 배려하며 말하기 등 말하기의 일반 원리를 습득하는 정도면 충분하다. 토론, 발표, 협상 자리에서 말을 잘 못하면 사회적으로 문제가 생기지만, 대화 자리에서 화제를 주도하는 능숙한 화술을 발휘하지 못해서 문제가 생기는 경우는 별로 없다. 그리고 모두가 대화의 주인공이 되어 말하기 시작하면 그 말들을 듣는 사람은 누구인가? 아무도 듣지 않는 말하기와 말하기, 즉 독백의 연쇄가 될 뿐이다.

말을 잘할 자신이 없어 듣기만 열심히 하는 사람도 비공식적인 말의 장르인 '대화'에서는 훌륭한 역할을 하고 있는 것이다.

화제 중심의 대화 구조

대화 참여자가 '청자'에서 '화자'로 순서 교대를 하면, 하는 일은 '듣기'에서 '말하기'로 달라진다. 화제가 전환되는 말하기 전략이나 특성은 대화 참여자 A나 대화 참여자 B가 거의 같다. 둘 다 적절한 방식으로 자연스럽게 화제를 이끌어 나가면 된다.

우리가 굳이 배워야 하는 것은 이제부터 설명할 '반응 중심의 말하기'이다. 앞서 말했듯이 반응 중심의 말하기는 아직 끝나지 않은 듣기로서의 말하기이다.

《화법 교육의 이해》에서는 "대화 교육의 효율성을 높이기 위해서는 대화자 효과나 진정한 상호작용이 일어날 수 있도록 대화의 구조와 방법에 대한 교육이 이루어져야 한다."라고 하며 대화 장르 교육에서 대화의 구조와 방법을 강조했다. 이 중 대화의 구조로는 '대화를 시작하는 방법-중심부를 이끄는 방법-대화를 종결하는 방법'이나 '주고받는 말이 쌍을 이루는 대응쌍'을 들 수 있다. 전자는 특정한 화제 중심의 대화에서 일반적인 구조이며 말을 주도하는 화자 중심의 대화 구조이다. 후자는 요청, 제안, 거절, 불평, 인사, 헤어질 때, 초청, 수락, 변명 등의 기능 중심 구조이며 화자의 역할과 청자의 역할이 각각 중시되는 구조이다.

　전자든 후자든 대화의 구조에서 화자는 말하는 역할을 맡고, 청자는 듣는 역할을 맡는다. 화자의 말하기는 '표현'에 속하고, 청자의 듣기는 '이해·수용'에 속한다. 표현은 최초에 화제를 꺼내고 그것을 전개해 나가는 화자의 말하기로 이해된다. 《화법 교육의 이해》에서 "대화에 있어서는 적절한 상호작용이 대화의 지속이나 성패를 좌우하기도 한다. 부적절한 응답이나 반응은 대화를 단절시킨다."라고 했듯이, 화제를 주도하는 화자만큼이나 그 화제에 참여하는 청자의 반응도 중요하다.

　청자의 반응 중에서 국어과 교육과정에서는 '공감적 듣기'를 강조한다. 공감적 듣기는 대화에서 청자가 맡은 아주 중요한 역할이다. 그런데 공감적 듣기는 누구를 위한 반응인가? 그것은 화제를 전개하는 화자가 이야기를 계속해 나가도록 돕는, 즉 화자를 위한 반응이다. 화자를 위한 여러 가지 반응으로 '맞장구치기', '재진술', '공감 반응하기' 등을 언급하는데, 이들은 말로 표현되지만 이러한 말하기를 '표현'이라고 부르지 않는다. 이들은 모두 '이해·수용'이라는 인지 과정이 겉으로 드러난 것일 뿐 엄밀히 말하면 여전히 '듣기'의 영역에 속하는 것이다. 앞에서 소개한 '듣기 3단계' 역시 각 단계가 '말해준다'로 끝나고 있으므로 겉으로 보기에는 말을 하고 있지만 대화에서의 기능은 여전히 상대의 말을 수용하는 '듣기' 행위이다.

　공감적 듣기를 위해서는 무엇보다 수용적이고 비판적이지 않으며 윤리적으로 판단하지 않는 분위기를 조성해야 하는데, 만약 화자의 발언이 명백히 비판받아야 마땅하고 윤리적으로 비난받아야 마땅한 내용이라면 청자는 어떻게 할 것인가? 만약 청자가 더 이상 듣고 싶지 않다면 어떻게 할 것인가? 또는 화자의 말에 대해 '네 말이 옳다, 네 말이 그르다, 네 말이 좋다, 네 말이 싫다' 등으로 청자 자신의 '반응'을 표현하려면 어떻게 말을 꺼내야 할까?

다음 그림처럼 대화 참여자 B가 A의 말에 대해 반응을 보이는 구조의 대화에서는 대화 참여자 A의 말하기 전략·특성과 대화 참여자 B의 말하기 전략·특성이 달라진다.

반응 중심의 대화 구조

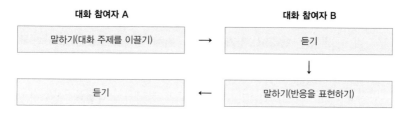

이를 더 세분화하면 다음과 같다.

반응 중심의 대화의 세부 구조

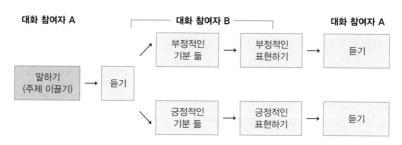

71

대화 참여자 B(청자)가 대화 참여자 A(화자)의 말을 들으면 여러 가지 감정이 일어난다. 청자가 느낀 감정이 '흥미진진하다, 즐겁다'와 같은 긍정적인 감정이라면 문제가 없다. 하지만 '지루하다, 화난다, 무섭다' 같은 부정적인 감정일 때 그것을 표현하지 않고 넘어가면 다음번에 청자는 이 화자와 대화하는 데 부담을 느끼게 될 것이다. 그렇다고 "지루하다." "화난다."라고 대놓고 말하는 것 또한 부담스럽다.

이와 같이 청자가 화자의 말을 듣고 긍정적인 기분이나 부정적인 기분을 느꼈을 때 그것을 말로 표현하는 것을 '반응으로서의 말하기'라고 하여 이를 대화 교육의 내용으로 삼는 것이 필요하다. 반응으로서의 말하기는 '공감적 듣기'와 한 짝이 된다. 다시 말해 청자는 화자를 위해 '공감적 듣기'를 수행하고, 청자 자신을 위해 '반응으로서의 말하기'를 수행할 수 있다.

반응으로서의 말하기는 어떠해야 하는지, 부정적인 감정을 느낀 경우와 긍정적인 감정을 느낀 경우로 나누어 살펴보자.

2. 부정적인 반응으로서의 말하기

다른 사람과 대화하다 보면 화자의 말 때문에 청자가 기분이 나빠지는 경우가 있다. 기분이 나빠지는 것을 부정적인 감정이라고 부를 수 있는데, 상대에 대한 '화'나 '불쾌함'뿐만 아니라 '서운함', '슬픔' 등과 같이 욕구가 충족되지 못한 경우에 내면에서 느껴지는 감정은 모두 부정적인 감정이다.

만화 속 주인공은 엄마의 말에 부정적인 감정을 느꼈지만 그것을 표현하지 못해서 답답하다. 하지만 표현하면 엄마랑 싸우게 되고, 그건 또 후회된다. 엄마의 "너는 혼자서 늘 잘 해와서 너무 편하게 생각했나 봐."라는 말에 대해 이러지도 못하고 저러지도 못하게 된 것이다. 즉 제대로 반응을 하지 못하고 있다.

이때 화자에게 부정적인 감정을 전달하는 말하기가 필요하다. 부정적인 감정이 느껴지면 화자와 청자 간에 갈등이 생길 수 있는데, 국어과 교육과정에서는 갈등 상황에서 '생각, 감정이나 바라는 바'를 표현하라고 진술하고 있다.

- 성취기준: [12화작02-02] 갈등 상황에서 자신의 생각, 감정이나 바라는 바를 진솔하게 표현한다.
- 성취기준 해설: 이 성취기준은 대화에서 갈등이 발생할 때 갈등을 증폭

시키지 않고 처리할 수 있는 대화 방법을 배움으로써 대화 상황에서 갈등을 관리하고 상대방과의 관계를 유지하는 능력을 기르기 위해 설정하였다. 이러한 대화 방법의 예로 '나-전달법'을 들 수 있다. 이는 다른 사람을 평가하고 해석하는 대신 자신이 느끼는 감정과 경험을 표현하는 방법으로 '사건, 감정, 기대'로 메시지를 구성해 전달한다. 곧 자신이 문제로 인식한 상대의 행동이나 상황[사건]만을 대상으로 삼아 이에 대한 자신의 감정을 솔직하게 이야기하고[감정], 그러한 감정을 반복적으로 경험하지 않기 위해 자신이 바라는 상대의 행동이나 상황[기대]을 상대가 들어줄 수 있는 수준에서 구체적으로 이야기하는 것이 '나-전달법'이다. 이와 같은 방법으로 갈등 상황에서 자신의 감정을 진솔하게 표현하며 상호 협력적으로 갈등 상황을 관리하는 경험을 쌓는 데 주안점을 둔다.

성취기준 해설에서는 '사건', '감정', '기대'를 '진솔하게 표현'하라고 제안한다.

- 성취기준: 생각, 감정, 바라는 바를 표현
- 성취기준 해설: 사건, 감정, 기대를 표현

'나-전달법'이 구체적으로 제안된 《교사 역할 훈련》에 따르면, '나-전달법'의 구성 요소는 다음과 같다.

- 나-메시지의 구성 요소: 학생 행동에 대한 기술, 분명한 영향, 교사의

감정

- 나-메시지의 발화 예시: 네가 복도에서 그렇게 발을 떡 버티고 서 있으면(학생 행동에 대한 기술), 거기 걸려서 넘어지기 쉽고(분명한 영향), 나는 넘어지거나 다칠까 봐 겁이 난다(교사의 감정).

'비폭력 대화'를 주창한 로젠버그는 부정적인 감정이 들 때 표현하는 방법으로 다음을 제안한다.

㉮ 멈추고 크게 숨을 쉰다.
㉯ 자신의 비판적인 생각들을 인식한다.
㉰ 자신의 욕구와 연결한다.
㉱ 자신의 느낌과 충족되지 못한 욕구를 표현한다.
(비폭력 대화의 구성 요소: 생각, 느낌, 욕구)

'나-메시지의 구성 요소'에서 '학생 행동에 대한 기술'은 성취기준 해설에 있는 '사건'에 포함된다. '분명한 영향'은 성취기준의 '생각'에 가깝다. '나-메시지의 발화 예시'에서 '거기 걸려서 넘어지기 쉽고'라고 말했지만 실제로 거기에 걸려서 넘어진 것은 아니므로, 이를 정확하게 표현하면 '거기 걸려서 넘어지기 쉽다는 생각이 들었다'는 말이다.

위의 ㉯는 성취기준의 '생각'으로 요약된다. ㉰, ㉱의 '욕구'는 성취기준의 '바라는 바'와 성취기준 해설의 '기대'와 같은 뜻이다. ㉱의 '느낌'은 성취기준과 성취기준 해설에 나오는 '감정'에 해당한다.

이상의 내용을 종합하면 다음과 같이 정리된다.

'부정적인 반응하기'의 구성 요소

- 사건: 실제로 들은 말
- 생각: 그 말이 나에게 어떤 말로 들렸는지에 대한 인식
- 감정(느낌): 말을 듣고 느낀 기분
- 욕구(기대): 대화 상대방에게 바라는 것

이 구성 요소를 표현하는 순서는 '사건-감정-생각-욕구'이다. '생각'은 생략해도 된다. 생각은 말 그대로 생각이기 때문에 오해 또는 착각일 수 있다. 하지만 내가 느낀 감정은 그 자체로 진실이다. 따라서 '사건-감정'을 먼저 표현하고 내가 그 사건에서 왜 그런 감정을 느꼈는지를 '생각'으로 덧붙이는 방식으로 말해야 한다. 그러면 만약 잘못 생각했더라도 상대방은 그 생각이 착각이거나 오해임을 밝히며 순서를 교대할 수 있다.

만약 '감정'을 먼저 듣지 않고 '생각'을 먼저 들으면, 그 말을 듣는 사람은 오해받았다는 생각이 들어서 다시 기분이 상한다. 그러면 부정적인 감정의 악순환이 반복될 뿐이다. 감정을 먼저 표현하여 상대가 나의 부정적인 감정을 알도록 하면, 상대는 일단 왜 그런 감정이 드는지 궁금하고 그 감정을 풀어줘야겠다는 욕구가 생기며, 그런 상태에서 청자의 '생각'을 들을 수 있는 것이다.

예를 들어, "나는 네가 말하면서 비속어를 쓰는 것을 듣고 나를 모욕한다고 생각해서 기분이 나빴어."라는 말과 "나는 네가 말하면서 비속어를 쓰는 것을 듣고 기분이 나빴어. 나를 모욕한다고 생각했기 때문이야."라는 말은 전달되는 효과가 다르다. '기분이 나빴다'는 말이 먼저 나

와야 상대가 나의 욕구에 관심을 가지게 되는데, '나를 모욕한다고 생각했다'는 말이 먼저 나오면 그런 의도가 아니었음에 사로잡혀 상대가 기분 나빴다는 말이 귀에 들어오지 않기 때문이다. 올바른 반응으로 상대방이 "미안해."라고 하거나 "너를 모욕한 게 아니라 친근하게 느껴져서 그랬어."라고 말해준다면 오해가 이해로 바뀌고 대화는 성공적으로 마무리된다. '비속어를 쓴 사실'과 '기분이 나쁜 감정'은 모두 변함이 없지만, 자신이 느낀 부정적인 감정을 정확하게 표현하는 '반응으로서의 말하기'를 잘해야 대화가 잘 마무리되는 것이다.

'사건-생각-감정-기대'를 실시간으로 느끼고 표현하는 것은 성인들도 상당한 훈련이 필요하다. 《교사 역할 훈련》에서도 "누군가의 가치관이 당신과 다른 경우 나-메시지의 세 가지 구성 요소를 모두 찾아내는 것은 거의 불가능에 가깝다. 특히 두 번째 구성 요소, 즉 당신에게 미치는 분명하고도 구체적인 영향이 무엇인지 규명하는 데 곤란을 느끼게 된다."라고 했다. 두 번째 구성 요소, 즉 '생각'을 찾는 것은 쉬운 일이 아니다. 반면에 "자신을 드러내는 메시지(분명하고도 구체적인 영향이라는 구성 요소가 빠진 나-메시지)는 학생에게 최소한 교사가 어떤 심정에 처해 있는지 정도는 알게 해준다."라고 하여 '감정'의 중요성을 계속 강조한다. 그래서 '반응하는 말하기'를 처음 교육할 때는 '생각' 단계를 제외하고 연습하는 것이 도움이 된다.

부정적인 말하기에서 가장 주의해야 할 것은 '사건'을 표현하는 말투이다. 첫 번째 주의사항은 '보고 들은 것만' 기술한다는 점이다. CCTV로 찍듯이 표현한다고도 하는데, 평가나 해석을 표현하면 안 된다. 두 번째 주의사항은 '나는'으로 대화를 시작해야 한다는 점이다. 그래서 교육과정 속 용어로 '나-전달법'이라고 한다.

> ㉮ 나는 새 책인데 몇 쪽이 찢겨져 나간 것을 볼 때면……
> ㉯ 네가 운동장에서 조니를 밀 때면……
> ㉰ 너희가 서로를 그렇게 배려하지 못할 때……
>
> (토마스 고든, 김홍옥 역,《교사 역할 훈련》)

㉮와 ㉯는 제대로 표현했고, ㉰는 사건 자체가 아닌 화자의 평가가 반영되었다. ㉯도 '나는 네가 운동장에서 조니를 미는 걸 볼 때면'으로 고치면 더 좋다. ㉯처럼 말하는 경우, 상대방이 실제로 밀지 않았는데 멀리서 볼 때 미는 것처럼 보였을 수도 있으므로, '나-전달법'이라는 이름처럼 '상대가 어떻게 했느냐'가 아니라 '내가 무엇을 보고 들었느냐'로 진술을 해야 상대에게 오해를 풀 기회를 줄 수가 있기 때문이다.

《비폭력대화》에서도 "나는 평가하지 않고 관찰하는 것이 얼마나 어려운 일인가를 경험했다."라고 하며 교장의 어떤 행동이 마음에 들지 않는지를 표현하는 교사들의 발언을 예로 들고 있다.

> ㉮ 그는 떠버리예요!
> ㉯ 저 선생님 말씀은 교장이 말이 너무 많다는 거예요.
> ㉰ 교장 선생님은 자기만 할 말이 있다고 생각해요.
> ㉱ 교장은 항상 주인공으로 주목받길 원합니다.

㉮~㉱는 모두 잘못된 표현이다. '떠버리'는 당연하고, '말이 많다', '자

기만 할 말이 있다', '주인공으로 주목받길 원한다'는 모두 사실이 아니며, 교장에 대한 교사 개개인의 평가 또는 인식일 뿐이다. 그런 것들도 모두 '생각'의 범주에 포함된다. '사건'만 말하려면 "교장 선생님은 45분의 회의 시간 중 혼자서 32분을 발언했습니다." 정도가 될 것이고, 이것을 '나는'으로 시작하는 말투로 바꾸면 "나는 교장 선생님이 45분의 회의 시간 중 혼자서 32분을 발언하는 것을 보았습니다." 정도가 된다. 이렇게만 해도 "교장 선생님은 자기만 할 말이 있다고 생각해요."에 비해 전달의 효과가 많이 달라진다. 《감수성 훈련》에서도 "'내 생각으로는', '내 기억엔', '내가 보기엔', '내 느낌은', '내가 듣기로는' 등의 표현들은 이야기의 시작을 부드럽게 만들어준다."라고 하여 '나는'으로 시작하는 말투의 중요성을 지적한다.

다음으로 주의할 것은 '욕구'를 표현하는 말투이다. 첫 번째 주의사항은 '욕구'를 표현하는 말투는 부정문보다는 긍정문으로 진술하는 것이 낫다는 점이다. '~하지 않게 되는 겁니다.'라고 하면 전달력이 떨어진다. 예를 들어, "제가 원하는 것은 교장 선생님이 회의를 주도하지 않는 것입니다."라고 했을 때, 그러면 어떻게 하자는 것인지, 교장이 회의를 주도하지는 않고 욕설과 폭언을 하는 것은 괜찮은 것인지 알 수가 없기 때문이다. 두 번째 주의사항은 상대에게 바라는 것을 지시하기보다는 화자 자신이나 이 상황 전체가 변해서 도달해 있는 상태를 묘사하는 것이 낫다는 점이다. "제가 원하는 것은 교장 선생님이 말수를 줄이는 것입니다."라고 말하기보다 "제가 원하는 것은 회의에서 우리 의견이 존중되는 것입니다."라고 말하는 것이 좋다.

마지막으로 '감정'을 표현할 때는 크게 느껴지는 감정만이 아니라 그 순간에 느껴지는 작은 감정까지 모두 표현해야 한다. 상대에게 화가 났을 때 '분노, 실망, 미움' 등이 느껴질 뿐 아니라 '걱정, 불안, 미안함, 눈치 보임' 등이 작게라도 느껴진다면 그것을 같이 표현해야 한다는 말이다. 반대로 다른 사람에게 칭찬을 받았을 때 일어날 수 있는 감정은 '기쁨, 뿌듯함, 자랑스러움, 만족감' 등일 것이다. 그러나 '부담감, 쑥스러움, 미안함' 등이 작게나마 느껴진다면 그것도 함께 표현해야 한다. 그래서 최소한 3개 이상은 말하는 것이 좋다.

이상의 내용을 정리하면 다음과 같다. 화자가 자기 생각과 감정을 표현하는 말을 했을 때, 청자가 부정적인 감정을 느낀 경우 그 반응으로는 다음과 같이 말을 하면 된다.

[1단계] 보고 들은 사실만 '나는'으로 시작하여 말한다.
　(예) 나는 네가 ---하는 걸 봤어(들었어).
[2단계] 내가 느낀 기분을 말한다.
　(예) 그래서 나는 ---, ---, ---한 기분이 들어. (3개 이상)
[3단계] 내가 진짜로 원하는 것을 말해준다.
　(예) 내가 진짜 원하는 것은 ---게 되는 것이야.

이것은 어쨌거나 '말하기'이므로 화자가 말한 뒤에 곧바로 이어서 말하면 '말하기 - 말하기'로 이어져 대화가 아닌 '독백의 주고받기'가 되어버린다. 그래서는 대화가 성공적으로 마무리되지 않는다. 따라서 부정적인 감정이 들었다 하더라도 우선은 화자의 말에 '공감적 듣기'를 해주고 그다음에 '반응하는 말하기'를 하는 것이 좋다.

이것은 아주 간단한 원리인데, 《비폭력대화》에서 말하는 "상대도 화가 난 상태에서는 우리 느낌과 욕구를 듣기 어렵기 때문에 그들이 우리 말을 들어주기 원한다면 먼저 그 사람을 공감해 주는 것이 필요하다. 왜 그들이 우리의 욕구가 충족되지 않는 식으로 행동하게 됐는지 그 까닭을 공감하며 들어줄수록 나중에 이들이 우리의 말을 들어줄 가능성도 높아진다."라는 것이다.

부정적인 반응으로서의 말하기는 공감적 듣기를 열심히 실천하려는 교사들이 자주 힘들어하는 문제인 '상대방이 버릇없는 행동을 해도 들어주어야 하는가?' '상대방이 오해로 인해 감정이 폭발하는 경우에도 해명하지 않고 들어주어야 하는가?' '나에게 상처 주는 말을 할 때도 상대의 말을 들어주어야 하는가?'에 대한 하나의 해답이 된다. 공감적 듣기로 상대의 말을 들어준 다음, 만약 기분이 안 좋아졌다면 '반응으로서의 말하기'를 하면 된다.

'부정적인 반응으로서의 말하기'를 간단히 '지적하기'라고 부를 수 있다. 상대의 말이나 행동으로 인해 나의 기분이 부정적이 되었을 때 일단은 상대의 말을 들어주고, 그다음 상대의 말이나 행동에 대해 올바른 방식으로 지적하는 것이다.

3. 지적하기의 의의

교사가 학생과 대화할 때 듣기의 원리에 따라 들어주게 되면 듣기의 효과를 알게 되고, 자기 말을 누군가가 잘 들어주면 마음이 편안해진다는 것을 알게 된다. 그런 대화에 익숙한 학생들이 잘 들어주는 사람이 없어졌을 때는 갑자기 답답함을 느낀다. '내가 이런 말을 했을 때 이렇게 받아주면 마음이 편안해질 텐데, 왜 저 상대방은 그렇게 안 들어줄까?' 하는 불만도 쌓인다.

> **학생** 근데 진짜 제가 쌤한테 엄청 의지했던 거 같아요. 힘든 거 있으면 항상 쌤한테 말했는데 이제는 말하지도 못하니까 다른 사람한테 말하잖아요. 근데 내 말을 잘 안 들어주는 거 같아서 답답해요. 엄마한테 말했는데 엄마 대답하는 것도 어이가 없어요. 엄마 말하는 게 답답하니까 제가 엄마 또 무시하고……

학생이 기대했던 상상 속의 바람직한 전개는 이렇다.

> **학생** 엄마, 술 먹고 오니까 짜증나고 답답해요.
> **엄마** 내가 술 먹고 와서 짜증나고 답답하구나?

하지만 엄마가 그렇게 들어주지 않아서 많이 답답해한다. 그러면서 이렇게 말한다.

> **학생** 답답해요. 근데 지금 말할 자신 없어요. 지금 말하면 엄마랑 싸울 거 같거든요. 근데 지금 엄마랑 싸우기가 싫네요.

이럴 때 바로 자기감정을 잘 표현하는 지적하기 방법이 필요하다. 그러면 잘 들어주지 않는 사람과 대화하더라도 싸우지도 않고 속이 시원해질 수 있다. 자기감정을 표현하는 지적하기 3단계에 따라 말을 하고 나면 상대방이 적극적 듣기나 공감적 듣기를 하지 않더라도 대화한 후에 답답함이나 허전함이 남지 않는다.

그런데 이 지적하기는 반드시 감정이 부정적일 때만 효과가 있는 것이 아니다. 감정이 긍정적일 때도 이와 같은 방식으로 말을 하면 효과가 배가 된다. 그렇다면 이 지적하기는 앞에서 말한 '화제 중심의 말하기'에 대응하여 '관계 지향적 말하기'라고 부르는 것이 좋을 것이다.

학생 선생님! 저는 선생님이 제게 먼저 대화 건 것을 확인하고 선생님이 제게 할 말이 많다는 생각이 들었어요. (나–전달법)

교사 그래?

학생 그래서 뿌듯하고 날아갈 거 같고 행복하고 상쾌하고 흐뭇하고 벅차고 두근거리고 기대되고 궁금하고 안심되었어요. 그리고 선생님께 고맙고 기대되고 상냥하고 사랑스럽고 좋고 푸근하고 흐뭇하고 호의적이고 따뜻하고 다행스러웠어요. (기분 표현)

교사 그랬구나.

학생 저는 선생님과 대화를 더 많이 더 자주 하고 싶고 선생님이 먼저 대화를 걸어주면 더 좋을 거 같아요. (진짜로 원하는 것)

교사 아 그래. 이러면 내가 특별히 '듣기' 해주지 않아도 너는 편안해지는 거지?

학생 하하하하.

교사 친구든 엄마든 다른 선생님이든 마찬가지다. 내가 여기서 원래대로

'뿌듯하고 날아갈 것 같고 행복했겠네.' 이러면 더 좋았겠지만, 굳이 필요 없다는 뜻이다. 네가 스스로 다 말했기 때문에.

학생 아하, 방금 그랬는데. 쌤이 '그랬구나, 그랬구나' 할 때.

교사 기분이 느껴지니?

학생 네!

교사 그게 성공적인 '말하기'의 느낌이다.

미국 시트콤 〈럭키 루이〉 시즌 1에 이런 장면이 나온다. 공원에서 루이는 자기 딸 루시가 버릇없다고 푸념한다. 루이의 친구 리치가 말한다.

"네가 루시를 애처럼 대하는 게 문제야. 애들은 그걸 싫어해. 눈을 마주 보고 동등하게 존중해 주면 애들도 너를 존중하지."

그리고 리치는 시범을 보이듯이 루시에게 말한다.

"안녕, 루시. 어떻게 지냈니?"

버릇없는 루시가 하는 말.

"너 진짜 못생겼다."

충격을 받은 리치는 집으로 돌아가는데, 밤중에 다시 루이의 집에 찾아온다.

리치 루시 집에 있어?

루이 왜?

리치 루시랑 할 얘기가 있어.

루이 루시!

리치 (종이에 적어온 글을 읽는다.) 루시, 내가 어제 널 봤을 때 너는 나에

게 대단히 상처 주는 말을 했어. 난 그게 싫었고 기분이 나빴어. 나는 네가
그걸 알아주길 바라.

루이 미안해요.

리치 고마워.

루이 됐죠?

리치 참 착한 애구나.

이 대화에서 중요한 것은 리치의 마지막 대사이다.

"참 착한 애구나."

원래 공원에서 겪은 일을 바탕으로 한다면 루시는 어른에게 무례하고
상처를 주는 밉고 나쁜 아이로 인식된다. 하지만 리치, 즉 화자가 공감
적 말하기를 정확하게 하고 나서는 루시가 '좋은 아이'로 인식된다. 이
것은 루시가 훌륭한 말로 사과를 했기 때문이 아니다. 화가 난 리치가

지적하기의 원리에 따라서 정확하게 대화를 했기 때문이다.

이 영상에서 루시는 그냥 자기 마음대로 살아간다. 기분 내키면 상대에게 모욕을 주고, 또 기분 내키면 상대에게 사과도 한다. 그 아이를 좋게 보고 나쁘게 보는 것은 모두 '어른의 몫'이다. 우리도 마찬가지다. 어떤 사람이 나에게 상처를 줄 때, 눈치를 줄 때, 기분 나쁜 말을 할 때, 그 사람은 우리에게 상처를 줬는지, 눈치를 줬는지, 기분 나쁜 말을 했는지조차도 모를 때가 있다. 또 나중에 알고 보면 전혀 그런 의도가 아닌데 우리가 스스로 눈치를 보거나 잘못 이해하고 상처받는 경우도 많다.

그때 어떤 사람을 '상처 주는 사람, 눈치 주는 사람, 기분 나쁘게 하는 사람'으로 남겨둘 것인지는 전적으로 '나'에게 달려 있다. 상대의 말이나 행동에 따라 나의 기분이 좌지우지된다면 인생이 얼마나 불행한가? 당당하게 자기감정을 표현하여 상대에게 공감을 얻어내는 말하기 방법을 사용할 수 있다면 그 어떤 사람과도 잘 지낼 수 있다.

나에게 상처 주는 사람, 기분 나쁘게 하는 사람 등에게 말을 걸고 싶을 때, 말로 풀고 싶을 때 지적하기 방법(기술)이 중요한 것이다. 감정을 풀려고 말을 걸었다가 더 싸움이 나는 경우를 우리는 익히 알고 있다. 부정적인 감정 때문에 말을 걸었으면서도 '감정'은 없고 '사실'의 문제를 해결하고자 하는 것처럼 돌려서 표현하는 사람들이 있다. 그런 사람과 대화하면 매우 피곤하다. 우리는 남을 피곤하게 하는 사람이 되어서는 안 되며 솔직담백한 사람이 되어야 한다. 특히 학생을 대하는 교사들은 더욱 그렇다. 감정을 세세하게 표현하는 것이 감정을 조절하지 못하는 사람으로 비칠까 봐 걱정하는 사람이 있는데, 느낀 감정을 표현하는 사람과 느낀 감정에 휩싸여 스스로를 잃는 사람은 전혀 다르다는 것을 알아야 한다.

상대에게 부정적인 감정을 느꼈을 때 숨기지 않고 그대로 말하는 것이 자신의 정신 건강에도 좋고, 상대방과의 관계 개선에도 도움이 된다. 상처받지 않은 척, 괜찮은 척해서 좋아지는 관계는 없다. 내가 부정적인 감정을 드러내면 관계가 깨어지지 않을까 걱정하는 사람들이 많은데, 그것은 상대방을 그만큼 신뢰하지 않는다는 뜻이다. 실제로 부정적인 감정을 드러내면 깨지는 관계도 있다. 그것은 부정적인 감정 자체의 문제가 아니라 그 부정적인 감정을 드러내는 지적하기 기술이 부족하기 때문일 가능성이 높다.

4. 긍정적인 반응으로서의 말하기

우리는 다른 사람과의 대화에서 부정적인 감정만을 느끼지는 않는다. 기쁨, 즐거움, 통쾌함 등의 긍정적인 감정도 자주 느낀다. 이것이 교육 과정에서 말하는 '대화의 즐거움'의 일부가 될 것인데, 긍정적인 감정이란 결국 '욕구가 충족된 경우'에 느껴지는 감정을 말한다.

화자의 말로 인해 청자가 욕구가 충족되고 기분이 좋아졌을 때 '적절한 반응'은 무엇일까? "네 말을 들으니 참 기뻐." 또는 "정말 재미있네." "안심이 돼." 등으로 감정을 표현해도 좋을 것이다. 그러나 청자의 욕구를 충족시켜 주는 화자에게 가장 적절한 반응은 바로 '칭찬'이다.

시중에 나와 있는 칭찬 관련 책을 보면 칭찬의 요령을 나열한 것을 쉽게 볼 수 있다.

- 송감찬,《감성 설득 - 고객의 마음을 사로잡는 감성칭찬 화법》
  - 인과관계가 드러나는 칭찬이 더 효과적이다.
  - 칭찬도 포장해야 한다.
  - 비유를 통해 우아하게 칭찬하자.
  - '그리고'와 '게다가'로 칭찬 이어가기

- 글로리아 베크, 최경인 역,《상대의 마음을 움직이는 칭찬의 기술》
  - 섬세함이 빠진 칭찬은 병범하고 진부해진다.
  - 단어 배열로 신비감을 조장하라.
  - '그리고'를 이용해 칭찬하라.
  - 가끔은 침묵으로 칭찬하라.

이런 요령들은 특정 상황에 따라서는 적절하게 써먹을 수가 있지만 상대의 말에 반응하는 일반적인 교육의 원리로는 부족하다. 하지만 글로리아 베크가 위의 책에서 "언어학적으로는 약 5000개의 칭찬 유형으로 분류할 수 있는데, 이들을 모두 분석해 보면 칭찬하는 방법에도 하나의 큰 공통분모가 있다는 것을 알 수 있다. 시대에 따라 혹은 개인의 삶의 방식 등에 따라 이 큰 핵심 구조에 살을 붙여가면서 다양한 칭찬 유형이 생겨난 것이기 때문이다."라고 밝혔듯이, 좀 더 일반적인 원리도 존재한다.

칭찬은 그 방법과 특성에 따라 '언어적 강화(verbal reinforcement), 격려(encouragement), 사회적 인정(social-acknowledgement)'의 세 가지 유형으로 분류할 수 있다.

㉮ 언어적 강화: 칭찬하는 사람이 칭찬받는 사람의 행동에서 일정한 기준 이상의 성공에 도달하거나 바람직하다고 생각하는 특성이 보일 때 사용하는 것으로 주로 '똑똑하다', '예쁘다'와 같은 형용사를 사용하여 화자가 의도하는 목적을 드러내는 칭찬이다.

㉯ 격려: 교사가 학생의 행동을 관찰하여 학생이 보여주는 노력과 과정을 자세히 언급해 주는 칭찬이다. 격려를 사용하는 교사는 "영희가 과학 시간에 수업 태도가 좋아지더니 이번 시험에 성적이 많이 올랐구나." 와 같이 학생의 바람직한 행동 그 자체나 노력하는 과정, 노력으로 변화된 모습을 구체적으로 제시해 준다.

㉰ 사회적 인정: "영희가 수업 시간에 창의적인 아이디어를 많이 내어주어서 (영희 덕분에) 다른 친구들이 그 문제에 대한 새로운 면을 알게 된 것 같구나(또는 ~할 수 있게 되어 고맙다)."와 같이 먼저 상대방의 행동을 구체적으로 언급하고, 그 후에 '덕분에' 또는 '고맙다'를 덧붙여서 칭찬받는 사람에게 자신이 한 행동이 사회에 미치는 영향을 느끼게 해 주는 칭찬이다.

이 중 '언어적 강화'는 외적 동기만을 강조한 결과 장기적으로는 학생들에게 걱정과 불안을 유발하고, 또래 집단 내 경쟁을 조장하여 관계를 악화시키고, 실패에 쉽게 좌절하는 학생을 길러낼 위험이 있다고 한다.

EBS 교육대기획 10부작 〈학교란 무엇인가〉 6부 '칭찬의 역효과'라는 프로그램에서는 단어 암기 테스트에서 "대단한데." "머리 좋구나." "진짜 짱이다, 짱."이라고 칭찬한 그룹과 "잠깐인데도 노력을 많이 했네." "짧은 시간인데도 노력 많이 했구나."라고 칭찬한 그룹을 비교했다. 앞의 그룹은 감시자가 잠시 자리를 비우자 단어 카드를 훔쳐보면서 칭찬에 부응하려 했다. 뒤의 그룹은 감시자가 잠시 자리를 비워도 계속해서 혼자 고민했다.

앞의 그룹을 '결과 칭찬'이라 하고 뒤의 그룹을 '과정 칭찬'이라고 할 때, 사람들이 흔히 '과정 칭찬'을 해야 한다고 말한다. 엄서현(2015)에서도 "노력과 과정에 대해 칭찬을 받은 아이들은 실패에 대한 두려움이 적고 문제를 해결하기 위해 노력하는 데서 성취감을 느끼기 때문에 어떤 어려운 문제가 주어져도 일단 풀어보려는 의지를 갖는다. 하지만 지능에 대해 칭찬을 받은 아이들은 조금 더 어려운 상황이 주어졌을 때 도전하거나 생각하는 것을 멈춰버린다는 결과가 나왔다. 이는 실패했을 때 '너는 머리가 나쁘구나.'라는 질책을 받을 것을 두려워하기 때문에 어려운 문제에 닥쳤을 때 해결하려는 노력을 덜 하게 된다는 것이다."라고 하여 '언어적 강화'의 문제점을 경고한다.

대화 장르 교육에서 언어적 강화의 위험성을 배우지 못하고 어른이 되면, 그 사람이 부모나 교사나 직장 상사가 되었을 때 자신의 자녀나 학생, 부하 직원들에게 좋은 의도로 칭찬했으나 의도와 달리 잘못된 영향력을 미칠 수 있다. 따라서 대화 장르 교육에서는 의도적으로 언어적 강화를 배제해야 한다.

앞의 ㉯와 ㉰ 유형과 관련이 있는 칭찬 원리로 다음 두 가지를 들 수 있다.

㉠ 3단계 사실 칭찬법(유동수 외,《한국형 코칭》)
  - 1단계: 잘하는 점(사실)

- 2단계: 칭찬 근거 제시
- 3단계: 칭찬 근거에 따른 특성, 성품

ⓛ 사방 칭찬(김창오 외,《교사의 마음리더십》)
- 사실 칭찬: "너는 표현을 참 잘하는구나."와 같이 잘한다고 여겨지는 행동이나 잘 해낸 일, 좋은 행동, 태도, 모습을 찾아서 말한다.
- 성품 칭찬: 사실 칭찬에서 진술한 행동, 태도, 모습을 드러나게 하는 상대방의 내면과 성품, 능력, 자원, 신념 등을 추론하여 찾아주는 일이다.
- 영향 칭찬: 상대방이 잘한 사실이나 성품이 나와 주변에 끼친 좋은 영향과 결과를 알려주는 방향이다.
- 질문 칭찬: 사실 칭찬에서 찾은 '잘한 사실'이나 성품 칭찬에서 발견한 '내면의 성품'을 질문 형태로 바꾸어서 칭찬을 한 번 더 다지고 강조하여 잘 받아들이게 하는 칭찬이다.

ⓞ에서는 '잘하는 사실'과 '칭찬 근거'를 두 단계로 분리했는데, ⓛ에서는 사실과 근거를 하나로 묶어 '사실 칭찬'으로 이름 붙였다. 그리고 ⓞ에는 없던 '영향 칭찬'과 '질문 칭찬'을 추가했다. '사실 칭찬'이 칭찬의 유형 가운데 '격려'에, '영향 칭찬'이 '사회적 인정'에 해당한다. 이때 사실 칭찬에서 '잘 해낸 일, 좋은 행동·태도·모습'을 묘사하는 것이 중요하며, 만약 그 '일, 행동, 태도, 모습'에 대하여 '잘한다, 좋다'와 같은 가치판단이 표현되면 '언어적 강화'가 되어버리므로 유의해야 한다.

또한 ⓞ과 ⓛ에 공통적으로 '성품 칭찬'이 들어가는데, 이는 앞서 보인 칭찬의 유형 가운데 어느 유형에도 속하지 않는 새로운 유형이다. 이 상의 내용을 토대로 긍정적인 반응으로서의 말하기 원리를 세워보자.

《교사의 마음리더십》의 예를 가져와 보자. 용남이가 방학 동안에 도서관에서 봉사활동을 열심히 했다. 교사가 용남이를 칭찬하고 싶다. 우선 "용남아, 지난 20일 동안 하루도 빠짐없이 도서관 일을 했구나."라고 말하면 된다. 이것은 '잘하는 점(사실)'이면서 '칭찬 근거'이기도 하다. 잘하는 점과 근거를 분리하기 어려우므로 사실 칭찬과 같이 '사실'로 묶어서 한번에 표현하는 것이 좋다.

다음으로 성품 칭찬에서와 같이 그러한 사실을 발휘할 수 있는 내면의 성품을 언급해 준다. 내면의 성품을 언급할 때, "용남아, 역시 너는 성실해."라는 판단으로 이어지지 않도록 해야 한다. 용남이가 성실한지 아닌지는 사람에 따라 동의하거나 반박할 수도 있지만 '20일 동안 빠짐없이 매일 도서관 일을 하는 행동'이 '성실한 행동'인 점은 사실이다. 따라서 말을 할 때는 "용남아, 그걸 보니 너는 성실한 사람인 것 같아."라고 사실에 근거해서 성품을 추측했음을 알려주는 말투를 쓰는 것이 좋다.

마지막으로 영향력을 알려주면 되는데, 이 영향 칭찬을 듣고 상대방은 자신의 행동에 가치를 부여하게 된다. 즉 반응하는 사람이 "너 잘했어."라고 말하지 않더라도, "네 덕분에 도움이 되었어."라고 말하는 것을 듣고 '내가 잘했구나.'라고 스스로 만족감을 느끼게 되는 것이다. 이 영향력은 말하는 사람 개인이 받은 영향도 좋고 주변 사람들이 받게 될 영향도 좋다.

질문 칭찬은 긍정적인 반응으로서의 말하기 원리에서는 제외하는 것이 좋다. 《교사의 마음리더십》에서 "질문 칭찬의 진짜 가치는 질문에 답하는 과정에서 '잘한 사실'과 '성품'이 언제 어떻게 나타날 수 있게 되었는지, 사연과 이유를 돌아보게 하는 것이다. 이를 통해서 현재의 긍정적인 모습이 과거의 자기 삶이 축적된 결과임을 발견하고, 현재의 자신을 소중히 여기는 기회가 되기 때문이다."라고 했다. 즉 '질문 칭찬'은 '대화'보다는 '상담' 쪽에 필요한 칭찬이다. 이것은 대화 교육을 위한 '반응으로서의 말하기'를 넘어서는 영역이므로 별도로 처리하는 것이 좋다. 대화 교육에서는 '사실-성품-영향력'을 표현하는 것으로 충분하다.

이상의 내용을 정리하면 다음과 같다. 화자가 자기 생각과 감정을 표현하는 말을 했을 때, 청자가 긍정적인 감정을 느낀 경우 그 반응으로서 말을 할 때는 다음과 같이 말을 하면 된다.

[1단계] 상대의 행동이나 말을 그대로 묘사해 준다.

(예) 너는 ---를 했구나.

[2단계] 그 행동이나 말에 담긴 성격 특성을 말해준다.

(예) 그걸 보니 너는 ---, ---, --- 사람인 것 같아.

[3단계] 그 행동이나 말이 나(또는 주위 사람)에게 미친 영향을 말해준다.

(예) 그래서 나도 --- 하게 돼.

그래서 다른 친구들도 --- 하게 되는 것 같아.

칭찬의 말을 이렇게까지 원리를 정해서 순서에 맞게 해야 하는지에 대해 비판할 수 있다. 말하고 듣기에 능숙한 대화 참여자라면 이런 틀에 박힌 방법을 쓸 이유가 없다. 그러나 능숙한 대화 참여자를 기르기 위한 교육에서는 이러한 기초적인 내용에서 출발해야 한다. 이와 같은 원리를 자연스럽지 않다고 외면하고 막연하게 '과정 칭찬이 중요하다.'라고만 배운 사람들은 다음과 같은 함정에 빠지기 쉽다.

어느 날, 나의 딸이 평소보다 높은 점수가 매겨진 시험지를 내밀었다. 여느 부모와 같이 자녀의 성적 향상은 나에게도 매우 큰 기쁨이었다. 그래서 나는 내가 알고 있는 선에서 가장 효과적인 칭찬의 말을 건넸다.

"열심히 공부하더니 잘했구나."

이것은 결과보다 과정을 칭찬하는 말이며, 능력보다는 노력을 칭찬하는 말이었기 때문에 나의 칭찬으로 인해 아이가 평가 목표가 아닌 학습 목표를 향해 나아가는 데 큰 힘을 얻을 수 있기를 기대했다. 그런데 아이로부터 돌아온 대답은 이것이었다.

"엄마가 내가 열심히 공부했는지 어떻게 알아?"

사실은 딸의 말 그대로였다. 아침 일찍 나갔다가 밤늦게 들어오는 내가, 집에 돌아와서조차 온갖 책과 논문에 파묻혀 지내는 내가 아이가 어떤 공부를 얼마나 열심히 했는지 알 턱이 없었다.

(정윤경·김윤정,《내 아이를 망치는 위험한 칭찬》)

칭찬받은 딸은 기뻐하기보다 화를 냈다. 우리가 제안한 칭찬의 원리대로 말한다면 밑금 그은 말은 '평소보다 높은 성적을 받았구나. 그걸 보니 너는 열심히 노력하는 아이인 것 같아.'가 된다. 이러한 사소한 말의 순서가 대화에서는 완전히 다른 반응을 불러온다. 따라서 우선은 '긍정적인 반응으로서의 말하기'를 하나의 원리로 교육하고, 생활 속에서 어색하지 않고 자연스럽게 사용하도록 자기만의 말투로 응용하도록 안

내하면 된다.

'부정적인 반응하기'와 마찬가지로 '긍정적인 반응하기'에서도 공감적 듣기가 우선되어야 한다. 《교사의 마음리더십》에서도 "칭찬받는 상대가 감정적으로 불편할 때, 특히 칭찬하는 사람에게 불만을 갖고 있을 때는 칭찬 기법에 따라서 칭찬하더라도 이를 받아들이기가 어렵다. 심지어 빈정대거나 비난하는 것으로 오해할 수도 있다. 이럴 때는 먼저 상대의 감정이 편해지고 마음의 여유가 생길 때까지 '입으로 듣기'를 해서 충분히 공감한 후에 칭찬을 하면 받아들일 가능성이 높아진다."라고 했다.

수업 시간에 아이들이 발표를 하면 좋은 수업이라고들 한다. 그리고 초등학교 때는 발표를 잘하는데 중학교 때는 발표를 잘 안 하고 고등학생이 되면 수업 시간에 발표를 거의 안 한다는 이야기를 선생님들끼리 자주 한다. 그건 학생들이 나이가 들면서 변해가는 게 아니라 선생님들이 학생들을 그렇게 변하게 만들기 때문이기도 하다.

선생님들은 "틀려도 좋으니 네 생각을 말해봐."라고 하지만, 정작 틀린 발표를 했을 때 어떻게 하는가? "아닌데." "음⋯⋯" "다른 사람 발표해 볼래?" 같은 말을 하거나 아니면 말없이 눈살을 찌푸린다. 틀린 발표를 했을 때 주변 친구들은 어떻게 하는가? 큰 소리로 웃거나 "바보 아냐?"라는 놀림을 당한다. 학생이 틀린 발표를 했을 때 학생의 의견에 공감해 주고, 발표를 한 그 자체의 노력을 칭찬해 주고, 마지막으로 주변의 친구들에게 비웃는 반응을 보이지 않도록 교사의 불쾌함과 본심을 전달하여 정확하게 지적하는 집단 리더십을 발휘해야 한다.

반면, 학생이 아주 훌륭한 발표를 했을 때 선생님들은 어떻게 하는가? "최고야." "천잰데!" "어떻게 알았어?" "대단해." "네가 제일 잘했어."

같은 말을 한다. 그러면 발표한 학생은 처음에는 기분이 좋지만 자꾸 그런 말을 들으면 어떻게 될까? 발표한 학생이 수업 시간에 열심히 참여하는 훌륭한 학생이라 하더라도 교사의 모든 질문에 늘 모범 답변을 발표할 수 있는 것은 아니다. 가끔 잘 모르겠거나 잘못 알고 있어서 틀릴 수도 있다. 그런데 그 학생이 완벽한 정답을 알고 있지 못한 경우라면 교사에게 "최고야." "천잰데!" 소리를 못 들을 각오를 해야 발표를 할 수 있다. 심지어 교사가 "쟤 천잰 줄 알았더니 아니네."라고 하거나 실망스러운 표정을 드러낸다면 수치심이 들 것이다.

학생은 마음속으로 이런 계산을 한다.

㉮ 한때 천재였으나 지금도 천재지만 딱히 발표는 안 하는 애
㉯ 한때 천재였으나 지금 발표를 통해 천재가 아님이 드러난 애

학생은 어느 쪽을 선택하겠는가? 즉 틀린 발표에 대한 잘못된 피드백뿐 아니라 좋은 발표에 대한 잘못된 칭찬도 결국 학생들의 학습 동기를 떨어뜨리게 된다는 것이다. 그것이 발표가 아니라 문제 풀이나 수행평가, 모둠 토론, 공책 필기 어떤 것이든 학생의 행동으로 표현되는 모든 수업 상황에 적용된다.

그렇다면 교사의 발화는 어떠해야 할까? 정답은 없지만 가장 덜 위험한 방식은 이 정도이다.

- 학생의 발표를 교사가 그대로 따라 말해준다. (더 좋은 개념어로 포장하면 안 됨)

- 학생의 발표가 이 수업에 미친 영향을 알려준다.
- 발표 내용이 맞고 안 맞고를 교사가 알려주지 않고, 다른 학생들끼리 그 학생의 발표 내용이 옳은지 아닌지를 토론해서 다른 학생이 또 발표하는 계기로 삼는다.

이 이상의 언급은 학생들의 학습 동기에 역효과를 줄 가능성이 있다.

예전에 한문을 가르칠 때 어떤 날라리 학생이 웬일로 수업을 잘 듣고 필기도 잘했다. 수업 마치는 종이 치자 공책을 보여주면서 "저 오늘 수업 열심히 들었죠? 칭찬해 주세요."라고 하기에, "네가 오늘은 수업 시간에 가만히 앉아 있었고 내가 적어준 한자도 공책에 다 받아썼네." 하니까, "뭘 말이 그렇게 오글거려요. 그냥 '잘했다' 한마디면 되지."라고 했다. 하지만 기분은 좋아 보였고 다음 시간부터 수업을 잘 들었다.

칭찬은, 칭찬의 말은 칭찬을 들은 사람에게 '칭찬받은 그것'을 계속해서 하게 하는 원동력이 된다. 중요한 것은 칭찬받은 '그것', 그래서 계속해서 실천하게 되는 '그것'이 무엇인가 하는 점이다. 그런데 칭찬의 말이 "너 천재네." "너 최고야."라면 칭찬을 들은 사람은 '천재', '최고'를 계속해서 유지하려는 심리가 생긴다. 그러나 학생은 천재가 아니고, 늘 언제나 최고일 순 없다. 그러면 그 학생은 '천재', '최고'라는 바로 그 칭찬 때문에 다음번에는 아무 일에도 도전하지 않게 된다. 도전했다가 실패하면 '천재 아님', '최고 아님'이 드러나게 되고, 그로 인해 주변 사람이 자신에게 실망하는 모습을 보기 싫기 때문이다.

반면에 "오늘 수업에 자리에 가만히 앉아 있었네."라거나 "공책에 한자를 다 받아썼네." 같은 칭찬은 '자리에 가만히 앉아 있는 행동', '공책에 한자를 받아쓰는 행동'을 계속하게 만든다. 행동주의 이론에서 '강화'라고 부르는 것과 같은 구실을 한다. 비둘기나 강아지는 먹이를 줘서 강화를 시킨다. 학생들은, 아이들은, 인간은 바로 '말'로 강화시키는 것이다. 그리고 올바른 '행동'이나 '말'을 계속하게 만드는 말하기 방법이 바로 '칭찬의 3단계'이다.

어떤 교사들은 '교수·학습 지도안'에서 도입 단계에 적용되는 '동기 유발, 흥미 유발'을 이렇게 생각한다.

> 수업의 도입 – 전개 – 정리 단계가 있는데, '도입 단계'에서 흥미로운 동영상 자료를 5분 정도 보고 아이들의 분위기를 띄운 다음, 그렇게 형성된 학습 동기, 학습 흥미를 이용해서 남은 40분을 끌어간다.

하지만 전혀 그렇지 않다. '동기 유발, 흥미 유발'은 수업 시간의 모든 단계에서, 즉 학생이 활동을 잘할 때, 못할 때, 그냥 할 때라든가 학생이 말을 할 때, 웃을 때, 문제를 풀 때…… 이와 같은 모든 상황에서 교사가 '입으로 듣기'와 '공감', '정확한 칭찬'으로 학생이 계속해서 교사가 원하는 행동을 하도록 만드는 고도의 기술이다. 하지만 그것은 어렵지 않고, 교사가 말만 잘하면 된다. 원리도 간단하다. 칭찬의 3단계만 지키면 된다. 이것이 바로 진정한 학습 동기 유발이고, 이것은 45분이라는 1차시 수업 내에서뿐만 아니라 1년간의 교과 수업 전체에 걸쳐 강력한 동기를 유발하게 해주는 힘이 된다.

학교, 학급, 교실, 수업 현장이 '틀린 말이라도 좋으니까 자기 생각을 어떤 식으로 말해도 안전하다고 느끼는 공간'이라는 확신이 들 때 비로

소 아이들이 발표를 시작한다. 학생들이 안전하다고 느끼는 공간을 만들기 위해 필요한 교사의 발언은 "얘들아, 여기는 어떤 말도 수용되는 안전한 곳이야."가 아니다. 학생이 맞고 틀리고에 얽매이지 않고 자신의 생각을 있는 그대로 발표하게 만들고 싶다면, 교사가 해야 할 말은 "네 말은 그런 의미구나. 부담되었을 텐데 발표해 줘서 고마워. 친구들도 너를 보며 용기를 얻었을 거야."이다.

5. 칭찬하기 사례

새벽 2시에 한 학생에게서 문자가 왔다.

학생 밤이 늦었지만 쌤이 깨어 있다는 걸 너무나 잘 알고 있기에 이렇게 글을 올린다네. 서술어가 없는 건 문장이라고 말할 수 없는 것인가? 만약 아니라면 왜 아니고, 그런 서술어가 없는 천한 것들은 무엇이라고 불리는지 귀띔해 줄 수 있겠나? 염치불고하고 새벽에 문자 보내니 그대의 덕을 믿어봄세

교사 문장은 주어와 서술어가 갖추어진 단위, 주어는 생략 가능, 서술어는 거의 생략 불가능

학생 그 말은 문장이 된다는 말인가 안 된다는 말인가? 어허 튕기지 말고 요점만 말하라 하거늘!

교사 상황에 따라 다름. 문장이 되다 만 것들은 '구'라고 부르긴 하는데 그것도 상황에 따라 다름. 의미가 완결되어야 함

학생 알겠음. 아 진짜 내 어조를 무시하다니 실망스러운 기분임. 말투가 다 ~임 ~함이 뭐임? 나한테 그렇게 딱딱하고 싶음?

교사 1 주어와 서술어가 있어야만 문장이다. 2 주어나 서술어가 없다 하더라도 복구가 가능하면 문장이다. 3 그 외엔 다 문장이 되다 만 것들

교사 이해가 되었다면 좋겠구나. 너의 학문적 열정이 참 훌륭해 보이는구나. 나도 열심히 해야겠다는 기분이 들게 해. 어쩜 넌 그럴 수가 있니?

학생 ㅋㅋ 선생님 짱 좋음. 오늘 밤 못 잘 듯. 둑흔둑흔거려요 ㅋㅋ

사실적인 정보를 묻는 질문이긴 하지만 학생의 마음 한켠에는 교사와의 관계를 발전시키고 싶은 의도도 있었을 것이다. 그래서 교사의 칭찬 한마디에 기분이 급반전될 수 있다. 교사의 칭찬을 분석하면 다음과 같다.

- 늦은 밤까지 문자로 수업 내용을 물어보다니. (사실) - 생략됨
- 학문적 열정이 참 훌륭해 보이는구나. (성품)
- 나도 열심히 해야겠다는 기분이 들게 해. (영향력, 나)
- 어쩜 넌 그럴 수가 있니. (영향력, 너)

새벽에 교사에게 문자를 보내는 행동에서 칭찬거리를 발견하는 눈을 기르는 것이 중요하다.

스스로 공부하려는 의지를 가진 아이들에게 그러한 성품, 즉 자기 주도적으로 공부하려는 특성을 짚어서 칭찬해 주면 스스로 힘을 내어 공부하는 데 큰 도움이 된다.

학생 '그러면 좋았었다'에서 '좋았'은 형용사고 '었다'는 조사 맞죠?

교사 아니. '좋았었다'는 '좋다'의 변형이고 '좋다'는 형용사. 조사는 명사 뒤에만 붙어.

학생 선생님은 대단하세요. 감사합니다.

교사 너도 대단하구나. 1학년 범위까지 열심히 공부하는 걸 보니. 공부만 열심히 하는 게 아니라 모르면 물어서 알려고 하는 성의와 적극성이 있네.

학생 아, 저를 그렇게 과대평가해 주시다니…… 계속 물어보면 귀찮으실 것 같은데 하나하나 다 대답해 주는 선생님의 성의도 놀랍습니다.

교사 별말씀을. 그렇지만 진지하게 충고하자면 지금 품사 공부하지 말고 다른 과목 공부하면 좋겠다. 국어는 그동안 쌓아온 기본 실력으로 치는 게 나아.

학생 충고하신 말씀 잘 새겨듣겠습니다. 사실 이 모든 것은 1학년 때부터 쌓여온 제 궁금증이었습니다. 그런데 그걸 선생님이 풀어주셨군요.

교사 오, 그렇군! 1학년 때부터 국어에 호기심을 가졌을 뿐 아니라 그걸 잊어버리지 않고 늘 기억하고 있으며 기회가 왔을 때 놓치지 않고 궁금증을 해결하는 걸 보니(사실), 학교 수업을 적극적으로 듣고 능동적으로 진지하게 탐구하는 것처럼 보이네(성품). 그걸 보니 나도 수업 시간에 더 열심히 가르치고 아이들 질문에 더 성의껏 대답해야겠다는 생각이 들게 하네(영향력). 어쩜 이런 학생이 다 있지?

학생 감사합니다. 그리고 선생님은 원래 재미있고 열심히 가르치세요. 그래서 그런 선생님을 보며 제가 성장이 가능합니다. 최고예요.

칭찬은 성장기의 청소년에게만 효과가 있는 것은 아니다. 성인들에게도 칭찬의 효과는 똑같다. 대학교에서 강의를 들은 수강생이 갑자기 메시지를 보내왔다.

대학생 너무 뜬금없는 카톡이라는 거 알지만… 스스로 생각해 볼 수 있고 얼마든지 질문할 수 있는 수업해 주셔서 정말 감사드려요 선생님. 이런 수업 졸업 전에 들을 수 있어서 얼마나 기쁜지 몰라요. 그럼 좋은 밤 보내시길…

교사 정말 뜬금없네요. 근데 기분 정말 좋네요. 담주에 봐요

칭찬을 듣고 고맙다는 말로 그칠 수도 있다. 그리고 칭찬을 듣고 칭찬으로 되돌려 줄 수도 있다. 그리고 그것이 적절한 칭찬 말법일 때는 상대방에게 감동을 줄 수도 있다. 칭찬으로 되돌려 줄 때 짚어준 성품 특성이 상대방에게는 지속적으로 그 특성을 유지하려는 동기 부여가 된다.

교사 수업을 수동적으로 듣지 않고 스스로 생각하면서 듣고, 짧은 시간에 이해해서 질문거리까지 찾아내는 힘이 대단하시네요. 이런 학생을 만날 수 있어서 얼마나 기쁜지 몰라요. 나도 뜬금포

대학생 선생님 저 좀 웃어도 되나요? ㅋㅋㅋ 예상치도 못한 카톡에 깜!짝! 놀랐어요. 선생님께서 그렇게 말씀해 주시니 진짜 몸 둘 바를 모르겠어요. 많이 부족한데 (특히 시험 성적) 이런 격려 차원의 따뜻한 말씀도 해 주시다니… 항상 천덕꾸러기 취급만 받다가 이런 말을 들은 적이 너무 드물어서… 기분이 이상하네요! 그렇다고 기분이 나쁘다는 게 아니라… 진

짜 좋아서 그런 거예요. (부끄) 더 열심히 해야겠다는 생각도 들고⋯ 일단 오늘 시험공부부터 당장 좀⋯

이러한 듣기와 지적하기, 칭찬하기 말법을 제대로 배운 학생들은 11월에 하는 교원능력개발 평가 서술식 응답에 다음과 같은 기록을 남기게 된다.

선생님의 좋은 점

- 쌤 말씀은 저희의 배움이 더 중요하단 말씀이시군요. 그래서 선생님은 저희가 배우는 것에 설레고 기쁘고 기대돼서 저희가 스스로 배우는 것을 원하시는군요. 쌤은 정말 저희를 잘 배려해 주시고 생각해 주시는 것 같아서 정말 좋아요. 사랑해요.
- 저는 선생님이 열정적으로 수업하시는 모습을 보았습니다. 저는 선생님이 대단하시고 열정적이신 분이라 생각합니다. 저도 그런 사람이 되고 싶습니다.
- 선생님의 말씀은 선생님의 가르침보다는 저희가 배워가면 좋겠다는 말씀이시군요. 그래서 선생님은 행복하고 기쁘고 미소가 저절로 지어지시겠어요. 진짜 원하는 것은 저희가 배워가는 것이겠군요.
- 네 말은 선생님의 좋은 점을 쓰라는 거구나. 그럼 너는 중수 쌤의 좋은 점이 무엇인지 궁금하고 알고 싶고 흥분되겠구나. 네가 진짜 원하는 것은 중수 쌤의 좋은 점이라는 것이지?
  컴퓨터: 응 맞아.

상대방을 칭찬하고 싶은데 상대에게서 도저히 칭찬할 점을 발견하기 어려울 때가 있다. 그럴 때는 성품의 양면적 특성에 대해 정리해 놓은 106쪽의 표를 참고하면 도움이 된다.

예를 들어, '의욕적'이라고 했을 때 그러한 성품은 칭찬받을 만한 성품인가? 그것이 적극적이고 열성적인 행동으로 나타나면 긍정적인 성품으로 보이겠지만, 나서기 좋아하고 설치는 행동으로 나타나면 부정적으로 보일 것이다. 하지만 그 둘은 같은 성품이다. '조용한' 성품도 마찬가지다. 그것이 소극적이고 추진력 없고 수동적인 행동으로 나타나면 부정적으로 보이겠지만, 온순하고 수용적이고 인내심 있는 행동으로 나타난다면 긍정적으로 보인다. 우리가 그 사람의 어느 면을 보느냐 하는 선택의 문제인 것이다.

주변 사람들이나 학생들의 말을 들을 때, 그리고 행동을 바라볼 때, 그 말과 행동의 바탕이 되는 성품의 긍정적인 면을 발견한다면 "저 아이는 도저히 칭찬할 구석이라고는 눈 씻고 찾아봐도 없어요."라는 말을 할 까닭이 없을 것이다. 학생의 생활기록부에 학생의 행동 특성을 적을 때도 같은 방식으로 학생의 어느 면을 기록할지 교사가 판단하고 결정할 수 있다.

다음에 제시한 온라인 커뮤니티에서 캡처한 '칭찬의 방'을 보면, 단지 우스개로 그칠 것이 아니라 그 속에 '칭찬받을 만한 성품'에 대한 본질을 발견할 수 있다.

양치한 것도 칭찬받을 만한 성품이지만, 양치하지 않은 것도 관점에 따라서는 얼마든지 칭찬받을 만하다.

　학급 일에 간섭하는 학부모는 '나서기 좋아하는' 학부모이면서 동시에 '열정적이고 패기 있는' 성품을 지닌 사람이고, 시험 문제를 꼬치꼬치 항의하는 학부모는 '따지기 좋아하고 까다로운' 학부모이면서 동시에 '지적이고 논리적인' 성품을 지닌 사람이다. 《감수성 훈련》을 바탕으로 이러한 성품의 양면성을 표로 정리하면 다음과 같다.

긍정	성격	부정
적극적인, 열성적인, 패기 있는	의욕적	나서기 좋아하는, 설치는
따뜻한, 지지적인, 넉넉한	공감적인	정에 약한, 마음이 여린
합리적인, 논리적인, 분별력 있는	이성적인	매정한, 냉정한, 날카로운
자립심이 강한, 당당한	독립적	독불장군, 자기중심적
협조적인, 모범적인	복종적	수동적인, 의타적인, 의존적
주도적, 리더십이 강한	지배적	독재적인, 강압적, 강제적
센스 있는, 눈치 빠른, 민감한	감수성이 높은	변덕이 심한, 신경질적인, 과민한
세밀한, 분명한	분석적	따지는, 까다로운, 깐깐한
영리한, 유머 있는, 순발력 있는	재치 있는	약삭빠른, 간사한, 기회주의적인
협력적인, 전체적인, 조화로운	협조적	줏대 없는, 우유부단한
꿈이 있는, 이상적인	야망 있는	허황된, 비현실적인, 욕심 많은
넉넉한, 여유 있는, 너그러운	배려하는	마음만 착한, 실속 없는, 정에 약한
확실한, 분명한, 믿을 수 있는	사무적	딱딱한, 비인간적인, 융통성 없는
능동적, 솔선수범하는, 활발한	활동적	분주한, 어수선한, 산만한
착하고 온순한, 수용적인, 인내심 있는	소극적	추진력 없는, 박력 없는, 수동적인
소신 있는, 뚜렷한, 확고한	주관적	독선적인, 고집이 센
원만한, 포용력 있는, 인자한	수용적	소신 없는, 자기주장이 약한, 나약한
객관적, 논리적, 합리적	냉철한	정이 없는, 까다로운
유연성 있는, 자유로운	융통성 있는	원칙을 무시하는, 제멋대로인, 예측할 수 없는
참을성 있는, 끈기 있는, 꾸준한	인내심이 강한	미련한, 답답한, 속을 알 수 없는
신속한, 추진력 있는	의사 결정이 빠른	가벼운, 경솔한
봉사적, 희생적	헌신적	실속이 없는
체계적인, 치밀한	계획적인	꽉 막힌, 답답한
신기한, 신통한, 개성 있는	창조적	허황된, 황당한
사려 깊은, 침착한, 차분한	신중한	박력 없는, 결단력 없는, 우유부단한
거침없는, 자신만만한	자신감 있는	거만한, 오만한
친절한, 상냥한, 다정다감한, 부드러운	자상한	간섭하는, 잔소리 많은
적응력 있는, 실속 있는	현실적	꿈이 없는, 계산적인, 이기적인
주도적인, 능동적	자발적	눈치 없는, 자기 본위의
소탈한, 부담 없는	서민적인	저속한, 속물적인, 품위 없는

106

6. '반응으로서의 말하기' 관점에서 본 교육과정

2015 개정 국어과 교육과정에서 '대화' 장르와 관련된 성취기준은 다음과 같다.

말하기 성취기준

[9국01-12] 언어폭력의 문제점을 인식하고 상대를 배려하며 말하는 태도를 지닌다.

[12화작02-01] 대화 방식에 영향을 미치는 자아를 인식하고 관계 형성에 적절한 방법으로 자기를 표현한다.

[12화작02-02] 갈등 상황에서 자신의 생각, 감정이나 바라는 바를 진솔하게 표현한다.

[12화작02-08] 부탁, 요청, 거절, 사과, 감사의 말을 상황에 맞게 효과적으로 한다.

듣기 성취기준

[6국01-07] 상대가 처한 상황을 이해하고 공감하며 듣는 태도를 지닌다.

말하기 · 듣기 성취기준

[2국01-03] 자신의 감정을 표현하며 대화를 나눈다.

[4국01-01] 대화의 즐거움을 알고 대화를 나눈다.

[9국01-01] 듣기 · 말하기는 의미 공유의 과정임을 이해하고 듣기 · 말하기 활동을 한다.

[9국01-02] 상대의 감정에 공감하며 적절하게 반응하는 대화를 나눈다.

[10국01-02] 상황과 대상에 맞게 언어 예절을 갖추어 대화한다.

[10국01-05] 의사소통 과정을 점검하고 조정하며 듣고 말한다.

성취기준 [9국01-02]가 '반응하는 대화'라는 말이 명시적으로 노출된 성취기준이다. 성취기준 해설에 따르면 "이 성취기준은 대화 과정에서 상대방의 상황과 처지를 이해하며 듣고, 상대방에게 공감을 표시할 수 있는 내용을 선정하여 표현하는 능력", "상대방의 감정을 깊이 있게 이해하고 상대방의 관점에서 문제를 바라보며 협력적으로 소통하기 위한 듣기"라고 하여, 그 '반응'이 화자 중심적임을 알 수 있다. 그렇게 해서 화자에게 공감하는 청자는 그 대화에서 어떤 역할을 하는가? 청자는 화자에게 '공감적 반응' 이외의 반응을 하면 안 되는가? 청자 또한 독립된 인격을 가진 대화의 주체인데 화자에게 공감도 하고, 대결도 하고, 격려도 하고, 비난도 할 수 있지 않은가? 현재 교육과정은 청자의 반응을 공감으로 제한하고 있어, 공감 이외의 청자 반응은 모두 잘못된 것이라는 오해를 불러일으킬 수 있다. 하지만 모든 청자는 화자의 말에 자유롭게 반응할 수 있다. 다만 그 반응을 말로 표현하는 방법이 문제인 것이다. 그것이 바로 '반응으로서의 말하기'이다.

말하기 성취기준 [9국01-12]는 '언어폭력의 문제점을 인식하고 상대를 배려하며 말하는 태도를 지닌다.'라고 진술하여 언어폭력이 '화자가 청자에게 일방적으로 행사하는' 문제이며, 화자가 '조심해서 말하면' 해결되는 것 같은 오해를 불러일으킨다. 이것은 대화의 상호교섭성(의사소통 과정을 '서로를 원인이자 결과, 자극이자 반응, 발신자이자 수신자로 파악하고, 의사소통 참여자들이 교섭하며 상호 이해를 도모하고 의미를 창조해 가는 과정'으로 보는 관점)을 잘못 이해한 것이다. 상호교섭적인 대화에서 화자가 언어폭력을 행사하면 청자는 당하고 끝나는 것이 아니다. 청자 역시 '언어폭력 대화'라는 의미를 창조하는 원인이며 발신자인 것이다. 이런 관점은 얼핏 불합리해 보이지만, 화자가 언어폭력에 해당하는 말을 했을 때 청자가 적절한 반응을 함으로써 그 대화가 최종적으로 '언어폭력 대화'로 규정지어지지 않도록 역할을 할 수가 있다는 뜻이며, 청자에게 반응으로서의 말하기를 가르쳐야 하는 근거가 된다.《화법 교육의 이해》에서 말한 대로 "대화는 무엇보다도 두 사람 사이에서 이루어지는 협동 작업이라는 특성을 지니고 있다. 즉 대화는 두 사람의 대화 참여자가 한 쌍이 되어 함께 만들어가는 공동의 작품이다."라고 한다면 더더욱 언어폭력은 화자와 청자가 공동으로 만든 작품이 된다. 예를 들어, 화자가 험담하거나 모욕하는 말을 했을 때 청자가 곧바로 학교 폭력으로 신고하기 전에 "나는 네가 나를 험담하고 모욕하는 말을 들었어 (사실). 나는 분하고 억울하고 속상하고 실망스럽고 수치스러워(감정). 네가 다른 친구들에게 해명하고 나에게 사과하고 다음부턴 안 그랬으면 좋겠어(욕구)."라고 지적하기 단계에 따라 말을 한다면 이 대화의 양상은 달라질 것이다.

이러한 점이 분명히 명시되어야 성취기준 [9국01-01]의 '듣기·말하기는 의미 공유의 과정'이라는 그 의미가 분명해진다. 성취기준 [9국01-01]을 잘못 읽으면 화자가 생각한 의미가 청자에게 전달됨으로써 의미가 공유되는 것이 '듣기·말하기'라고 착각할 수 있다. 하지만 실제로는 화자가 표현한 내용에 대해 청자가 수용·이해하고 이어서 적절한 '반응하는 말하기'를 하는 화자로 역할을 바꾸며 그 내용을 최초의 화자가 다시 수용·이해함으로써 의미 공유가 이루어지는 것이다.

성취기준 [4국01-01]과 [12화작02-02]도 문제이다. 이 성취기준에 따르면 학생들은 초등학생 때는 '대화의 즐거움을 알고 대화를 나눈다.'를 배우고 고등학생이 되어서 '갈등 상황에서 자신의 생각, 감정이나 바라는 바를 진솔하게 표현한다.'를 배운다. 하지만 우리나라 초등학생의 70%는 이미 언어폭력 피해 경험이 있고 그중 11%는 수시로 시달리는 현실에서, 초등학생 때 '대화의 즐거움'을 기르치는 것은 이상론적이며 현실을 모르는 발상이다. 오히려 초등학생 때부터 갈등을 대화로 푸는 방법을 가르쳐야 한다. 어른들이 대화로 갈등을 풀라고 말은 하면서 구체적으로 어떻게 대화해야 하는지는 안 가르쳐주기 때문에 아이들이 몸으로 싸우게 되는 것이다.

감정은 지나가는 것이다. 막상 불편할 때는 참고 넘기다가 나중에 "그때 내가 이랬어."라고 들려주는 것보다는 "지금 나는 이래."를 곧바로 들려주어야 한다. 그래야 나도 편해지고 상대방도 내 심정을 이해하여 들을 준비가 된다. 즉 이것은 상대가 내 말을 알아듣도록 만드는 기술이다. 이 책의 1부에서 재개념화한 '듣기'는 '상대가 아무렇게나 말해도 제대로 알아듣는 듣기'이다. 지적하기는 '공감 능력이 떨어지는 상대라도 내 말을 알아듣게 만드는 말하기'이다. 즉 성취기준 [9국01-01] '듣기·말하기는 의미 공유의 과정임을 이해하고 듣기·말하기 활동을 한다.'를 달성하는 가장 적절한 교육 내용인 것이다.

감정을 솔직하게 털어놓는 것이 갈등을 해소하는 가장 효과적인 방법 가운데 하나이다. 그런데 사람들은 감정을 솔직하게 털어놓는 것을 꺼린다.《화법교육론》에서 "처음 관계가 형성된 후 사람들은 대화를 통해 자신에 대한 정보를 알림으로써 자기를 노출하기 시작하는데, 이 노출의 정도가 관계의 깊이를 결정하게 된다는 것이다."라고 한 것처럼, '노출의 정도'가 '관계의 깊이'를 결정하게 되므로 처음 만날 때 최대한 많은 정보를 알리면 급속도로 깊은 관계가 될 것 같지만, 사실은 그 반대이기 때문이다. [12화작02-01] '대화 방식에 영향을 미치는 자아를 인식하고 관계 형성에 적절한 방법으로 자기를 표현한다.'라는 성취기준의 해설을 보면 "관계에 따라 표현의 수위도 적절해야 하며 관계가 진행되는 속도도 서로가 받아들이기에 적절해야 건강한 관계로 발전할 수 있다."라고 되어 있다.《화법교육론》에도 "관계에 따라 노출의 수위도 적절해야 하며, 노출이 진행되는 속도도 서로가 받아들이기에 적절해야 건강한 관계로 발전할 수 있다."라고 되어 있다. 그렇다면 노출의 정도가 관계의 깊이를 결정하는 게 아니라 관계의 깊이가 노출의 정도를 결정한다는 말이 더 적절할 듯하다.

이때 노출되는 정보가 만약 고향, 나이, 직업, 취미, 결혼생활, 자녀 계획 같은 사실적인 정보라면 표현의 수위와 속도를 조절해야 한다는 말이 옳다. 하지만 '감정'이라면 전혀 다르다. 감정을 표현하는 것은 급속도로 깊은 관계로 이어지는 지름길이다. 다만 그 표현 방식의 문제인 것이다. 신세 한탄이나 한풀이식으로 넋두리를 늘어놓으면서 그것을 '감정을 표현한다'고 착각하는 화자가 많다. 그리고 그런 말을 지겨워하면서도 차마 끊지 못하고 들어주는 청자가 많다.

《화법교육론》에서 "리더십의 발휘에 필수적인 의사소통 능력을 구체화하여 이를 화법 교육에서 적극 수용하는 것이 필요하다."라고 했는데,

이 '리더십'을 제대로 이해하는 것이 필요하다. 《화법교육론》에서는 "학생들이 장래 수행할 지도자의 역할을 상정하여 의사소통 능력을 배양하고 잠재적인 지도력을 길러줘야 한다는 인식이 필요하다."라고 하며 '리더십'을 '지도자의 지도력', '대중을 이끄는 화술' 정도로 이해하는데, 대화 장르에서 리더십은 이와는 다른 것임을 알아야 한다.

대화에서 리더십은 지도자에게 필요한 지도력과 같은 거창한 것이 아니다. 대화에서의 리더십이란 '대화 상대에게 영향을 미치는 힘'이다. 어떤 사람은 한마디만 하면 다른 사람이 들어주는데, 어떤 사람은 이무리 말해도 다른 사람이 들어주지 않는다. 그것은 화자의 지위나 권력에 의한 것일 수도 있고, 화자의 인간적인 매력에 의한 것일 수도 있다.

그런데 힘이 실린 말을 하기 위해서 대화 기능을 익히거나, 대화 능력을 기르기보다는 지위나 권력을 높이고 인간적인 매력을 길러야만 한다면 '대화 장르 교육'의 전제를 부정하는 해석이 될 것이다. 이 책에서는 청자가 화자에게서 어떤 감정적인 영향을 받았을 때 적절한 반응으로 다시 화자에게 영향을 미치는 방법을 보여주어 청자가 화자에게 영향을 받기만 하는 수동적인 존재가 아님을 강조했다.

화자가 청자에게 부정적인 감정을 느끼게 발화하거나 긍정적인 감정을 느끼게 발화했다면 화자가 청자에게 영향을 미친 것이다. 신세 한탄하는 말을 차마 끊지 못하고 지겹지만 억지로 듣고 있다면 역시 신세 한탄하는 사람이 리더십을 발휘하고 있는 것이다.

하지만 청자가 "나는 네가 자신을 비하하는 말을 하는 걸 들었어. 나는 지겹고 따분하고 질려. 내가 원하는 건 좀 더 밝은 이야기를 하는 거야."라고 지적하는 말을 한다면, 상대는 사과하고 화제를 돌리거나 발끈

하며 화를 내는 등의 영향을 받게 된다. 청자였던 대화 참여자가 화자에게 영향을 준 것이다. 이것이 대화에서의 '리더십'이다. 청자가 발화했기 때문에 순서 교대에 의해서 리더십이 발휘된 것이 아니다. 대화를 하는 모든 사람은 자신이 상대의 말 한마디에 기뻤다가 슬펐다가 하면서 '영향을 받고' 있는지, 상대의 영향에 대해 적절하게 반응하며 상대에게 '영향을 미치고' 있는지, 항상 '[10국01-05] 의사소통 과정을 점검하고 조정하며' 대화를 해야 하는 것이다.

의사소통 과정에서 점검하고 조정할 때, 대화가 의사소통의 목적을 달성하는 방향으로 가고 있는지의 여부뿐만 아니라, 대화 참여자의 욕구나 기분이 대화 상대방에 의해 어떤 영향을 받고 있는지의 여부도 점검과 조정의 대상에 포함된다. 대화의 목적 달성을 위해 자신의 욕구나 감정을 억누른다면 바람직한 대화라고 볼 수 없기 때문이다. 대화 장르 교육에서 학생들은 주로 상대를 배려하고 상대의 감정에 공감하라고 배우는데, 상대의 의견이 소중한 만큼 나의 감정과 욕구도 소중함을 알아야 한다. 자기의 감정과 욕구를 소중히 하면서도 동시에 자기중심적인 사람이 되지 않으려면 자기의 감정과 욕구를 바람직하게 표현하는 방식을 익히면 된다.

마지막으로 국어과 교육과정에는 '칭찬', 즉 긍정적인 반응하기를 다루는 성취기준이 없다는 점도 보완해야 할 문제이다. 《칭찬은 고래도 춤추게 한다》를 위시하여 시중에는 온갖 책들이 칭찬의 중요성과 효과를 칭송하며 칭찬하는 요령들을 알려주고 있다. 그런데도 [12화작02-08]에서 '부탁, 요청, 거절, 사과, 감사' 등의 구체적인 대응쌍을 언급할 때 '칭찬'은 빠져 있다.

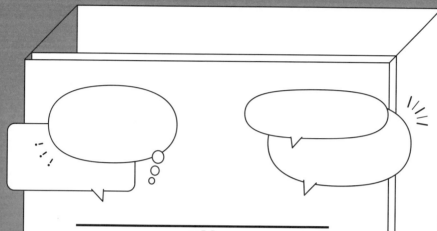

3부

대화 장르 교육

1. 대화 교육 내용의 위계화

대화 교육의 내용을 정리하면 다음과 같다.

듣기

㉮ 상대의 말을 그대로 따라 한다.

㉯ 상대의 기분을 대신 말해준다.

㉰ 상대가 진짜 원하는 것을 대신 말해준다.

지적하기

㉮ 내가 보고 들은 것만을 '나는'으로 시작하여 말한다.

㉯ 내가 느낀 기분을 말한다.

㉰ 내가 진짜 원하는 것을 말한다.

칭찬하기

㉮ 상대의 행동이나 말을 그대로 말해준다.

㉯ 그 행동이나 말에 담긴 성품 특성을 말해준다.

㉰ 그 행동이나 말이 미친 영향을 말해준다.

❶ 듣기 교육의 위계

대화에서 듣기 교육을 위해 초등학교에서는 듣기의 2단계까지를 배우는 것이 좋고, 중학교에서는 3단계까지를 배우는 것이 좋다. 고등학교에서는 2단계 '기분 듣기'에 '생각 듣기'를 추가하여 '기분 듣기'를 강화하는 것이 좋다.

초등학교에서 처음 배울 때 듣기의 3단계 전체를 배우지 않고 2단계까지만 배우는 것은, 2단계까지만 잘해도 효과가 크기 때문이다.

학생 선생님, 토요일에 대구 놀러 가는데 비 온대요. 비가 와도 놀 만한 거리 좀 알려주세요.

교사 토요일에 놀러 가야 되는데 비가 와서 걱정이구나? 아쉽기도 하고 비 오면 뭐 하고 놀지 궁금하기도 하겠네?

학생 네. 이번 주에 시험 끝나서 놀 시간이 토요일밖에 없어서 꼭 가야 된단 말이에요.

교사 아, 다음 주부터는 또 공부해야 돼서 이번 토요일에 꼭 놀아야 한다는 말이구나?

학생 네.

교사 그렇다면 진짜 아쉽고 걱정되고 갈등도 되고 고민되겠다. 간절하겠는데?

학생 네, 비 오면 뭐 하고 놀아야 될까요?

교사 참 막막하고 답답하고 고민되겠구나?

학생 네. 좀 알려주세요.

교사 뭐 하고 놀 생각이었는데?

학생 맛집 탐방이요! 대구에 맛있는 거 뭐 있을까요?

학생 친구 야, 맛집 갈 거면 비 와도 상관없지 않냐?

학생 어, 그런가? 선생님 고맙습니다. 안녕히 계세요.

이 대화에서 교사는 "너희가 대구에서 정말 알차고 신나고 후회 없이 보내고 싶다는 말이구나?"라고 3단계의 본심 듣기를 하지 않고, "막막하고 답답하고 고민되겠구나?"라는 2단계 감정 듣기까지만 하고, "뭐 하고 놀 생각이었는데?"라는 '말하기'로 전환했다. 그래도 학생들은 만족스러워하면서 대화를 마무리했다.

하지만 진짜로 대화 상대방이 '내 마음 나도 몰라.' 하면서 스스로 자기가 원하는 것을 찾기 어려워할 경우에는 듣는 사람이 잘 정리해서 '이것이 당신이 진짜 원하는 것이지요?' 하고 대신 들려줄 수 있다. 그러면 상대방도 만족스러워하게 되는데, 이렇게 상대방도 모르는 본심을 대신 찾아주려면 역시 중학생 정도는 되어야 할 것이다. 그래서 중학생이 된 다음 듣기의 3단계를 완성하도록 위계를 세울 수 있다.

'생각 듣기'란 상대가 느낀 기분을 말해줄 때 기분의 근거가 되는 생각을 함께 알려주는 것이다. 이것은 말하는 이의 감정이 다 그럴 만했다고 알려줌으로써 청자가 화자를 온전히 이해한다는 느낌을 화자에게 알려준다. 화자는 청자에게 더욱 친밀함을 느끼고 '숨은 뜻', 즉 처음에 말을 꺼내게 된 자신의 본심에 더욱 쉽게 다가갈 수 있다.

다음 사례를 보자.

학생 나 요즘 힘듦

교사 요새 힘들구나?

학생 가슴 터질 것 같음

교사 가슴이 터질 만큼 힘들어?

학생 예. 살짝 왜 사는질 모르겠어요

교사 왜 사는지도 모를 정도로 힘들고 의욕이 없고 괴로운가 보네?

학생 하… ㅋㅋㅋ

교사 힘든 일이 있어도 어디다 말할 데도 없고 들어주는 사람도 없어서 더 힘들고 답답했겠다?

학생 내 맘을 어찌 잘 아시오?

교사 내가 모르면 누가 알아주겠니 ㅋ

학생 ㅋㅋㅋ 고맙기는 한데… 그냥 집안일 때문에 매우 복잡함

교사 집안일이 복잡하구나. 문제는 있는데 어떻게 해결해야 할지 모르니 막막하고, 네 힘으로는 어떻게 할 수도 없어서 답답하고, 그렇다고 모른 척할 수도 없으니 더 괴롭겠다?

학생 난 그냥 시간을 돌리고 싶다면 중학교 때로 가고 싶어요

교사 어릴 때부터 집안 사정 때문에 많이 아쉬웠을 텐데 일이 더 꼬이니 얼마나 더 서럽고 억울하겠니?

학생 지금이 더 고통스러움… 성적, 진로, 학교…

교사 여러 가지로 걱정이 많았구나. 마음 잡고 학교라도 맘 편히 다니고 싶은데 그게 안 되니 짜증도 많이 났겠다. 공부를 하고 싶어도 의욕도 안 생기고 왜 해야 되는지도 모르겠고… 사는 게 지긋지긋했구나?

학생 선생님 말씀이 다 맞습니다

교사 쪽지 와서 반가웠고 내용 보고는 가슴이 아프고 걱정이 되네

학생 들어줘서 고맙습니다. 난 우짤까요?

교사 잘 해결돼서 네가 빨리 행복해졌으면 좋겠다

학생 고맙습니다

이 문자 대화에서 교사는 학생의 답답함, 막막함, 괴로움, 서러움, 억울함, 짜증, 무기력 등의 감정을 알아줄 때 그 앞에 '생각'을 넣어서 말하고 있다.

- 답답함: 힘든 일이 있어도 어디다 말할 데도 없고 들어주는 사람도 없어서
- 막막함: 문제는 있는데 어떻게 해결해야 할지 모르니
- 답답함: 네 힘으로는 어떻게 할 수도 없어서
- 서러움, 억울함: 어릴 때부터 집안 사정 때문에 많이 아쉬웠을 텐데 일이 더 꼬이니

'생각'이란 어떤 상태에 대해 느끼는 감정의 근거가 되는 인식이다. 생각을 근거로 상대의 감정을 읽어주면 상대는 더욱더 공감받는 느낌이 들어 마음이 빨리 편해진다. 하지만 이 '생각 듣기' 단계는 중학생 수준에서는 익히기가 쉽지 않고, 어설프게 시도하다가는 역효과가 나기 때문에 고등학교 수준에서 배우도록 위계를 설정하는 것이 좋다. 교사는 학생들과 대화할 때 당연히 이 '생각 듣기' 단계를 자연스럽게 활용하는 편이 효과적이다.

게시물 1 (생략)

댓글 1 어머님, 담임 선생님 말씀 듣고 아이의 학교생활에 대해 많이 놀라고 걱정이 크셨겠어요. 그런데 아이에게 슬쩍 확인해 보니, 아이의 말과 담임 선생님의 말이 전혀 달라 혼란스럽고 어느 말을 믿어야 할지… 정말

답답하고 갑갑하시겠어요.

댓글 2 아이의 학교생활에 대해서 담임 선생님의 얘기를 듣고 많이 염려되고 걱정되시겠어요. 아이에게 확인해 보니, 문제없이 잘 지낸다고 해서 혼란스럽고 난감하실 것 같아요. 사실을 알고 싶은데 몰라서 많이 답답하시겠어요.

댓글 3 정말 답답하고 혼란스럽겠어요. 어떻게라도 확인하고 싶은데 방법이 없단 말이네요.

게시물 2 댓글 잘 봤습니다. 그런데 어째 댓글을 보니 마음이 더 답답합니다. 제가 잘못하고 있는 건지, 아니면 담임 쌤의 일방적 착각인지 알고 싶고 궁금한데, 거기에 대해선 일언반구도 없고 다들 답답하겠다고만 하니 정말 속이 터집니다. 답답하다고 하소연했더니 '답답하겠습니다'라고 답하면 어쩌라는 건지… 속된 표현으로 '헐'입니다. (하략)

댓글 4 어머님 말씀은 담임 쌤과 아이의 말이 불일치되어 담임 쌤의 일방적인 착각인지 알고 싶고 궁금하신데 그에 대한 이야기가 없어 속이 터지고 상담해 주시는 분들에 대해 마음이 느껴지질 않아 '본인의 마음이 꼬여서일까?'라는 말씀이시죠? 그랬다면 어이가 없고 답답하시고 실망스럽고 황당하시겠어요. 이렇게 상담실에 글을 올리신 걸 보면 아이가 학교에서 잘 지냈으면 하는 마음이 정말 크신 것 같아요. 그 마음이 크신 만큼 담임 선생님의 말씀이 믿어지지 않고 일방적인 착각인지 알고 싶으신 거죠? 그랬다면 담임 선생님의 말씀을 듣고 많이 놀라시고 걱정도 되셨겠고 많이 답답하셨겠어요.

댓글 5(작성자) 속이 다 시원합니다. 쌤 말씀을 읽으니 제가 뭘로 고민하고 헷갈려 했는지 알겠네요. 엄마라는 게 참 그래요. 담임 쌤 말씀이 틀리지는 않을 거라는 걸 알지만 믿기에는 속상한 면도 있어요. (중략) 자려다 들어와 봤더니 참 잘 들어왔다 싶고… 오늘 밤에는 편히 잠들 것 같습니다. 쌤, 고맙습니다.

이 사례에서도 댓글 1, 댓글 2, 댓글 3을 쓴 사람들이 나름대로 의미 듣기와 기분 듣기를 하는 말로 댓글을 달아주었다. 하지만 원글 작성자는 더 답답해졌다. 댓글 4의 글쓴이는 작성자의 감정이 촉발된 사태에 대한 인식, 즉 '생각'을 구체적으로 들어주었다. 그러고 나서 똑같이 '답답하셨겠어요.'라고 말했는데, 이번에는 원글 작성자로부터 '고맙다.'라는 말을 듣게 된다.

❷ 관계 지향적 말하기 교육의 위계

대화에서 '관계 지향적 말하기' 교육을 위해 초등학교에서는 우선 2단계만을 연습하는 것이 좋다. 초등학교까지는 인간관계에서 발생하는 여러 가지 부정적인 감정을 규칙에 대한 복종과 처벌로만 인식하거나 사람을 좋은 사람과 나쁜 사람으로 구별하여 파악하려는 경향이 크다. 그래서 친구가 잘못을 저지르면 어른들에게 일러바치는데, 그것은 '저 친구가 나쁜 사람이니 나 대신 혼내달라'는 의도이다. 하지만 친구가 아무리 큰 벌을 받아도 나의 기분이 나아지거나 내가 받은 상처가 사라지지 않는다. 우선은 내가 느낀 부정적인 '감정'에 초점을 맞추도록 하는 것이 필요하다. 그것을 상대에게 표현하지 않아도 좋다.

중학교까지는 1단계부터 3단계까지를 이어서 말하는 법을 배우는 것이 좋다. 고등학교에서는 듣기와 마찬가지로 여기에 '생각', 즉 내가 그런 감정을 느끼게 된 근거가 되는 인식을 더해서 말하도록 한다. '생각'은 2단계와 3단계 사이에 들어간다. 생각을 먼저 말하고 감정을 말하기보다 감정을 먼저 말하고 '왜냐하면'으로 생각을 덧붙이는 편이 효과적이다.

다음 두 사례를 비교해 보자.

㉮ 사실, 기분, 욕구 말하기

나는 어제 내가 부를 때 네가 대답을 안 하는 걸 봤어. 그걸 보고 나는 불쾌하고 섭섭하고 속상했어. 나는 내가 부를 때 네가 나에게 대답을 해주면 좋겠어.

㉯ 사실, 기분, 생각, 욕구 말하기

나는 어제 내가 부를 때 네가 대답을 안 하는 걸 봤어. 그걸 보고 나는 불쾌하고 섭섭하고 속상했어. 왜냐하면 네가 나를 무시한다는 생각이 들었거든. 나는 내가 부를 때 네가 나에게 대답을 해주면 좋겠어.

㉮에 '생각'을 덧붙인 것이 ㉯이다. ㉯를 들은 상대방은 화자가 왜 기분이 안 좋은지 좀 더 잘 알게 되고, '무시한다는 생각'이 실제 사실과 일치하지 않을 경우 오해를 풀어줄 실마리를 찾게 된다. 화자를 무시해서 대답을 안 한 게 아니라 부르는 소리를 못 들었거나, 그때 입에 뭘 물고 있어서 대답할 상황이 아니었다면 그 사실을 알려주면 된다. 대답을 안 한 것은 인정하되 그것에 대한 '생각'은 사실에 맞게 바로잡아 준다.

만약 내가 부를 때 대답을 안 하는 친구를 보고 '나를 무시한다.'라는 생각을 하지 않고 '쟤가 대답할 상황이 아니다.'라는 생각을 한다면 불쾌하고 섭섭하고 속상한 감정이 생기지 않는다. 즉 인간의 감정을 불러일으키는 것은 '대답을 안 한다.'라는 객관적인 사실이 아니라 그 사실을 보는 '나 자신의 인식틀'임을 알 수 있다.

학생이 수업 시간에 자고 있다면 그것을 보는 교사는 누구라도 화를 내거나 실망할까? 그렇지 않다. '학생이 내 수업을 무시한다.'라고 생각하는 교사는 화가 나거나 실망할 것이고, '학생이 정말 피곤하고 힘들구나.'라고 생각하는 교사는 안쓰럽고 염려될 것이다. 이렇게 서로 다른 감정을 느끼는 것은 사실관계의 문제가 아니라 그 사실을 바라보는 교사 자신의 인식 문제인 것이다.

그렇다면 우리는 어떤 상황이나 사건을 대할 때 또는 상대방의 말이나 행동을 대할 때 자동화된 감정의 패턴으로 빠져드는 대신에 그 상황, 사건, 말, 행동에 대해 특정한 감정을 촉발하는 '나의 생각' 곧 '인식틀'이 무엇인지를 점검해 볼 필요가 있다. 예를 들어, 감정을 불러일으키는 생각의 연결 고리에는 다음과 같은 것들이 있다.

- 실망 – 기대와 불일치한다는 생각
- 의아함 – 내가 무엇에 대해 납득이 안 된다는 생각
- 외로움 – 마음을 나눌 사람이 없다는 생각
- 긴장감 – 좋지 않은 일이 생길 것 같다는 생각
- 아쉬움 – 기대와 불일치한다는 생각
- 외로움 – 내 존재에 대해 의식해 주지 않거나 나에게 마음이 없다는 생각

- 섭섭함 – 내 마음을 몰라준다는 생각
- 답답함 – 해야 하는데 못 하고 있다는 생각
- 안쓰러움 – 더 힘들어질 거라는 생각
- 위축됨 – 놀림받을 것 같다는 생각
- 창피함 – 놀림받을 만한 좋지 않은 걸 드러내 보였다는 생각

'위축됨'을 생각해 보자. 자신 없는 상태로 대중 앞에 노출되는 상황이라면 누구나 위축된다. '잘 못해서 놀림받을 것 같다'는 생각이 들기 때문이다. 이 경우 '위축감'의 정체는 '대중 앞에 노출됨'이라는 상황일까, '놀림받을 것 같다'라는 인식일까? 같은 상황에서 대중이 '잘 못해도 격려해 줄 것이다.'라는 생각을 가진 사람이 있다면 '위축감'을 느낄까? 그렇지 않을 것이다. 결국 부정적인 감정을 만들어내는 것은 '상황'이 아니라 '상황에 대한 인식'임을 알 수 있다. 그 인식틀이 정당한 것인지 왜곡된 것인지를 객관적으로 판단할 수 있다면 괜한 오해로 인한 전전긍긍을 막을 수 있다. 남이 주지 않은 눈치를 스스로 받아서, 남이 하지 않은 비난을 스스로 비난으로 받아들여서 위축된 감정으로 살아가는 인생이 행복할 리 없다.

또한 이러한 인식틀의 점검은 '대화'라는 장르를 넘어선 '상담'이라는 장르에서 '상황을 변화시키지 않고도 마음의 문제를 해결하는' 상담 기법으로 이어진다.

❸ **칭찬하기 교육의 위계**

칭찬하기는 초등학교와 중학교의 경계를 나누기가 어렵다. 초등학교

수준에서 이미 3단계를 모두 교육하고 중학교에서는 칭찬하기 화법을 명시적으로 노출하지 않아도 좋을 것이다. 다만 고등학교 '심화 화법' 과목에서 칭찬하기를 다룬다면 '성격에 따른 칭찬법'을 교육 내용에 추가해야 한다.

칭찬을 받는 입장이 되어보자. 같은 칭찬을 해도 사람마다 칭찬을 받아들이는 방식이 다르다. 박경옥(2005)에는 칭찬에 대한 반응으로 '받아들이기, 거절하기, 비껴가기, 무응답'의 네 가지 유형이 나오는데, 박영하(2011)에 따르면 인간의 4가지 유형(컨트롤러형, 프로모터형, 서포터형, 애널라이저형)에 따라 칭찬의 방법도 달리해야 한다. 같은 칭찬도 어떤 성격의 사람에게는 만족감을 주지만 다른 성격의 사람에게는 부담감이나 거부감이 들게 할 수도 있기 때문이다.

《교사의 마음리더십》에 따르면 그것은 주로 '에고그램'이라는 성격 특성에서 기인한다. 에고그램은 듀세이(John M. Dusay)가 창안한 것으로서, 한 개인의 모든 관찰 가능한 언동(언어와 음성, 태도, 표정, 자세, 몸짓과 행동 등)은 다섯 가지 자아의 기능(CP: Critical Parent, NP: Nurturing Parent, A: Adult, FC: Free Child, AC: Adapted Child)에 따라 달리 나타난다는 이론이다. 자세한 것은 '한국이고그램연구소(http://www.kkseg.or.kr/egoint.asp)'에 나와 있는 소개를 참고하면 된다.

에고그램에는 'CP, NP, A, FC, AC'의 다섯 가지 유형이 있다. 그중 FC 특성을 가진 학생이 수업을 지루해할 때 "지금까지 참느라고 힘들었겠다." 하고 간결하게 기분에 초점을 맞춰서 말해주고, "그런데도 어쩜 그렇게 잘 견디니? 대단하네."라고 덧붙이면 더 좋다.

CP 특성을 가진 학생에게는 "참느라고 힘들었겠다."를 빼고, "너야 워

낙 인내심이 강하니까 이런 건 참는 축에도 안 들지?"라고 인정하는 반응만 하는 것이 더 좋다.

그리고 AC 특성을 가진 학생에게는 "네가 지루하고 힘들었을 텐데 참느라 많이 힘들었을 것 같구나."처럼 심정을 알아주는 것에서 그쳐야지 칭찬하는 말을 덧붙이면 부담스러워한다.

성격 특성에 맞추어 칭찬을 하려면 우선 상대가 어떤 성격 특성을 가졌는지도 파악해야 한다. 그리고 성격에 맞추어 칭찬 말법을 달리하는 요령은 단순화하기 어렵고 에고그램이라는 성격 특성에 대한 더 깊은 공부가 동반되어야 하므로 칭찬하기 교육의 심화 교육과정 위계화는 이 정도로 줄이기로 한다.

성격 특성	칭찬 요령
CP	길고 자세하게 말할 필요 없이 "대단해.", "최고야."를 말끝마다 붙이는 칭찬이 효과적이다.
NP	칭찬을 받기보다 칭찬을 하는 쪽이 익숙하므로 어떤 방식으로 칭찬하든 잘 받아주고 당신에게 다시 칭찬으로 되돌려줄 것이다.
A	칭찬하는 근거를 합리적이고 논리적으로 덧붙여야 한다.
FC	길게 말하면 지루해하며 잘 듣지 않으므로 '외모', '창의성' 등을 건드리는 가볍고 짧은 칭찬을 자주 한다.
AC	칭찬받는 자체를 부담스러워하지만 사실은 좋아하므로 "아니에요."라는 사양의 반응이 자꾸 나오더라도 매우 구체적으로 칭찬한다.

다만 한 가지 덧붙이자면, '성격 특성'은 칭찬하기에서 중요한 변수이면서 듣기에서도 중요한 변수가 되기도 한다. 상대가 "힘들어요."라고

하면 보통 "힘들다는 말이죠?"로 시작하면 된다. 그런데 "힘들어요."라고 말하는 사람에 대해서 "힘들다는 말이죠?"가 안 통하는 경우가 가끔 있다. 그래서 "힘들어요."라고 말하는 사람의 성격 특성에 따라 다르게 반응할 필요가 있다. 예를 들면, 인정 욕구가 강한 사람에게는 "그래도 당신 정도 되니까 그만큼이나 견뎌내는 거지요.", 마음이 따뜻한 사람에게는 "정말 힘들겠네요.", 합리적이고 이성적인 사람에게는 "왜 힘든 것 같아요? 방법을 생각해 봤을 것 같은데요?"와 같이 반응하는 것이 적절하다.

학생 쌤 저 그냥 ○○대 가요

교사 아 그냥 ○○대 가기로 했나 보구나

학생 왜요 ㅋㅋ 쪽팔려요?

교사 안 쪽팔린다 ㅋㅋ 합격했니?

학생 왜요? 합격 안 했으면 좋겠어요? 후보였는데 합격 ㅋㅋ

교사 오 축하한다 ㅋ

학생 별로 축하하지 않는 것 같은데

교사 이제 맘이 편안하겠네?

학생 왜요? 맘이 불편했으면 좋겠어요?

교사 네 맘이 편하다니까 나도 기쁘다

학생 전혀 기뻐 보이지 않거든요? ㅋㅋ

교사 무슨 관데?

학생 ○○○○과요 ××××과로 전과할 생각

교사 잘 생각했네

학생 그럼 내가 잘 생각하지…

교사 역시 멋져

학생 당연하죠. 지금 열나게 백화점 알바 중이거든요

교사 바쁘겠네. 말 안 걸게 ㅋㅋ

학생 말 걸고 싶지 않은 거겠지… ○○대 가서 -.- 빠이~

이 이상한 대화는 중학교 때 가르친 학생이 고등학교를 졸업하고 나서 대학교에 입학할 때 문자메시지로 주고받은 내용이다. 이 대화를 통해 이 학생이 에고그램 유형 중 CP 타입임을 알아차렸다. CP 타입은 사실 듣기나 기분 듣기를 하기보다는 곧바로 칭찬을 하는 쪽이 대화하기 편하다. 칭찬을 구체적으로 할 필요 없이 그저 "대단하네."라는 말만 연발해도 된다.

그래서 작전을 바꾸어보았다. 다음 대화는 위의 문자 대화에 이어지는 내용이다. 성격 유형을 알아차리고 그에 맞게 작전을 변경하니 학생의 반응이 앞서와 달라졌다.

교사 몇 층?

학생 2층 ㅋㅋ ○○○○ 장갑 매장

교사 와 고급 매장! 대단한데!

학생 우리 이모가 거기 매니저거든요

교사 그래도 네가 백화점 매장에 설 자격이 되니까 써줬겠지

학생 당연하지 ㅋㅋ 일 잘하니까. 교육까지 받고 당당하게 들어갔거든요

교사 오 당당하게 교육받고 들어갔군. 대단한데!

학생 쪽지시험까지 치고 들어갔거든요

교사 시험까지! 너라면 그 정돈 껌이었겠지ㅋㅋㅋ

학생 그래서 11월부터 지금도 하고 있거든요

교사 수능 치고 바로? 계획 잘 세웠네!

학생 당연한 거 아니에요

교사 너한테는 당연하지만 그렇지 않은 평범한 아이들은 빈둥거리고 있을걸

학생 하여튼 악착같이 벌어야지

교사 그 나이에 벌써 자기 힘으로 돈을 벌다니 대단하다

학생 뭐 알바 다들 하는데 ㅋㅋㅋㅋ

교사 그래도 시험까지 치고 알바 붙은 건 너뿐일걸

학생 아 어쨌든 쌤은 백화점 같은데 놀러 안 다녀요? 쫌 오지

교사 유니폼 입고 일하니?

학생 정장 ㅋㅋㅋㅋ

교사 와! 멋지겠네 ㅋㅋ

학생 당연하지 ㅋㅋㅋㅋ 완전 어른인데

CP 타입이 아닌 사람에게 계속 "대단하다!"라고 하면 부담스러워해서 대화가 실패로 끝날 것이다. 성격 유형에 따른 대화법 사례는 《한국형 코칭》을 읽어보면 도움이 된다.

상대가 정확히 어떤 타입의 성격 유형인지 파악하기 전까지는 역시 '사실 듣기, 기분 듣기, 숨은 뜻 듣기'의 3단계 기본 원리로 접근하는 것이 안전한 대화법이다. 정리하면 이렇다.

학년	듣기	관계 지향적 말하기	칭찬하기
초등	사실 듣기 기분 듣기	사실 말하기 기분 말하기	사실 칭찬 성품 칭찬 영향력 칭찬
중등	숨은 뜻 듣기	본심 말하기	초등과 동일
고등	생각 듣기 성격 특성 고려하여 듣기	생각 말하기	성격 특성에 맞춘 칭찬

2. 대화 교육으로서의 교육 대화

대화 교육은 대화의 원리와 모형을 설명하고 학생들에게 그것을 실천하도록 하는 방법으로 이루어진다. 그러나 그것만으로는 부족하다. 허영주(2014)에 따르면, Flanders(1970)의 연구에서 교실 수업의 3분의 2는 대화를 하는 것이었고, Young(1991/2003)의 연구에서도 교수 활동의 4분의 3 이상이 교사와 학생이 주고받는 대화인 것으로 나타났다고 한다.

그리고 사토 마나부가 《수업이 바뀌면 학교가 바뀐다》에서 "듣는다고 하는 행위는 배움이 배움으로서 정립하기 위한 가장 중요한 행위이다. (중략) 서로 듣는 관계를 구축한다고 하더라도 '자, 잘 들어!'라고 주의만 주어서는 아무 소용이 없다. 서로 듣는 교실을 만드는 첫걸음은 우선 교사 자신이 한 사람 한 사람의 목소리를 주의 깊고 정중하게 듣는 일을 끈기 있게 계속하는 일이다."라고 지적했듯이, 교육적인 대화 상황에서도 듣기는 매우 중요하다.

수업 중 배움, 수업 후 적용과 함께 '대화 장르'를 교육하는 마지막 방법은 교사의 실천이다. 실천이라기보다는 생활 속에서 교사가 바람직한 대화의 '모범'이 되어야 한다는 뜻이다. 교사의 모든 대화는 '대화 장르의 교육'이라는 목표 달성을 위한 교육적 목적을 가진 '교육 대화'여야 할 것이다.

《교사화법 교육》에서는 '수업 중 교사 화법'과 '수업 외 교사 화법'을 나누고 있다. '수업 중 교사 화법'은 다시 '수업 중 교수 화법'과 '수업 중 교수 외 화법'으로 나눌 수 있다. 이때 '수업 중 교수 외 화법'은 대부분 '대화'이다. 수업 중에 교사가 대화를 잘해야 할 뿐 아니라 수업 외에서도 교사는 대화를 잘해야 한다. 특히 학생의 말을 잘 들어야 한다. 말로는 공감적 듣기를 하라고 가르치고 교무실에서 만나면 비공감적 듣기를 하는 교사에게서 학생들은 무엇을 배우겠는가? 공감적 듣기 단원이 나올 때만 공감적 듣기를 하고 공감적 듣기 단원이 끝나면 비공감적 듣기를 하는 교사에게서 학생들은 무엇을 배우겠는가? 중학교 2학년 1학기 수업 중에 '대화'를 통해 공감적 듣기를 가르친 교사가 2학기에는 교실에서 학생이 "이런 거 왜 배워요?" "선생님 수업 재미없어요."라고 말할 때 곧바로 화를 낸다면 학생들은 무엇을 배우겠는가? 이런 경우 학생들에게 습득되는 잠재적 교육과정은 '수업 중에 배운 것은 현실에서는 실천하지 않아도 된다.'가 될 것이다.

그러니 대화 장르를 교육하는 교사라면 굳이 공감적 듣기를 따로 설정할 이유가 없다. 공감적 듣기를 하지 말자는 말이 아니라 대화에서 비공감적 듣기가 허용되지 않는다면 공감적 듣기라는 이름을 설정하는 것이 의미가 없다는 말이다.

그리고 그것은 학생들에게도 마찬가지로 요구할 수 있는 부분이다.

예를 들어, 수업에서 학생들끼리 학습하기 위해 대화를 하는 경우가 있다. 학생들은 그때 학습을 위한 대화를 본격적으로 나누는가 하면 사적인 대화를 나누기도 한다. 만약 사적 대화에서 관계가 틀어지면 학습 대화도 실패한다. 그러므로 학습 상황에서 대화할 때도 여전히 대화의 원리를 견지하도록 교육해야 한다. 그리고 그 원리는 말을 잘하는 것보다 말을 잘 듣는 것이며, 그 방법은 앞서 말한 '듣기의 3단계'이다. 물론 학습을 위한 대화에서는 비판하고 분석하는 듣기가 필요하다. 그러나 그 경우에도 상대의 말을 정확하게 듣고 확인하는 1단계 듣기는 필수적이다. 다른 사람의 말을 자기식대로 이해하고 비판한다면 허수아비 논증이 될 뿐이다.

교사는 학생들과 대화만 하는 사람이 아니라 학생들을 훈육하고 수업을 하는 사람이기도 하다. 이러한 듣기 모형이 학생들의 훈육과 수업에는 적합하지 않다는 의문을 가질 수도 있을 것이다. 그러나 궁극적으로는 이러한 듣기 방법이 훈육과 수업에서도 힘을 발휘한다. 훈육과 수업이 교사의 권위에 의해서만 이루어지던 시대는 지나갔다. '선생님 말씀이니까 들어야지.'라고 생각하는 학생들만 모여 있다면 교사가 얼마나 편하겠는가. 요즘에는 '선생님이 뭔데요?'라고 생각하는 학생들이 점차 늘고 있다. 이런 학생들에게 권위를 내세운 훈육과 수업은 실패하기마련이고, 학생과 교사의 관계를 망가뜨린다. 대신 '듣기'를 통해 관계를 회복하고 그 관계의 힘으로 훈육하고 수업하는 것이 좋다. 좋은 관계가 발휘하는 힘은 다음과 같은 사례에서 쉽게 알 수 있다.

어느 날 그 심리학자는 '교정 불가능'이라는 딱지가 붙은 지미라는 한 소년을 상담하게 되었다. (중략) 얼마 되지 않아 지미에게 몇 가지 인정해 줄 만한 변화가 일어났다. 지미는 누가 시키지도 않았는데 방 청소를 하여 사람들을 깜짝 놀라게 하기도 했다. 심리학자가 왜 청소를 했냐고 묻자, 지미는 이렇게 대답했다.

"선생님이 기뻐하실 거라고 생각했기 때문이에요."

(레스 기브린, 김호진 역,《YES를 부르는 대화의 기술》)

이 사례에서 심리학자는 지미에게 청소하라고 엄하게 강요하지도 않았지만 지미는 심리학자와의 관계를 생각해서 스스로 청소를 하려는 동기가 생겼다. 이 '동기'라는 것은 교육 상황에서도 마찬가지다. 일반적으로 수업의 도입 부분에 '동기 유발'이라는 단계가 있다.《수업을 살리는 교사화법》에서는 "동기는 개인으로 하여금 어떤 방식으로 활동하게 하는 정의적인 요소를 말한다. (중략) 동기 유발 화법은 교사가 학생이 스스로 학습의 방향을 설정하고 성취하도록 하는 화법이라고 정의할 수 있다."라고 하면서 동기 유발 화법으로 '주의 집중시키기, 관련성 부여하기, 자신감 갖게 하기, 만족감 느끼게 하기' 등을 제시하고 있다. 그러나 '학생이 스스로 학습의 방향을 설정하고 성취'하려는 태도는 한 시간 수업 안에서 '수업 중 교수 외 화법'만으로 이끌어내기가 무척 어렵다. 수업 중에 '교수 외의 대화'를 하는 시간은 무척 짧고, 수업 이전에 이미 교사와 학생의 관계가 긍정 또는 부정으로 고정되어 수업 시간에도 영향을 미치는 경우가 많기 때문이다.

만약 교사와 학생의 관계가 좋다면 특별히 동기를 유발하려 애쓰지 않아도 학생들은 늘 학습하려는 동기를 가질 것이다. 입장을 바꿔놓고 생각해 보면 쉽다. 내 말을 잘 들어주는 사람의 말은 나도 어떻게든 잘 들어주고 싶어 한다. 내 말을 잘 안 들어주고 원리와 원칙만 강요하는 사람의 말은 옳은 소리라도 별로 들어주고 싶지 않을 것이다. 학생들도 마찬가지다. 자기 말을 잘 들어주는 교사의 지시는 이행하려고 애쓰며, 그 교사의 수업은 어떻게든 협조하려 한다.

또한 여러 사례에서 보듯이 학생들은 스스로를 불편하게 만드는 감정이나 기분이 걷히면 스스로 무언가를 하려 한다. 공부 방법을 스스로 찾거나, 친구와 화해하려는 마음을 내거나, 미뤘던 숙제를 하게 된다. 이것이 동기 유발의 출발점이다. 수업 시간에 학생들에게 동기를 부여하는 것은 동기를 불러일으키는 '말하기'로 가능한 것이 아니다. 동기를 저해하는 감정이나 기분을 교사가 '듣기'를 통해 '이해'하고 '수용'함으로써 학생 스스로 결심하고 확신하고 문제를 해결하는 동기 부여가 가능해진다.

또 하나, 학생들이 공부를 잘하면 수업도 재미가 있어서 더 잘 들으려 한다. 뭔가 아는 것이 나올 때 학생들은 신이 나서 수업에 참여한다. 들어서 이해가 될 때 학생들은 수업을 들은 보람을 느낀다. 학생들이 공부를 잘하고 수업 내용을 이해하려면 어떻게 해야 할까? 당연히 선생님의 수업을 '잘 들어야' 한다. 그러나 학생들은 듣기 능력이 아직 덜 발달되어 있어서 수업을 잘 듣지 못한다. 따라서 교사는 평소의 대화 또는 수업 중의 대화를 통해 다른 사람의 말을 듣는 것이 어떤 것인지를 학생들에게 지속적으로 시범을 보여줄 필요가 있다. 학생들은 교사의 듣는 태도를 보면서 어떻게 들어야 하는지를 배울 것이다. 이렇게 대화의 듣기 원리를 포함하고 있으며 학생들에게 대화에서의 듣기 개념에 대한 모범이 되려는 목적의 교사 화법을 '교육 대화'라고 부를 만하다.

'대화 장르 교육'을 하는 교사가 교육 내용과 다른 태도로 교육을 한다면 학생들에게는 교육 내용이 전달되는 것이 아니라 교사가 보인 잠재적 교육과정이 전달된다. 따라서 화법 영역을 가르칠 때는 교사도 학생들에게 이러한 '반응으로서의 말하기'를 해야 한다. 대화 교육을 제대로 하려면 잘못을 저지른 학생에게 교사가 지적하기 3단계 모형대로 지적하고, 수업 중에 답을 잘하는 학생에게 "맞았어." "잘했어."가 아니라 "발표해 줘서 고마워." "정확해서 놀랍고 기특해." "다른 친구들도 선생님 말에 귀를 기울이게 될 것 같아." "내가 더 열심히 가르쳐야 할 것 같네." 처럼 칭찬하기 3단계 모형대로 반응해 주어야 한다.

다음은 페이스북에서 댓글로 오고 간 대화이다. 학생 A가 학생 B의 페이스북 타임라인에 대화방 캡처와 'B야 실망'이라는 글을 올렸다. 캡처된 대화방은 B가 A에게 비속어로 욕을 하는 대화였다. 사실 그 대화는 학생 A가 학생 B의 핸드폰을 빌려가서 학생 B가 욕을 쓴 것처럼 장난친 것이다.

(본문) B야 실망!

학생 B (댓글) 이거 너가 했잖아 ㅜㅜ

교사 (댓글) 나는 니가 조작된 메시지를 캡처해서 내가 욕한 것처럼 올린 걸 봤어. 그걸 보고 나는 놀랍고 억울하고 창피하고 당황스러웠어. 내가 원하는 건 이거 내가 한 거 아니라고 해명해 주는 것과, 네가 이런 장난쳐도 내가 이해해 주는 친구라는 걸 알아주면 좋겠어

학생 B (댓글) ㅋㅋㅋ 쌤 대박

학생 A (댓글) B야, 내가 조작한 메시지를 니가 한 것처럼 꾸며서 정말 미안하고 부끄럽고 슬픈 마음이 들어. 내가 이러한 일을 저질러서 미안하고, 이런 장난을 쳐도 이해해 주는 너의 넓은 마음에 나는 감사하고 고맙고 기쁜 마음이 들어. 사랑해 B양

첫 번째 댓글에서 학생 B는 당황해서 제대로 된 반응을 못 하고 있다. 교사는 댓글로 사이버 공간에서의 대화를 시범으로 보여주었다. 그랬더니 학생 A도 수업 중에 배운 대로 반응했다. 학생 A의 반응은 '미안함, 부끄러움, 슬픔'과 같은 부정적인 감정에 따른 것이다. 즉 학생 B의 마음을 교사가 대신 표현한 '말하기'를 듣고 부정적인 감정을 느껴서 '부정적인 반응하기'를 표현한 것이다. 완벽하지는 않았지만 이렇게 실제 적용하는 태도가 길러져야 '대화 교육'이 수업을 넘어서 실제 삶을 바꿀 수 있게 된다.

또한 《수업을 살리는 교사화법》에서 "부정적인 피드백을 하더라도 칭찬할 부분을 찾아 가능하면 긍정적인 피드백과 병행하는 것이 바람직하다."라고 한 것처럼, 화법을 가르치는 교사는 학생과의 대화에서 부정적인 반응을 할 때는 반드시 긍정적인 반응을 동반해야 한다. 그럴 경우 긍정적인 반응을 먼저 하고 부정적인 반응을 하는 것이 좋다.

그렇다면 교사는 '듣기', '칭찬하기', '지적하기'를 순서에 맞게 일상적으로 실천해야 한다. 1년 단위의 국어 교과서에서 화법 단원은 지나가는 일부지만, 우리는 말을 하지 않고 살아갈 수 없고 말을 제대로 하는 법은 훈련을 통해서만 익힐 수 있기 때문에 일상생활 속에서 학생과의 실제 대화를 통해 지속적으로 시범을 보여주어야 하는 것이다.

운동화 대신 실내화를 신고 하교하는 학생에게 잔소리를 했는데 그 학생이 듣고 있다가 "쌤, 그렇게 말하면 안 되잖아요."라고 받아쳤다. 교사는 학생의 그런 반응을 반항하는 장면이 아니라 교사와의 대화가 시작되는 장면으로 포착해야 한다.

교사 네 말은 내가 그렇게 말하면 안 된다는 말이구나. 그렇다면 너는 내 말을 반박할 수 있어서 반갑고 통쾌하고 고소하고 신나고 재밌었겠구나. 네가 진짜 원하는 건 잔소리를 그만하고 빨리 갈 길 가시라는 말이지?

학생 네.

교사 네가 수업 시간에 배운 화법 말투를 사용하도록 나에게 알려주었구나. 그렇다면 너는 수업 내용을 잘 기억하고 응용력도 뛰어나고 당당한 성격인 것 같아. 그걸 보니 나도 수업 시간에만 화법을 강조하지 않고 일상생활에서 실천하는 모범을 더 보여야겠다고 생각하게 되는구나. 옆의 친구들도 올바른 대화법이 중요한 걸 느끼게 되었을 것 같구나.

학생 헐

교사 그런데 나는 네가 수업 시간에 배운 화법 말투를 사용하라고 나에게 알려주는 걸 듣고 기특하고 재미있고 당황스럽고 부끄럽고 약 올랐어. 한편으론 나의 지도를 빠져나가기 위해 좋은 머리를 나쁜 쪽에 쓰는 것 같아 아쉽고 안타까웠어. 내가 진짜 원하는 건 실내화든 교복이든 화장이든 내가 뭔가를 지적할 때 네가 내 말을 들어주는 것이야.

학생 네.

이 대화는 '듣기', '긍정적 반응하기(칭찬)', '부정적 반응하기(지적)' 순서대로 적용한 사례이다. 이 대화 이후에 이 학생은 실내화를 신고 등교하거나 하교하는 일이 없었을 뿐 아니라 수업 시간에도 더욱 적극적으로 참여했다.

《YES를 부르는 대화의 기술》에는 다음과 같은 일화가 나온다.

어느 날 일행과 함께 항구에서 실시되고 있는 보트 경기를 자세히 보기 위하여 낚시터로 만들어놓은 제방으로 올라가려고 했네. 그때 경관이 우리 앞을 가로막으며 말했지.

"저곳은 이제 만원이어서 아무도 들어가지 못합니다."

나는 다시 한번 그에게 들어가게 해달라고 간곡히 부탁했지만 경관은 꼼짝도 하지 않았네. 그 후로도 몇 차례 시도를 했지만 그 경관은 들은 척도 안 하는 거야. 그렇지만 결국 나는 그곳으로 갈 수가 있었다네. 어떻게 그 일이 가능했는지 궁금하지 않나?

우리 일행은 네 사람이었는데, 그중 대화를 잘하기로 소문난 여자 하나가 있었어. 내가 경관에게 번번이 거절을 당하고 돌아오자, 그녀는 자기가 한번 말해보겠다며 경관에게로 다가갔어. 그러고는 3분 정도 대화를 나누더니 우리에게 오라고 손짓을 하지 않겠나. 경관이 우리를 통과시켜 준 거라구. 내가 그녀에게 도대체 어떻게 설득했느냐고 물어보았더니, 그녀가 이렇게 말해주더군.

"나는 저 경관에게 제방으로 올라가게 해달라는 부탁 같은 건 안 했어요. 단지 그에게 말을 걸었을 뿐이에요. '햇볕도 뜨거운데 몹시 덥겠군요. 이렇게 많은 사람들의 치안을 유지하기란 이만저만 힘든 일이 아니겠네요.' 하고 말이죠. 그랬더니 그는 자기는 낚시를 몹시 좋아한다고 하더군요.

그래서 나는 우리는 지금 보트 경기를 보고 싶어 못 견딜 지경인데, 해안에서는 잘 보이지 않아 몹시 속상하다고 말했지요. 그러자 그 경관이 '제 방으로 올라가서 보세요. 그곳에서는 아주 잘 보일 겁니다.'라고 말하더군요."

이야기 속의 '대화 잘하기로 소문난 여자'의 비결을 대화의 원리에 따라 분석해 보면, 결국 경관의 입장을 먼저 공감해 주고, 자신의 입장을 잘 진달한 것이다. 이때 이 '잘'이 중요힌데, '잘'은 듣기의 3단계, 말하기의 3단계이며 가장 핵심은 결국 '감정'이다. 교사 대화법으로 유명한 '감정 코칭'만 봐도 '감정'이 얼마나 중요한지 알 수 있다. 다음은 다양한 감정의 예이다.

감정 단어 모음 (유동수 외,《감수성 훈련》)

희(喜)-기쁨

가벼운, 감격스러운, 감동적인, 감사한, 고마운, 고무적인, 기쁜, 날아갈 듯한, 놀라운, 눈물겨운, 든든한, 만족스러운, 뭉클한, 반가운, 벅찬, 뿌듯한, 살맛 나는, 시원한, 싱그러운, 좋은, 짜릿한, 쾌적한, 통쾌한, 포근한, 푸근한, 환상적인, 후련한, 흐뭇한, 흔쾌한, 행복한, 흥분된

노(怒)-노여움, 화

가혹한, 갑갑한. 고통스러운, 골치 아픈, 괘씸한, 괴로운, 구역질 나는, 기분이 상하는, 꼴사나운, 끓어오르는, 나쁜, 노한, 답답한, 떫은, 모욕적, 무

서운, 배신감, 복수심, 북받친, 분개한, 분노, 불만스러운, 불쾌한, 섬뜩한, 소름 끼치는, 속상한, 숨 막히는, 실망감, 신경질 나는, 쓰라린, 씁쓸한, 약 오르는, 재수 없는, 짜증나는, 화나는

애(哀) - 슬픔

가슴 아픈, 걱정되는, 고단한, 고독한, 고민스러운, 공포에 질린, 공허한, 괴로운, 구슬픈, 권태로운, 근심되는, 기분 나쁜, 낙담한, 낙심한, 두려운, 마음이 무거운, 멍한, 뭉클한, 미어지는, 부끄러운, 불쌍한, 불안한, 불편한, 불행한, 비참한, 비탄함, 서글픈, 서러운, 섭섭한, 암담한, 앞이 깜깜한, 애석한, 애처로운, 애태우는, 애통한, 언짢은, 염려하는, 외로운, 우울한, 울적한, 음울한, 의기소침한, 절망적인, 좌절하는, 증오하는, 지루한, 찹찹한, 창피한, 처량한, 처참한, 측은한, 침통한, 패배감, 한스러운, 허전한, 허한, 황량한

락(樂) - 즐거움

가벼운, 가뿐한, 경쾌한, 고요한, 기분 좋은, 담담한, 명랑한, 밝은, 산뜻한, 상쾌한, 상큼한, 숨가쁜, 신나는, 유쾌한, 자신 있는, 즐거운, 쾌활한, 편안한, 홀가분한, 활기찬, 활발한, 흐뭇한, 흥분된, 희망찬

애(愛) - 사랑

감미로운, 감사하는, 기특한, 그리운, 다정한, 대견한, 따사로운, 따뜻한, 묘한, 뿌듯한, 사랑스러운, 상냥한, 순수한, 애틋한, 열렬한, 열망하는, 친숙한, 포근한, 호감이 가는, 화끈거리는, 흡족한

오(惡) - 미움

고통스러운, 괴로운, 구역질 나는, 귀찮은, 근심스러운, 끔찍한, 몸서리치는, 무정한, 미운, 부담스러운, 서운한, 싫은, 싫증 나는, 쌀쌀한, 야속한, 얄미운, 억울한, 원망스러운, 죄스러운, 죄책감, 증오스러운, 지겨운, 짜증나는, 차가운, 황량한

욕(欲) - 바람

간절한, 갈망하는, 기대하는, 바라는, 소망하는, 애끓는, 절박한, 찝찝한, 초라한, 초조한, 호기심, 후회스러운, 희망하는

기타

겸연쩍은, 고뇌, 고립된, 고생스러운, 고통스러운, 과민한, 기가 죽은, 기만한, 다행스러운, 당황스러운, 넌더리 나는, 따분한, 떨떠름한, 메스꺼운, 멋쩍은, 모호한, 무기력한, 무력한, 무서운, 무시된, 무심한, 미심쩍은, 미안한, 미적지근한, 민망한, 버거운, 부끄러운, 비탄, 상한, 생생한, 수줍은, 실감나는, 실망한, 싫증 나는, 쑤시는, 쑥스러운, 쓰린, 아린, 안타까운, 아쉬운, 애매한, 애처로운, 어색한, 어이없는, 억눌린, 엉뚱한, 오싹한, 위태위태한, 유감스러운, 조마조마한, 죄송한, 짜릿한, 태연한

사람들이 흔히 '감정'의 이름으로 착각하기 쉬운 것들이 있다. 감정 단어가 필요한 순간에 아래와 같은 말을 하는 사람이 있다면 "그런 생각이 들었을 때 기분이 어땠어요?"라고 되물어서 '감정'으로 접근할 수 있어야 한다.

강요당한, 거절당한, 공격당한, 궁지에 몰린, 따돌림받는, 배신당한, 버림
받은, 오해받은, 위협받는, 의심받는, 무시당하는, 이용당하는, 인정받지
못하는, 조종당하는, 학대받는, 협박당하는

강요당하는 것 같을 때, 감정은 아마 답답하고 두렵고 부담스러울 것이
다. 거절당하는 것 같을 때, 감정은 아마 서운하고 섭섭하고 무안할 것이
다. 공격당하는 것 같을 때, 감정은 아마 무섭고 불안하고 두려울 것이다.
  '강요당했다, 거절당했다, 공격당했다'는 하나의 '인식' 또는 '생각'이
다. 그래서 '강요당했다.'라고 표현하기보다 '강요당한다는 생각이 들었
다.'라고 표현하는 것이 더 정확하다. '거절당했다.'라는 표현보다 '거절
당했다는 생각이 들었다.'라고 표현해야 좀 더 진실에 가까워진다. 나의
'인식'만을 참이라 믿어버리면 대화의 여지는 좁아진다.

3. 대화의 하위 범주

국어과 화법 교육과정에 이런 성취기준이 있다.

> [12화작02-08] 부탁, 요청, 거절, 사과, 감사의 말을 상황에 맞게 효과적
> 으로 한다.

교육과정에서 '부탁, 요청, 거절, 사과, 감사'를 콕 집어 제시한 이유가
무엇일까? 그리고 '부탁, 요청, 거절, 사과, 감사'의 말이 딱 잘라 구분되

는 대화의 형태일까? '부탁, 요청, 거절, 사과, 감사'의 표현들이 서로 다르긴 하지만 결국 대화로 해결할 수 있는 범주라면, 이들을 관통하는 원리도 결국 대화의 원리에서 크게 벗어나지 않는다.

① 부탁, 요청

부탁은 기본적으로 들어주는 사람 마음이다. 들어주는 사람이 들어주고 싶으면 들어주는 것이다. 즉 부탁이라는 대화 구조에서 부탁을 들어주는 것은 상대방 몫이다. 그리고 부탁하는 것은 말하는 사람의 몫이다. 이렇게 부탁하는 대화에서 말하는 이와 듣는 이의 몫을 명확히 인식하고 나면 부탁을 들어주지 않을까 봐 부탁하는 말도 못 꺼내는 것은 어리석은 일임을 알 수 있다. 마찬가지로 "네가 어떻게 나의 부탁을 거절할 수가 있어!"라고 분노할 필요도 없어진다. 섭섭함, 서운함을 느낄 수는 있지만, 그것은 '나'라는 인간 전체에 대한 거부가 아니라 '나의 부탁 한 가지'에 대한 거절일 뿐이라는 '부탁하는 대화의 본질'을 알면 분노, 배신감, 섭섭함, 서운함의 정도는 약해질 것이다.

정리하면 이렇다.

나의 상황을 말한다. → 나의 기분을 말한다. → 나의 본심을 말한다. 이때 이런 말을 듣게 될 상대의 기분을 읽어주면 효과가 커진다.

"이런 부탁 들으면 부담스럽고 성가실 것 같아."

② 거절

거절은 우선 상대의 부탁이나 요청 사항을 내가 정확히 이해했음을 알려주어야 한다. 상대방이 '내 말을 들어보지도 않고 거절하네.' '내 말을 끝까지 들었다면 저렇게 거절하진 않을 텐데.'라는 생각이 들 수도 있기 때문이다.

그리고 거절할 때는 나의 입장이나 상황을 설명하면서 반드시 '감정'을 함께 표현해야 한다. "바빠서 안 돼요."보다는 "바쁜 데 부탁을 들어주려니 부담스럽고 저도 지쳐요."가 낫다. 이때 나의 기분에는 '부담스럽다, 귀찮다, 거절해서 미안하다' 등과 함께 '이걸 거절하면 우리 사이가 멀어질까 봐 염려된다.' '이런 부탁을 하는 당신이 원망스럽다.' 등 복합적인 감정들이 포함된다. 내면의 감정을 하나하나 찾아내어 상대에게 정확하게 최대한 많이 들려줄수록 거절당하는 상대방이 쉽게 납득하고 덜 상처받는다.

정리하면 이렇다.

상대가 한 부탁을 입으로 듣는다. → 상대의 기분을 읽어준다. → 상대의 본심을 읽어준다. → 그 말을 들은 나의 기분을 말한다. → 나의 본심을 말한다.

③ 사과

"미안하다."라고 말하는 것이 사과가 아님을 학생들은 배울 필요가 있다. 사과는 기본적으로 상대가 말하지 않은 상태에서 상대의 마음을 '듣기' 요령으로 알아주는 것이다. 아무리 화가 많이 나고 상처를 많이 받은 사람도 내가 왜 화가 났는지, 내가 왜 상처받았는지를 알아준다면 "미안하다."라는 말 한마디 없이도 마음이 풀릴 수 있다.

"오빠 내가 왜 화났는지 몰라?"라는 말을 듣고 당황하거나 답답해하는 남자들이 많다. 이때 무턱대고 미안하다고 말해선 안 된다. "미안해."

라고 해봤자 돌아오는 대답은 이것뿐이다.

"뭐가 미안한데?"

바로 이 '뭐가 미안한데?'에 대한 답이 '사과'라는 대화 구조의 핵심이 되는 것이다.

상대방이 "오빤 내가 왜 화났는지 몰라?"라고 말하면 대화를 거부하는 신호가 아니라 대화를 시작하는 신호로 받아들여야 한다. 예를 들어, "네 말은 네가 왜 화가 났는지도 내가 모르는 것처럼 보인다는 말이지? 그렇다면 디 많이 화가 나고 기가 막히고 괘씸하겠다. 네가 진짜로 원하는 것은 내가 스스로 내 행동을 돌아보고 반성하라는 말이구나." 정도로 시작하면 된다.

정리하면 이렇다.

나로 인해 상대가 받은 피해를 말해준다. → 상대의 기분을 읽어준다. → 상대의 본심을 읽어준다. 여기까지 하고 상대가 여유 있어 보인다면 나의 기분과 나의 본심을 말해준다. 미안하다는 말도 꼭 하고 싶으면 이때 하는 것이 좋다.

④ 감사

감사의 말을 "고맙습니다." 한마디로 끝낼 수도 있지만 고마운 마음을 듬뿍 담아 '칭찬하기' 3단계로 되돌려 줄 수 있다.

상대의 행동이나 말을 묘사해 준다. → 상대의 행동이나 말에 담긴 성품을 말해준다. → 그것을 통해 내가 받은 영향을 말해준다. → 이어서 상대의 행동이나 말을 보고 내가 느낀 기분을 말해준다. → 그것에 대한 나의 본심을 말해준다.

⑤ 위로, 조언

사람들은 '위로', '조언' 하면 '멋진 위로의 말', '멋진 조언'을 건네어 실의에 빠진 사람들이 그 말을 듣고 정신을 차리는 장면을 떠올리게 된다. 하지만 위로와 조언의 본질은 '말하기'가 아니다. 위로가 필요한 사람의 마음을 듣는 '듣기' 행위이다. 조언이 필요한 사람에게 스스로를 도울 수 있는 힘을 주고 방법을 찾아주기 위해 그 사람이 겪고 있는 어려움을 듣는 행위이다.

상대가 처한 상태를 입으로 듣는다. → 상대의 기분을 읽어준다. → 상대의 본심을 읽어준다. → 상대가 여유가 있을 때 상대를 염려하는 나의 기분이나 본심을 말해준다.

⑥ 따지기

따지기는 상대의 말이나 행동 때문에 화가 났거나 감정적으로 불편해진 상태에서 말하는 것이므로 앞에서 다루었던 '부정적인 반응으로서의 말하기' 원리를 그대로 적용하면 된다.

상대의 행동이나 말을 묘사해 준다. → 그것을 보고 들은 나의 기분을 말한다. → 나의 본심을 말한다.

다 이런 식이다. 결국 '부탁, 요청, 거절, 사과, 감사'가 '대화'에 속하는 하위 구조들이라면 대화의 일반 원리인 '듣기', '관계 지향적 말하기', '칭찬하기' 틀에서 모두 해결된다.

예를 들어 '위로'를 하는 대화는 다음과 같은 패턴이 자주 보이는데, 위로받는 사람이 자꾸 자책하면 위로해 주는 사람은 점점 기운이 빠지고 의욕을 잃게 된다.

철수 힘내세요, 명희 씨. 세상에 남자들은 무지하게 많아요.

명희 란이하고 똑같은 말씀을 하시네요.

철수 라…… 란이요?

명희 우리 조카요. 여섯 살 먹었어요.

철수 아, 조카. 여섯 살. 그러니까 그 여섯 살 먹은 조카가 명희 씨보다 훨씬 똑똑하네요, 그죠?

명희 저도 그런 것 같아요. 나는 멍청하고, 바보 같고, 매력도 없고, 한심하고……. 흠, 그래서 남자들이 날 우습게 보나 봐요.

철수 아니 무슨 그런 말씀을 하세요, 명희 씨가 왜?

명희 아니요. 맞아요. 하, 나는요…… 내가 봐도 성격도 급하고, 참을성도 없고, 누구 좋아하면 금방 티 나고, 홀라당 빠지구, 간 쓸개 다 빼주고…… 난 진짜 웃기는 기집애예요.

철수 그게 왜 웃긴 거예요? 그거는 웃긴 거 아니에요. 그런 걸 말이에요, 순수하고 순진하고 맑고 깨끗하고 순수하고…… 아우, 청아한 인간 본연의 모습인 거죠. 그리고 사람을 좋아하면 당연히 티가 나요. 안 그렇습니까? 예? 그 사람을 좋아하는데 티 안 나는 그런 인간들이 사기꾼들이에요. 안 그래요, 명희 씨?

명희 그래도 내가 너무 집착을 해서, 남자들이 질리나 봐요.

철수 야, 여기서 또 집착이 나오네, 집착. 아니 그럼 사랑하는데, 죽도록 사랑하는데 어떻게 집착을 안 할 수가 있어요? 쿨하게 사랑할 수 있어요? 못 해요! 올인해야죠. 하물며 말이에요, 제가 이 국밥을 만드는 데도 엄청나게 올인을 해요. 그래서 국밥 한 그릇이 딱 나오는 겁니다. 그런데 사람 관계에서 어떻게 올인을 안 합니까? 그걸 보고 집착이라고 말하는 인간들은…… 다 나오라 그래. 다 나오라 그래.

명희 그래도 내가 매력이 없는 건 사실이잖아요. 매력이 있으면 날 떠났겠어요? 구범이 그 놈도 그렇고 그 앞엣놈도 그렇고.

철수 에헴. 누가 그래? 매력이, 명희 씨가 왜 매력이 없습니까? 제가 볼 때는요, 매력이 그냥 완전히 많아요.

명희 정말요?

철수 그럼요. 명희 씨가 이렇게 웃을 때 있잖아요, 웃을 때. 웃을 때 딱 보면은 환한 게 이게 복사꽃 같은 거야. 그러니까 남자들이 딱 이렇게 보면은 완전히 마음이 약해져가지구 홀딱 반한다니까요.

명희 진짜요?

철수 그럼요. 하, 아이구.

- KBS에서 방영한 〈사랑을 믿어요〉의 한 장면

"괜찮아?" "힘들지?" "힘내." "잘 될 거야." 이런 말 대신, 앞에서 설명한 방식대로 위로를 하면 다음과 같이 된다.

학생 선생님 할 말이 있어요.

교사 뭔데?

학생 과학 시험 100점인 줄 알았는데 서술형에서 1점 깎여서 99점 됐어요. 그것만 맞으면 세 과목이나 100점인데. 위로 좀 해주세요.

교사 과학 서술형 1점 감점돼서 100점 못 받고 99점 됐구나.

학생 네.

교사 엄청 아깝고 아쉽고 분하고 원통하겠다.

학생 맞아요. 위로 좀 해주세요.

교사 그래, 엄청 많이 아쉽고 너무너무 애석하겠구나?

학생 네. 괜찮아요. 어차피 다른 과목도 다 망쳐서.

교사 그래도 100점 세 개 될 뻔했는데 두 개라서 아깝잖아?

학생 헤헤 고마워요. 역시 쌤 짱. 사랑해요!

만약 "저 헤어졌어요!"라는 말을 들으면 어떻게 해야 할까? "그래 지금은 힘들겠지만 더 좋은 사람 만날 거야. 지난 일은 어쩔 수 없으니 잊어버리고 힘내. 파이팅!" 이러고 싶은 마음이 굴뚝 같지만 참아야 한다. 상대방이 스스로 그런 마음을 먹을 수 있도록 도와줄 수 있다.

졸업한 A양을 포함한 친구들과 함께 있는 대화방에서 A양이 "내가 부족해서 남자친구에게 차였다."라고 하소연할 때, 친구 1과 친구 2가 "네가 더 아까워."라고 위로하는 상황이다.

A양 근데 내가 ○○한테 어떻게 대해야 하지? 그냥 보면 웃어야 되나? 정색? 무표정? 살짝 웃을까? ㅎ

친구 1 음… 무표정을 해

친구 2 나대기는ㅋㅋ 눈 마주치면 웃어주면…

친구 1 아니

친구 2 안 되나?

친구 1 당당하게 지나쳐. 걔가 뭔데? 당당하게 가!

친구 2 옆에 남친을 끼고서 당당하게 ㅋㅋ

친구 1 걔보다 니가 백 배 잘났어

A양 응? 내가 ○○보다 잘났다고?

친구 2 내가 말했잖아

친구 1 어~

친구 2 니가 너무 좋아한다고… 너무 좋아하지 말라고

A양 그니까… 그래서 지금 이러나 보다 ㅎ

친구 2 내 말 안 듣더니 ㅋㅋㅋ

A양 ㅎ ㅠㅠ

친구 2 내가 처음부터 니가 아깝다고 했잖냐

A양 내가 아까운 건 아니지 ㅎ ○○이 더 아깝다

친구 2 맨날 나랑 싸우더니…

친구 2 봐라 지금도 편들고…

친구 1 누가 그러는데?

친구 1 그러는 사람 있으면 나와보라 해

A양 아 근데 진짜 내가 아까운 건 아니잖아

친구 1 난 솔직히 니가 아깝다

친구 1 야! 니가 그놈보다 훨씬 잘났고 매력도 많고 몇천 배는 잘났어

친구 2 그렇지

A양 휴 ㅠㅠ

A양 위로하지 마라 ㅋ

A양의 마지막 말을 보면 친구들의 열정적인 편들기도 소용이 없음을

알 수 있다. 그리고 A양은 나에게 개인적으로 메시지를 보냈다.

학생 쌤~~

교사 왜?

학생 저 깨졌어요ㅜㅜㅜ

교사 슬프겠네

학생 네… 완전ㅜㅜㅜ

교사 완전 슬펐구나. 저런…

학생 제가 못해준 게 많았나 봐요

교사 그 애가 먼저 깨지자 했구나?

학생 네ㅜㅜㅜ 부족한 게 많은가 보죠

교사 니 탓이라는 마음이 들었구나?

학생 당연히 내 탓이겠죠? ㅜㅜㅜ 아아앙

교사 미안한 마음이 들겠구나?

학생 저는 저 나름대로 잘했다고 생각이 드는데 많이 힘드네요ㅜㅜㅜ

교사 너는 나름대로 잘해줬는데 걔한테는 부족했을지도 모른다는 생각에 많이 힘들구나?

학생 네ㅜㅜㅜ

교사 너처럼 맘이 착하고 성격이 부드러운 애가 니 탓이라는 생각이 들어 미안하고 후회되고 죄책감이 들면 얼마나 더 힘들겠니…

학생 진짜 미안하고요… 후회되고 잘해줬으면 좋겠다는 생각만 들어요 계속ㅜㅜㅜ

교사 조금만 더 잘해줄 걸 하는 생각이 계속 드는구나? 걔한테 미안하고 너는 후회되고 더 못해준 너 자신이 아쉽고 짜증나고 그동안 걔가 혼자 힘들어했을 것 같아 안타깝고 참 마음이 복잡하고 혼란스럽겠다

학생 네ㅜㅜㅜ 근데 이제 잊어야죠 ㅎㅎ

교사 슬프긴 하지만 이젠 돌이킬 수도 없고 잊어야겠다는 말이구나? 그래 용기를 내라

학생 넹! 쌤도 잘 지내세요^^ 5월 15일에 봬요 ㅎㅎ

국어과 화법 교육과정을 짜는 사람들이 '대화'에 대한 이해가 얼마나 부족한지 자주 느낀다. 특히 대화 교육을 자꾸 '말하기' 중심으로 가르치려는 성취기준들이 그렇다. 대화는 듣기와 말하기의 상호교섭적인 활동인데, '듣기'에 대한 이해가 부족하기 때문에 '대화'에서 겉으로 관찰되기 쉬운 '말하기'에 주목하게 되는 것이다.

전문가들도 자주 함정에 빠진다. 예를 들어 '조언'을 살펴보자. KBS 〈인간극장〉에 나오는 네쌍둥이 엄마는 네쌍둥이 때문에 버겁고 힘든데, 그 위의 큰딸이 퇴행하고 떼쓰는 일도 늘어나서 너무 힘들고 지쳐서 병원에 갔다.

엄마 동생들이 울고 해버리면 자기가 더 울면서 쫓아와서 저한테 붙어요.

의사 그럴 때 엄마 심정이 어떠셨어요?

엄마 어떻게 할 수가 없어서 너무 괴로워요.

의사 "서영이 너 굉장히 화났구나." 이 감정을 읽어주는 반응을 해주세요. "우리 서영이, 동생들하고 안 싸우고 이렇게 하네. 엄마가 기뻐."라며 칭찬해 주고.

엄마 지금 제시해 주시는 방법이 맞다는 생각은 하는데 솔직히 저는 이것도 많이 부담이 돼요.

의사 어떤 것이요?

엄마 그러니까 예를 들면 지금 상황에서 너무 힘들고 도망가고 싶을 때가 많은데 이런 방법을 제시해서 이렇게 해야 한다는 자체만으로도 내 일이 한 가지 늘어나는구나, 싶은 거예요.

엄마도 그렇게 해야 하는 것을 알겠는데 막상 '해야 한다'고 생각하는 순간 부담이 되는 것이다. 안 그래도 할 것이 많은데, 해야 할 일이 하나 더 늘기 때문이다. 엄마는 의사가 시키는 대로 절대 하지 않겠다는 것이 아니라 본심은 서영이와의 관계를 잘 맺고 서영이의 마음을 보듬어 주고 싶을 것이다. 하지만 엄마가 "너무 괴로워요." 할 때 의사가 바로 답을 줬기 때문에 엄마가 본심으로 다가갈 수가 없는 것이다. 의사는 우선 "어떻게 할 수가 없어서 너무나 괴로우셨군요."라고 '듣기' 반응을 해 주어야 한다. 그다음에 답을 주면 엄마가 고맙게 수용할 것이다.

"당신은 지금 서영이가 퇴행적으로 굴어서 너무나 괴롭고 벅차고 힘들고 부담스럽고 짜증나고 서영이가 원망스럽고 누군가의 도움이 간절하군요."라고 감정을 수용해 주면 엄마도 자신이 이 상황에서 진짜 원하는 것이 보이기 시작한다. '서영이의 마음도 받아주고 나의 괴로움도 이해받는 것', 그래서 몸도 마음도 편해지는 것이다. 그것을 알아차리면 마음이 편안해지고 가장 적절한 행동을 선택할 수 있는 판단력이 회복된다.

그러한 상태에서 '조언의 말'을 해야 잘 알아듣는다. 사실 스스로 진짜 원하는 것을 찾은 상태라면 별도로 '조언'의 말을 할 필요도 없다. 내담자는 답을 알고 있기 때문이다.

예전에는 국어과에서 '말하기' 영역의 성취기준과 '듣기' 영역의 성취기준이 따로 있었다. 그런데 요즘에는 '말하기·듣기'라는 하나의 영역으로 취급된다. 말하기와 듣기가 상호교섭적이라는 기본 전제를 반영한 결과이지만, 실제로는 '듣기'가 뭔지를 잘 몰라서이거나 '듣기'만을 위한 별도의 교육 설계가 어려워서 그런 것일지도 모른다. 정말로 '말하기·듣기'가 하나라면 성취기준을 다음과 같이 썼어야 한다.

[12화작02-08] 부탁, 요청, 거절, 사과, 감사의 말을 상황에 맞게 효과적으로 말하고 듣는다.

그러면 앞의 ①~⑥에 이어서 다음과 같은 내용이 대화 교육에서 다루어져야 한다.

⑦ 부탁·요청의 말 듣기

부탁·요청의 말을 듣는 법을 잘 배우면 부탁·요청을 들어주고 안 들어주는 것이 바로 '나'의 선택임을 알게 된다. 이걸 잘 배우면 부담스러운 부탁을 받고도 거절 못 해서 쩔쩔매는 인생에서 벗어날 수 있다.

⑧ 거절의 말 듣기

거절의 말을 듣는 법을 잘 배우면 거절이 '지금 여기의 이 부탁(요청)을 거절한 것이지 나라는 인간 전체를 부정하거나 나의 모든 것을 거절하는 것이 아님'을 알게 된다. 이걸 잘 배우면 거절당하는 것이 두려워서 부탁도 못 하고 질문도 못 하고 끙끙대는 인생에서 벗어날 수 있다.

⑨ 사과의 말 듣기

사과의 말을 듣는 법을 잘 배우면 상대가 제대로 사과하게 만들 수 있다. 형식적인 사과를 받고 마지못해 화해하는 그런 인생에서 벗어날 수 있다.

⑩ 감사의 말 듣기

상대가 감사의 인사를 전하는데 겸손한 척한다고 "아니에요." "별말씀을요." 따위로 반응해서 감사하는 마음을 전하고픈 상대를 허전하게 만드는 대신, 상대의 감사하는 마음을 오롯이 전달받아 나의 베풂과 상대의 감사가 서로 통하여 따뜻한 관계를 일굴 수 있다.

⑪ 위로의 말 듣기

열심히 위로해 주는 상대에게 "괜찮아. 그렇게 위로 안 해줘도 돼."라고 하거나, 상대의 위로의 말에 '하나하나 반박하여' 스스로 괴로움에 침잠하고 나중에는 괴로움을 즐기는 수준에 이르는 대신, 위로받을 일을 빨리 위로받고 상대의 위로에 힘을 받아서 얼른 우울함에서 빠져나올 수 있다. 나아가 자기가 스스로를 위로함으로써 결국에는 어떤 괴로움과 우울함도 혼자 힘으로 이겨내는 행복한 인생이 될 수 있다.

⑫ 따지는 말 듣기

'나한테 왜 이래?' '왜 날 공격하지?'라는 생각 대신 상대가 따질 만

하니까 따지는 것이라는 '상대의 관점'에서 듣기를 하게 된다. '듣기'의 방식으로 따지는 상대에게 자꾸 '사실 듣기, 기분 듣기, 숨은 뜻 듣기'를 해주면 내가 기분 나쁘거나 억울해지는 대신 따지러 온 상대의 불편한 마음이 풀려서, 따지러 왔는데 오히려 미안하거나 고마워하는 상대를 만나는 경험을 할 수 있다. 그런 상황을 나의 '듣기 능력'으로 만들어낼 수 있다면 나를 괴롭히는 관리자나 악성 민원인들, 학부모들을 대할 때 위축되지 않고 자신감이 생겨서 학교생활이 당당해지고 행복해질 것이다.

이것들 하나하나가 모두 필요한 교육이라는 것이다. 이뿐만 아니라 '칭찬하기'에 대응하는 '칭찬 듣기'조차도 가르쳐야 하는 경우가 있다. 겸손이 미덕인 우리 전통문화 때문에 칭찬의 말을 잘 못 받아들이는 사람들이 많다. 우리가 누군가를 칭찬한 상황에서 상대가 "아니에요." 라고 할 때 기분이 좋을까, "고마워요." 하면서 기뻐할 때 기분이 좋을까? 칭찬을 한다는 것은 상대를 기쁘게 해주려는 의도가 있는 셈인데, 상대가 자꾸 "아니에요." "저 그렇게 잘나지 않았어요."라고 한다면 나중에는 칭찬의 말을 하는 사람이 멋쩍어지고 허전해진다. 그렇다고 상대가 자신을 칭찬하는 사람에게 일부러 허전함을 안겨주려는 악의를 가진 것도 아니다. 이렇게 악의는 없지만 자기도 모르게 타인에게 허전함을 안겨주는 일을 막기 위해서라도 '칭찬 듣기'를 하는 요령을 알아두면 좋다.

칭찬의 말을 '듣기' 할 때 아래의 반응 가운데 어떤 방식이 좋을까? 이런 것들을 우리 아이들에게 미리 가르쳐주면 아이들 인생이 좀 더 행복해질 것이다. 칭찬을 받는 것이 너무 쑥스러운 어른들도 알아두면 인생이 조금 달라질 것이다.

칭찬의 말 당신은 정말 정확하시네요.

반응 1 아니에요. (내가 정확한가? 뭘 보고 저렇게 말하지?)

반응 2 고마워요. (내가 정확한지 잘 모르겠지만 일단 상대가 나를 칭찬해 주니까)

반응 3 기뻐요. (상대가 칭찬하는 이유는 나를 기쁘게 만들어주기 위해서니까)

반응 4 나는 기쁘고요, 당신도 내가 정확하게 하고 있음을 알아차린 걸 보니 정말 보는 눈이 정확하시네요. (상대의 의도를 만족시켜 줄 뿐만 아니라, 상대에게 칭찬을 돌려줘서 둘 다 기뻐지는 방법)

4. 듣기, 칭찬하기, 지적하기 수행평가

대화 교육의 목표를 달성하려면 그에 따른 교육 내용과 교육 방법이 필요하다. 그리고 그 목표를 달성했는지 평가해야 한다. 대화 교육의 결과를 지필고사로 평가하기는 어려우므로 수행평가를 실시한다. '듣기, 칭찬하기, 지적하기'를 직접 실천하고 대화를 기록하고 소감을 적어 오게 하면 된다.

❶ 수행평가의 개요와 방법

① 상황과 맥락에 맞게 비공식적인 듣기, 말하기

요즘은 수업 시간 외의 시간에 학생들이 관찰하고 기록해 오는 방식의 수행평가를 못 하게 하므로 조금 바꿔서 수업 중에 교사가 관찰·기록하는 방식으로 수행평가를 실시하기도 한다.

평가 개요

주제	목적과 상대에 맞게 비공식적인 듣기, 말하기		
평가 유형	대화 실습		
성취기준	2918-2.목적과 상대에 따라 대화 방식을 적절하게 조정하며 말할 수 있다.		
핵심역량	문제 해결 능력, 메타 인지 조절 능력, 리더십		
교수·학습 활동 및 평가 계획 (3차시)	**차시**	**교수·학습 활동 계획**	**평가 계획**
	1	• 대화 목적이 상대의 말에 공감하는 듣기인 경우의 대화 방식 익히기 • 공감하는 듣기의 대화 방식에 맞게 듣기	[문항 1] 공감하는 듣기의 대화 방식에 맞는 대화를 3회 이상 수행하고 대화 내용과 소감을 적어내기
	2	• 대화 목적이 상대에게 지적하는 말하기인 경우의 대화 방식 익히기 • 지적하는 말하기의 대화 방식에 맞게 말하기	[문항 2] 지적하는 말하기의 대화 방식에 맞는 대화를 3회 이상 수행하고 대화 내용과 소감을 적어내기
	3	• 대화 목적이 상대에게 칭찬하는 말하기인 경우의 대화 방식 익히기 • 칭찬하는 말하기의 대화 방식에 맞게 말하기	[문항 3] 칭찬하는 말하기의 대화 방식에 맞는 대화를 3회 이상 수행하고 대화 내용과 소감을 적어내기
평가 시기	3월	**반영 비율**	20%

평가 준거

문항	평가요소	배점	평가 준거			
[문항 1] 공감하는 듣기	수행능력	20	대화 내용이 모두 상대가 말한 사실을 넘어 감정, 본심까지 들었고 상대의 반응이 긍정적이며 소감이 진솔하게 기록되었음	대화 내용이 모두 상대가 말한 사실을 넘어 감정, 본심 중 일부를 들었고 상대의 반응이 긍정적이며 소감이 진솔하게 기록되었음	대화 내용이 모두 상대가 말한 사실을 넘어 감정, 본심의 일부의 반응이 부정적이거나 드러나지 않으며 소감이 진솔하게 기록되었음	대화 내용이 모두 상대가 말한 사실을 넘어 감정, 본심의 일부의 반응이 부정적이거나 드러나지 않으며 소감이 형식적이거나 드러나지 않음
			20	15	10	5
	수행태도	10	공감하는 듣기의 대화 방식에 맞는 대화 내용과 소감을 3회 이상 수행하여 배운 것을 지속적으로 실천하려는 태도를 보임	공감하는 듣기의 대화 방식에 맞는 대화 내용과 소감을 2회 수행하여 배운 것을 실천하는 태도를 보임	공감하는 듣기의 대화 방식에 맞는 대화 내용과 소감을 1회 이상 수행하여 배운 것을 연습해 봄	공감하는 듣기의 대화를 연습하였으나 대화 내용과 소감을 적어 내지 않아 실천하려는 태도가 보이지 않음
			10	8	6	4
[문항 2] 지적하는 말하기	수행능력	25	대화 내용이 모두 나의 인식, 감정, 본심까지 표현하였고 상대의 반응이 긍정적이며 소감이 진솔하게 기록되었음	대화 내용이 모두 나의 인식, 감정, 본심 중 일부를 표현하였고 상대의 반응이 긍정적이며 소감이 진솔하게 기록되었음	대화 내용이 모두 나의 인식, 감정, 본심의 일부를 표현하였고 상대의 반응이 부정적이거나 드러나지 않으며 소감이 진솔하게 기록되었음	대화 내용이 모두 나의 인식, 감정, 본심의 일부를 표현하였고 상대의 반응이 부정적이거나 드러나지 않으며 소감이 형식적이거나 드러나지 않음
			25	20	15	10
	수행태도	10	지적하는 말하기의 대화 방식에 맞는 대화 내용과 소감을 3회 이상 수행하여 배운 것을 지속적으로 실천하려는 태도를 보임	지적하는 말하기의 대화 방식에 맞는 대화 내용과 소감을 2회 수행하여 배운 것을 실천하는 태도를 보임	지적하는 말하기의 대화 방식에 맞는 대화 내용과 소감을 1회 이상 수행하여 배운 것을 연습해 봄	지적하는 말하기의 대화를 연습하였으나 대화 내용과 소감을 적어내지 않아 실천하려는 태도가 보이지 않음
			10	8	6	4

160

[문항 3] 칭찬 하는 말하기	수행 능력	25	대화 내용이 모두 상대의 말이나 행동, 성품, 영향력까지 표현하였고 상대의 반응이 긍정적이며 소감이 진솔하게 기록되었음	대화 내용이 모두 상대의 말이나 행동, 성품, 영향력까지 표현하였고 상대의 반응이 긍정적이며 소감이 진솔하게 기록되었음	대화 내용이 모두 상대의 말이나 행동, 성품, 영향력까지 표현하였고 상대의 반응이 부정적이거나 드러나지 않으며 소감이 진솔하게 기록되었음	대화 내용이 모두 상대의 말이나 행동, 성품, 영향력까지 표현하였고 상대의 반응이 부정적이거나 드러나지 않으며 소감이 형식적이거나 드러나지 않음
			25	20	15	10
	수행 태도	10	공감하는 듣기의 대화 방식에 맞는 대화 내용과 소감을 3회 이상 수행하여 배운 것을 지속적으로 실천하려는 태도를 보임	공감하는 듣기의 대화 방식에 맞는 대화 내용과 소감을 2회 수행하여 배운 것을 실천하는 태도를 보임	공감하는 듣기의 대화 방식에 맞는 대화 내용과 소감을 1회 이상 수행하여 배운 것을 연습해 봄	공감하는 듣기의 대화를 연습하였으나 대화 내용과 소감을 적어내지 않아 실천하려는 태도가 보이지 않음
			10	8	6	4

② 공감 대화 실천 기록

평가 개요

주제	타인을 배려하여 본심을 공유하는 공감 대화를 실천하고 기록하기
평가 유형	프로젝트 평가
성취기준	[9국01-01] 듣기·말하기는 의미 공유의 과정임을 이해하고 듣기·말하기 활동을 한다. [9국01-02] 상대의 감정에 공감하며 적절하게 반응하는 대화를 나눈다.
핵심역량	의사소통 및 협업 능력
평가 내용 (활동 필요 시간: 30차시)	• 상대의 말을 공감적으로 듣고 본심의 의미를 공유하는 능력을 평가함. • 자신의 본심이 제대로 전달되어 상대의 공감을 얻어내고 본래 의도를 공유하는 능력을 평가함. • 모둠 활동, 대집단 토론 활동 중 다른 친구의 의견을 경청하고 본인 의견을 제시하는 의사소통 및 협업 능력을 평가함.
평가 시기	3~5월

평가 준거

평가 영역	배점	평가 요소	평가 준거					
의사 소통 및 협업 능력	30점	공감적인 듣기 능력	수업 중 상대의 말, 감정, 숨겨진 의미를 모두 들은 후 대화체로 전사한 기록물을 5편 제출함.	수업 중 상대의 말, 감정, 숨겨진 의미를 모두 들은 후 대화체로 전사한 기록물을 4편 제출함.	수업 중 상대의 말, 감정, 숨겨진 의미를 모두 들은 후 대화체로 전사한 기록물을 3편 제출함.	수업 중 상대의 말, 감정, 숨겨진 의미를 모두 들은 후 대화체로 전사한 기록물을 2편 제출함.	수업 중 상대의 말, 감정, 숨겨진 의미를 모두 들은 후 대화체로 전사한 기록물을 1편 제출함.	수업 중 상대의 말, 감정, 숨겨진 의미를 들었으나 대하체로 전사하여 제출하지 못함.
			30	25	20	15	10	5
			* 기록물 1편당 말, 감정, 숨겨진 의미 중 1요소 이상이 모자랄 경우 1점씩 감점함					
	30점	배려하는 말하기 능력	수업 중 사실, 감정, 나의 의도를 모두 담아 말한 후 대화체로 전사한 기록물을 5편 제출함.	수업 중 사실, 감정, 나의 의도를 모두 담아 말한 후 대화체로 전사한 기록물을 4편 제출함.	수업 중 사실, 감정, 나의 의도를 모두 담아 말한 후 대화체로 전사한 기록물을 3편 제출함.	수업 중 사실, 감정, 나의 의도를 모두 담아 말한 후 대화체로 전사한 기록물을 2편 제출함.	수업 중 사실, 감정, 나의 의도를 모두 담아 말한 후 대화체로 전사한 기록물을 1편 제출함.	
			30	25	20	15	10	
			* 기록물 1편당 사실, 감정, 나의 의도 중 1요소 이상이 모자랄 경우 1점씩 감점함					
	40점	듣기와 말하기의 꾸준한 실천	모둠 활동이나 집단 토론 활동 중 상대의 말과 감정을 듣거나 본인의 감정과 의도를 30회 이상 실천함	모둠 활동이나 집단 토론 활동 중 상대의 말과 감정을 듣거나 본인의 감정과 의도를 25~29회 실천함	모둠 활동이나 집단 토론 활동 중 상대의 말과 감정을 듣거나 본인의 감정과 의도를 20~24회 실천함	모둠 활동이나 집단 토론 활동 중 상대의 말과 감정을 듣거나 본인의 감정과 의도를 15~19회 실천함	모둠 활동이나 집단 토론 활동 중 상대의 말과 감정을 듣거나 본인의 감정과 의도를 10~14회 실천함	모둠 활동이나 집단 토론 활동 중 상대의 말과 감정을 듣거나 본인의 감정과 의도를 5~9회 실천함
			40	35	30	25	20	15

❷ 수행평가 사례들

학생들이 제출한 과제물은 다음과 같다.

① 듣기 실천 수행평가 사례

㉮ 친구가 시험공부 어떻게 해야 하는지 물어보는 상황

친구 나 중간고사 같아서 이번 시험은 잘 치고 싶은데 어떻게 해야 되는지 모르겠어.

나 네 말은 중간고사를 같아서 이번 시험공부 준비를 어떻게 해야 하냐는 말이지?

친구 응, 너무 모르겠어.

나 아, 지금 너는 우울하고 무기력하고 긴장되겠다. 네가 진짜로 원하는 것은 내가 공부하는 방법을 알고 싶다는 것이지?

친구 네 공부 방법과 똑같이 하는 건 좀 아니겠지? 나 스스로 내 공부 방법을 찾아볼게. 조언해 줘서 감사감사.

나 그래, 열심히 해!

[소감]

그냥 듣기를 한 것뿐인데 조언이라고 생각해 주는 친구가 너무 좋았고, 뿌듯하다. (강○○)

㉯ 계속 나 혼자만 말해서 상대방이 짜증을 내는 상황

상대 야! 나도 좀 말하자.

나 니 말은 너도 말하고 싶다는 말이구나.

상대 어!

나 그래서 너의 기분은 불쾌하고 짜증나고 지치겠구나.

상대 어!

나 그러면 니 말은 내가 그만 말하고 니가 말하고 싶다는 말이구나.

상대 그래. 이제 좀 살겠다. 그래서 걔가…….

〔소감〕
이때까지 친구가 다혈질이어서 미안할 때 어떻게 해야 할지 몰랐었는데, 이렇게 말을 해주니까 친구랑 싸워도 금방 풀리고 정말 좋은 것 같다. 앞으로는 친구랑 싸웠을 때 종종 써먹어야겠다. (정○○)

㉔ **친구가 공부 스트레스 어떻게 푸냐고 질문을 한 상황**

친구 야, 너는 공부로 인해 스트레스가 쌓이면 어떻게 풀어?

나 공부로 인해서 받는 스트레스를 어떻게 푸냐는 말이지?

친구 나는 공부 스트레스가 쌓이면 많이 답답하고 짜증나고 힘들어.

나 이 문제를 빨리 해결하고 싶다는 말이지?

친구 응, 빨리 해결하고 싶어.

〔소감〕
일단은 너무 어색하다. 그리고 초등학교 약 4학년 때부터 우리에겐 언어에 욕이 들어가는 문장이 절반이었는데 지금 쓴 문장들 중에 욕이 안 들어가니까 다른 때보다 우리말이 예뻐 보이는 것 같다. (윤○○)

감정 듣기는 감정을 들어주는 것 자체에 목적이 있는 것이 아니다. 인간은 감정적으로 편안할 때 가장 합리적인 판단을 내릴 수 있다. 감정을 들어주면 감정이 풀어져서 밖으로 나오며 마음속에선 감정의 덩어리가 해소된다. 감정의 덩어리가 해소된 자리에 자신의 밝고 맑은 본심을 발견할 수 있다. 밝고 맑은 본심대로 살아가는 사람은 인생이 행복해진다.

② 지적하기 수행평가 사례

㉮ 엄마가 나에게 휴대폰을 그만하라고 말씀하시는 상황

나 저는 엄마가 저에게 휴대폰 좀 그만하라고 말씀하시는 것을 들었어요. 학원 갔다 와서 저만의 휴식시간을 가지는 것인데 저는 당황스럽고 속상하고 조금은 어이가 없었어요. 그래서 제가 진짜 원하는 것은 앞으로 학원 갔다 와서 40분 정도는 휴대폰 할 수 있는 시간을 달라는 것입니다.

엄마 아, 엄마는 네가 항상 폰만 하는 줄 오해했네. 너도 마치고 집에서 공부하려는 마음이 있는 것 같으니까 이제 그런 말은 하지 않을게.

> 〔소감〕
> 후… '이렇게 따지는 듯이 말했다가는 엄마한테 더 혼나지 않을까?'라고 생각했지만 오히려 문제가 빨리 해결된 것 같다. 앞으로 종종 이 유용한 말하기를 사용해야겠다. (임○○)

㉯ 내가 인사할 때마다 무시하는 친구

나 나는 니가 내 인사 다 무시하는 거 봤어.

친구 엥~ 내가 언제?

나 나는 너무 어이가 없고 당황스럽고 미치겠어.

친구 어? 그렇게까지…….

나 그래서 내 인사 받아주는 게 내 소원이야.

친구 미안. 내가 눈이 안 좋아서 잘 못 볼 때가 많아.

〔느낀 점〕

친구가 눈이 좋지 않았다는 건 몰랐는데 알게 됐다. 지나갈 때마다 무시하길래 너무 화가 났었는데 좋게 해결되어 기분이 좋다.

---

⑭ **감기에 걸린 친구가 아이스크림을 먹고 있는 상황**

나 야, 너 왜 아이스크림 먹어?

친구 맛있으니까.

나 난 니가 아이스크림을 먹는 걸 봤어.

친구 응.

나 그래서 난 니가 너무 걱정되고 불안하고 속상해.

친구 응, 고마워.

나 그래서 내가 원하는 건 니가 아이스크림을 먹지 않고 감기에 다 낫는 거야.

친구 와, 감동이야.

〔느낀 점〕

친구를 걱정할 때 항상 약간 마음에도 없는 말을 하곤 했는데, 이렇게 나타내니

까 상대방도 기분이 좋고 나도 기분이 좋은 것 같다. 지적할 때도 이렇게 서로에게 감정 상하지 않고 말하는 점이 정말 좋은 것 같다.

㉒ 놀아주다가 지쳐서 앉아 있는데 사촌 동생이 자꾸 놀아달라고 하는 상황

사촌 동생 언니! 계속 앉아 있지 말고 나랑 같이 놀자!

나 나는 니가 나보고 자꾸 놀아달라고 말하는 것을 들었어.

사촌 동생 그래! 그러니까 놀자!

나 그런데 나는 피곤하고 지루하고 재미가 없어.

사촌 동생 그렇구나.

나 나는 지금 쉬고 싶어.

사촌 동생 언니도 나랑 놀아준다고 많이 힘들었구나? 그래, 우리 노는 건 그만하고 같이 쉬자!

나 그래.

〔소감〕

이런 방법으로 대화를 하지 않았을 때는 사촌 동생이 자꾸 놀아달라고 했는데, 지금 이런 방법을 사용해서 대화해 보니 잘 해결할 수 있었다.

부정적인 반응하기를 연습한 학생들의 소감은 대체로 다음과 같았다.

- 갈등 상황 해결: 친구에게 "하지 마."를 100번 하는 것보다 부정적인 말하기를 하는 것이 더 나은 것 같다.

- 이해 증진: 이 대화 방법은 어색하다는 단점 대신 상대방의 마음을 잘 알 수 있어서 좋았고, 또 상대가 대화하며 나에 대해서도 조금 이해한 거 같다.
- 관계 개선: 지적하는 말하기를 통해 친구 관계가 더 돈독해진 것 같아서 좋았다.
- 대화 목표 달성: 이렇게 말하니 친구가 정말로 미안해하고 반성하는 것 같았다.

③ 칭찬하기 수행평가 사례

㉮ 친구가 다쳤는데 그것을 걱정해 주는 모습을 본 상황

나 너는 다친 친구를 걱정을 해줬구나. 그걸 보니 너는 마음씨가 좋고, 배려심이 깊고, 남을 잘 걱정해 주는 사람인 것 같아. 그래서 나도 다른 친구들 걱정을 잘 하게 되는 것 같아.

친구 아픈 친구를 걱정해 주는 것은 당연한 거지.

[소감]
친구가 되게 기뻐하는 것 같았다. (권○○)

㉯ 친구에게 수행평가의 내용을 물어본 상황

나 나는 니가, 내가 물어본 질문에 대해 정확히 대답해 준 걸 봤어.

친구 그래.

나 그걸 보면 승필이 넌 다른 사람의 말을 집중해서 잘 들어주는 것 같아.

그리고 해결 방향을 정확히 제시해 주고 문제를 해결할 수 있도록 도와주는 의지할 수 있는 아이인 것 같아.

친구 그렇구나.

나 너의 모습을 보고 나도 너처럼 다른 사람의 말을 잘 들을 수 있도록 더 신경 써서 말을 할 수 있을 것 같아.

친구 그래, 열심히 해.

> 〔소감〕
> 나에게 도움을 준 친구에게 제대로 감사 인사를 전할 수 있게 되었다. (서○○)

㉮에서는 '걱정하는 말하기'를 하는 친구에게 '긍정적인 반응'을 해주었더니 친구가 기뻐했다. 이것이 가장 기본적인 효과이다. ㉯에서는 '감사'의 말이 "고마워."가 전부인 줄 알았던 학생이 더 적절한 인사말을 발견해서 기뻐한다. 교육과정 성취기준 [12화작02-08]에 '부탁, 요청, 거절, 사과, 감사의 말'을 다루고 있다. 이 중 '거절'은 부탁하는 말을 들은 후 부정적인 감정이 들 때 하는 말이므로 지적하기의 표현법을 쓰면 되고, '감사'는 긍정적인 감정이 들 때 하는 말이므로 ㉯처럼 칭찬하기의 표현법을 쓰면 된다.

칭찬하기를 연습한 학생들의 소감은 대체로 다음과 같았다.

- 영향 미침: 동생이 나를 보며 오랜만에 누나에게 칭찬을 받아 기분이 좋은 것 같아 보였다.
- 행동 강화: 다음번에 할아버지나 할머니들을 만나게 되면 도와드려야

겠다.

- 기분 좋아짐: 나의 칭찬으로 친구가 기분 좋아하는 걸 보자 내 기분도 덩달아 좋아졌다.
- 칭찬 화법 숙달: 착하다는 말을 자주 듣는 친구에게 정확하게 어떤 면이 착한 건지 잘 알려준 것 같아서 뿌듯하다.

❸ 대화 원리 교육의 장기적인 효과

학생들이 처음에는 수행평가를 위해 정해진 형식의 대화를 하지만 평가가 끝난 이후에도 교사가 수시로 강조를 하면 나중에 자기도 모르는 사이에 대화의 형식에 맞는 대화를 하게 된다.

학생 1 부산대 조모임에 갈까 말까?

학생 1은 대학 신입생으로 아직 입학 전이고, 조모임에 갈지 말지 고민하고 있었다. 학생 2는 그 말을 듣고 평소에 듣기·말하기 연습을 하라는 내 말을 떠올렸다.

조모임에 당연히 가야지 (×)
조모임 같은 걸 뭐하러 가니 (×)
그건 네가 결정할 일이지 (×)

이런 말 대신 선택한 것이 아래의 대화이다. 학생 2는 이 일을 겪고 신기해서 중학교 때 가르친 나에게 알려온 것이다.

학생 1 부산대 조모임에 갈까 말까?

학생 2 아, 부산대 <u>조모임 갈까 말까 고민하고 있냐?</u>

학생 1 엉.

학생 2 <u>고민되겠네.</u>

학생 1 응. 아무래도 가는 게 낫겠지? 오티도 안 갔는데…… 괜히 밉보일 것 같다.

학생 2 <u>오티는 안 갔으니까 조모임은 가는 게 낫다는 거지?</u>

학생 1 응. 아, 가야겠다.

학생 2 결정됐네. 가라.

대학에서 강의할 때 대학생들에게 이 대화법을 직접적으로 가르치지는 않지만 학생을 대하는 팁으로 알려준다. 종강하고 뒤풀이하는 자리에서 너도나도 "교수님이 알려주신 거 써먹어 봤어요." 이런 말들을 했다. 다음은 그 가운데 한 사례이다.

학생 전에 배운 거 써먹어 봤어요.

교사 어떻게요?

학생 제 동생이 문과 이과를 고민하고 있었는데요. 이전 같았으면 "너 이과 가!" 이랬을 건데 이번에는 이렇게 했어요.

학생 문과 이과 중 어디로 가야 될지 모르겠다는 말이구나?

동생 응.

학생 기분이 어때?

동생 답답하고 갈등 되고 고민되고… 아, 모르겠다. 이렇게 감정 표현도 못 하니 난 이과를 가야겠어.

그리고 SNS에서 다음과 같은 대화를 하고서는 자랑스럽게 교사에게 알려준다.

'노답새끼'라는 말을 하는 것을 보았어. 그래서 내 기분이 정말 나쁘고 슬프고 어이없어. 그러니 나에게 '노답새끼'라고 한 것에 대해 사과해 줬으면 좋겠어.

그리고 이런 일도 있었다. 자율적으로 신청하는 야간자습반을 운영할 때였다. 대학생 멘토가 학생들을 감독하고 나는 교무실에서 논문을 쓰고 있었는데, 야간 경비를 하시던 주사님이 찾아왔다. 그리고 나에게 학생 5명이 야간자습 교실이 아닌 음악실에서 밴드 연습을 하고 있는데, "야간자습 교실만 쓴다고 하지 않았냐?" "음악실 관리는 누가 할 거냐?"라고 역정을 냈다.

음악실 가서 물어보니 아이들은 밴드반 선생님께 음악실 사용 허락은 받았고 금요일에 공연이 있어서 연습하는 중이라고 했다. 물론 나에게 야자 빠진다는 말은 하지 않았고, 나도 밴드반 선생님한테 들은 이야기가 없었다. 강제 야자도 아닌데 이렇게 할 거면 내일부턴 밴드 연습 사유로 남고, 너희들 감독은 밴드반 선생님이 해야 된다고 말하고 야간자습반은 안 와도 된다고 했다.

마치고 집에 왔는데 3명이 페이스북 메신저로 메시지를 보냈다. 아마

이 중에 똑똑한 한 명이 이렇게 보내면 내가 좋아할 거란 걸 알고 친구들에게 이렇게 보내라고 시킨 듯하지만 알 수 없는 일이다. 학생들이 보낸 메시지 내용은 다음과 같다.

학생 1 안녕하십니까, 선생님. 3학년 2반 ○○○입니다. 야자 시간 때 말씀드리지 않고 저희의 의견만으로 마음대로 밴드부 연습을 가서 죄송합니다. 현재 저는 후회되고 선생님께 죄송한 마음이 들고, 별생각 안 하고 행동한 저 자신이 한심하게 느껴지는 것 같습니다. 다시는 그러지 않고 야자를 정말 착실하게 열심히 해서 기대한 만큼의 성적을 내보이도록 하겠습니다. 죄송하고 사랑합니다, 선생님!

학생 2 선생님, 저희가 야자 시간에 선생님께 말씀드리지 않고 밴드 연습하러 가서 기분이 상하고 나쁘고 짜증나실 것 같습니다. 저희의 기분은 착잡하고 슬프고 후회되고 송구하고 죄송스럽습니다. 선생님께 말씀드리지 못한 점 죄송합니다. 저희가 진짜로 바라는 것은 야자 빠진 걸 한 번만 봐주시는 것입니다. 선생님, 한 번만 봐주시면 안 되겠습니까? 다시는 그러지 않고 야자 시간 때 열심히 공부해서 성적을 올리겠습니다. 죄송하고 사랑합니다, 선생님!

학생 3 야자 시간에 마음대로 밴드 연습을 가서 죄송합니다. 저의 기분은 지금 착잡하고 죄송스럽고 후회됩니다. 생각을 좀 더 해보고 올라가지 말자고 아이들한테 말을 해야 했는데, 제가 실수를 했습니다. 죄송합니다. 선생님, 지금 선생님의 기분은 화가 나시고 어이가 없고 짜증나실 것입니다. 선생님이 진짜로 원하시는 것은 저희가 제대로 말씀을 드리고 연습을 하거나 아예 하지 않은 것이겠지요. 저희가 잘못 생각을 했습니다. 죄송합니다, 선생님.

첫 번째 아이는 부정적인 반응으로서의 말하기를 했다. 두 번째 아이는 듣기 후에 부정적인 반응으로서의 말하기를 했다. 세 번째 아이는 부정적인 반응으로서의 말하기를 한 후에 듣기를 했다. 가장 와닿는 패턴은 역시 두 번째이다. 여기서는 교사인 내가 불편한 감정을 말하는 화자이고, 메신저를 보낸 학생이 교사의 말에 반응을 하는 상황이다. 그렇다면 학생은 교사의 말에 대해 '듣기'를 먼저 하고 그다음에 자신의 감정을 담은 '말하기'를 하는 것이 가장 효과적인 방법이 된다.

담임을 할 때도 "쟤가 놀렸어요." "쟤가 때렸어요." "쟤가 제 물건 안 돌려줘요." "쟤가 내 과자 뺏어 먹어요." "쟤가 청소 안 해요." "쟤가 주번 안 해요." 이러면 보통은 "쟤가 놀려서 짜증났겠다." "쟤가 때려서 화가 났구나."라고 받는다. 어느 해에는 아이들이 스스로 실천하기를 바라는 마음에서 답을 바꿨다.

"그래서 기분이 어떤데?" 그러면 아이들이 "짜증나요." 한다. 그러면 "두 개만 더 해봐."라고 한다. "억울하고 화가 나요."라고 한다. 그러면 "네가 원하는 건 뭐야?"라고 한다. 그러면 "쟤가 사과하는 거요." 한다. 즉 학생들이 지적하기를 실천할 수 있도록 이끌어주는 것이다.

이 정도 하면 이미 아이 표정은 다 풀어져 있다. 하지만 쐐기를 박아야 한다. "그래. 잘했다. 이제 이어서 말해봐. 나한테 말고 쟤한테." 그러면 아이가 이렇게 말한다. "나는 네가 놀려서 짜증나고 억울하고 화가

나. 내가 진짜 원하는 것은 나한테 사과하는 거야."

이걸 자습 시간, 조례 시간, 쉬는 시간, 청소 시간, 종례 시간 내내 무한 반복한다.

어느 날 컵 만들기 체험을 하러 갔다. 각자 자기가 좋아하는 컵을 만들면 된다. 그런데 어떤 아이가 이렇게 만들어서 나에게 선물했다.

가운데 컵 속 그림이 나를 그린 것이다. 저 얼굴의 뒷면에는 이렇게 적혀 있다.

이 컵을 받은 나의 기분은 흐뭇하고 기쁘고 뿌듯하고 고마웠다. 그리고 2월 마지막 수업에서 반장은 이런 편지를 썼다.

선생님이 마지막에 지키라고 하신 것 80살 넘어 90살, 100살까지 지킬게요. 걱정 마세요. 저도 지금까지의 국어 수업이 너무 재미있었습니다. 예전에는 국어 시간이라 하면 교과서 안의 지문을 한 문장씩 읽고 문제 풀고 시험공부하고 그게 끝이었는데, 선생님과는 정말 신기한 것들, 살면서 다시 해볼까 싶은 것들도 해보고 배우게 되어서 너무 즐거웠어요. 친구들에게 다음 교시 수업이 뭐냐고 물었을 때 "국어"라고 대답하면 '아싸!' 하게 될 정도로요.
그리고 무언가 애기할 때도 다른 선생님들은 그냥 '이렇게 해라' '그랬구나' '힘내라' 같은 평범한 말뿐이었는데, 선생님은 항상 기분이 어떤지 물어봐주셨어요.
선생님은 아마 제 최고의 국어 쌤이실 거예요. 감사합니다. 오래오래 사세요!

2학년 1반 반장 김○○ 올림

5. 언어문화 개선 수행평가

학생들과 누리소통망(SNS)으로 소통하다 보면 틀린 맞춤법과 비속어 남용에 눈살이 찌푸려지는 때가 한두 번이 아니다.
비속어는 쓰는 사람도 기분이 안 좋고 듣는 사람도 기분이 안 좋아진다. 어떨 때는 비속어 때문에 말로 시작한 싸움이 물리적인 폭력이 되어 서로의 상처를 키우기도 한다. 따라서 학교에서는 아이들에게 비속어를 쓰지 않도록 반드시 교육해야 한다.

그런데 비속어를 쓰지 않도록 하는 교육에는 문제가 있다. 아이들이 비속어를 쓰지 않는 것까지는 좋은데 비속어 대신 쓸 수 있는 말을 알려주지 않는다는 점이다. 그러면 어떤 기분 나쁜 상황이 닥쳤을 때, 예전 같으면 비속어를 썼겠지만 이제 쓰지 않기로 약속한 아이들이 비속어 대신 바꿔서 쓸 말이 미처 떠오르지 않게 되어 또다시 비속어 말투로 돌아가게 된다.

학생들에게 "비속어를 쓰지 마라." 대신에 어떤 교육이 더 필요할까? 언어 습관을 바꾸기 위해서는 어떤 말을 하지 말라고만 하지 말고 '그 말 대신 무슨 말을 해야 하는지'를 알려주면 된다. 그것이 바로 지적하기 3단계이다.

학생들이 친구 때문에 기분 나쁠 때 비속어를 쓰는 이유는 그게 자신의 마음을 시원하게 해주리라 믿기 때문이다. 하지만 친구 때문에 기분 나쁘고, 욕한다고 혼나서 더 기분 나빠진다. 친구 때문에 화가 난다면 욕이나 비속어를 쓰는 대신에 '화'라는 감정을 직접 얘기하는 것이 도움이 된다는 점을 학생들이 깨닫고 실천하게 해야 한다.

이를 위해 평소에 기분 말하는 법을 연습하는 것이 가장 중요하다. 학생들은 기분을 나타내는 어휘를 잘 모른다.

"기분이 어떻니?"라고 물어보면 "그냥 그래요."라거나 "잘 모르겠어요."라고 한다. 모르는 것은 감정이 무뎌진 것이다. 자기감정에 무딘 사람은 상대의 감정에 공감하기도 어렵다.

아이들에게 이렇게 말해보도록 도와주자. "너의 그런 말을 들으니 나는 화가 나." "너의 그런 행동을 보니 나는 속상해." "나는 외로워." "나는 혐오스러워." "나는 구역질 나." "나는 짜증나." "나는 불안해." 이런 말을 하면 할수록 욕하거나 비속어를 쓸 때보다 마음이 시원해지고 상대에게 미치는 영향력도 커짐을 느낄 수 있다.

다음에서 '찬희'는 누리소통망의 저주하는 게시물에 '민준'을 호출했다. 민준은 화가 나서 욕을 했지만 찬희는 오히려 비웃는다. 이때 교사가 민준에게 "욕하면 안 돼."라고 개입했다 힌들, 민준도 더 이상 어찌할 바를 몰랐을 것이다. 하지만 교사는 지적하기 말법을 이미 교육했고 민준에게 그 점을 일깨우자 찬희는 민준에게 사과를 하게 된다.

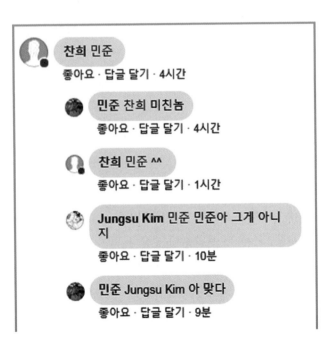

> 민준 찬희야 난 니가 나보고 저주를해서 기분이매우 안좋고 슬펐어
> 좋아요 · 답글 달기 · 9분

> 민준 니가 나에게 사과를 해주었으면 좋겠어
> 좋아요 · 답글 달기 · 9분

> 찬희 그래 민준아 기분나빴다면 내가 진심으로 사과할께 미안해
> 좋아요 · 답글 달기 · 8분

> 민준 그래 우리 더사이좋게 지내자^^
> 좋아요 · 답글 달기 · 7분

> 찬희 그래 민준아^^
> 좋아요 · 답글 달기 · 7분

잘못된 말이나 행동을 하지 말라고만 하지 말고 그것을 대신할 다른 말이나 행동을 하게 제시해 주는 교육은 비속어만이 아니라 어느 분야의 교육에서나 필요하다.

김평원(2012)에 따르면 비속어를 남용하는 청소년 언어문화를 개선하는 데 가장 효과적인 것은 '비속어 수첩(욕수첩)'에 날짜별로 실제 시간과 실제 발화한 욕을 기록하게 하고 이유까지 꼼꼼하게 기록하여 욕설 문화를 진단하는 보고서를 쓰는 프로젝트 학습법이었다. 이것을 응용하여 아래와 같이 언어문화를 개선하는 프로젝트 수행평가를 설계할 수 있다.

평가 개요

주제	자신과 타인의 언어생활을 반성적으로 점검하여 개선하기
평가 유형	프로젝트 수행
성취기준	29112-2.오늘날의 듣기·말하기 문화를 반성적으로 점검할 수 있다. 29112-3 전통적 말 문화의 장점을 계승하고 건전한 말 문화를 형성하는 태도를 지닌다. 29410-2 사회·문화적 맥락(지역, 세대, 성별, 다문화 등)과 관련된 언어 변이 현상을 설명할 수 있다.
핵심역량	의사소통 및 협업 능력, 정보 활용 능력

교수·학습 활동 및 평가 계획 (2차시)	차시	교수·학습 활동 계획	평가 계획
	1	현대의 언어생활의 특성을 전통문화와 비교하여 사례를 수집하고 성찰한다.	[문항 1] 모둠원을 관찰하여 나쁜 대화 사례를 수집
	2	현대의 언어생활 중 반성할 부분을 대안을 제시하여 개선한다.	[문항 2] 모둠원의 나쁜 대화 개선 사례를 제출

평가 시기	8~10월	반영 비율	20%

평가 준거(모둠평가)

문항	평가 요소	배점	평가 준거				
[문항 1] 나쁜 대화 사례를 수집	나쁜 대화 사례	50	사례를 40개 이상 수집하였다.	사례를 30~39개 수집하였다.	사례를 20~29개 수집하였다.	사례를 10~19개 수집하였다.	사례를 10개 미만 수집하였다.
			50	45	40	35	30
[문항 2] 나쁜 대화 개선 사례	대화 개선 사례	50	사례의 90% 이상에서 개선 시도를 하였다.	사례의 60~89%에서 개선 시도를 하였다.	사례의 70~79%에서 개선 시도를 하였다.	사례의 60~69%에서 개선 시도를 하였다.	개선 시도를 한 사례가 수집된 사례의 60% 미만이다.
			50	45	40	35	30
합계		100					

이 수행평가의 진행 방식은 다음과 같다.

㉮ 학기 시작과 동시에 두 달짜리 수행평가를 할 거라고 알려준다.

㉯ 학생들의 SNS 댓글을 보면서 무엇이 비속어인지 말해보게 한다.

 ㉠ 각 비속어의 의미를 알려준다.

- 좆: 어른 남자 성기
- 좆나: 좆이 튀어나온다 (좆나 – 존나 – 졸라 – 존맛, 존예, 존귀, 졸귀, JMT – ㅈㄴ, 조낸, 쥰나)
- 씹: 어른 여자 성기
- 씹할＝씹하다: 성교하다, fuck, sex (씹할 – 씨팔 – 씨발 – 시발 – 시벌 – ㅅㅂ, 씨파, 씨팍, 씨댕, 시부럴, 씹새끼, 쌉싸구, 씹가능, 씹상타취 – 쌉가능)
- 장애인: 병신 – 븅신 – ㅂㅅ
- 니어미: 니미 – 에미, 느금마
- 사람: 놈 – 넘
- 여성: 년 – 뇬 – 냔
- 아기: 새끼 – 새기

 ㉡ 비속어를 어떻게 바꾸면 좋을지 토의하게 한다.

㉰ 비속어 수행평가를 안내한다.

 ㉠ 모둠을 짜서 나와 친구의 대화를 관찰한다.

 ㉡ 비속어나 상대를 모욕하는 말을 기록한다.

ⓒ 그 말을 고상한 말로 고치도록 지적하고 결과를 기록한다.

ⓔ 40개 이상 모은다.

㉱ 성공을 위한 요인

ⓐ 비속어를 보는 순간 그 욕의 본래 이미지가 저절로 떠오르도록 의미를 확실히 익혀야 한다. JMT를 보고 '좆'의 이미지가 눈앞에 떠올라야 한다. 누가 '존나'라고 말할 때 남자 성기의 사진을 내 눈에 들이미는 것과 같은 느낌을 받을 정도로 언어 감수성을 길러야 한다. '씨발'이라고 할 때 남녀의 성교 이미지가 떠올라야 한다.

ⓑ 비속어를 대신해서 속 시원하게 나의 심정을 표현하는 말법을 배워야 한다. 비속어 없이도 재미를 느낄 수 있고, 비속어 없이도 화가 풀리고 상대에게 큰 영향을 줄 수 있는 말법인 '부정적인 반응으로서의 말하기' 3단계를 훈련한다.

㉲ 욕이 섞인 만화로 역할극을 하고 영상을 본다.

- 18존나게재수없어: http://nsfwyoutube.com/watch?v=5BumgMXBwUs
- 쓰레기: https://www.youtube.com/watch?v=ehIhxz7VfxE
- 정상수: https://abt.tumblr.com/post/187494725555
- 깡패애인: https://abt.tumblr.com/post/187495136646

ⓐ 나머지 학생들은 다 듣고 기분이 어떤지 물어본다.

ⓑ 다들 "너무 심하다."라고 말한다.

ⓒ "그럼 어느 정도로 쓰면 적당한가?"라고 물으면 '존나' '시발' 몇 개만 남기고 고쳐 읽는다.

ⓔ 우리의 목적은 그 '적당한' 몇 개마저도 안 쓰는 아름다운 언어문화를 만드는 것임을 다시 한번 주지시킨다.

ⓗ 수행평가 시범을 보인다.

ⓐ 이럴 때 '부정적인 반응으로서의 말하기' 방식으로 표현해야 한다고 알려준다.

ⓑ '부정적인 반응으로서의 말하기' 방식으로 바꿔서 표현하도록 지적하고 그 결과를 적어오는 것까지가 수행평가이다.

ⓒ '링 암기카드' 작은 걸 나눠주고 1장에 사례 1개씩 40개를 적어오게 한다. (학생들이 수행평가를 진행하는 동안 계속해서 진도를 나간다.)

ⓙ 욕의 특성 1

ⓐ 가장 자극적인 것을 추구한다: 좆, 씹, 개(성기, 동물, 가족)

ⓑ 개공감, 개웃겨, 개호감…… 이것은 비속어인가? '왕짜증, 캡좋아, 짱맛있어, 핵공감' 하다가 그 모든 게 시들해지면 '개짜증, 개좋아, 개맛있어, 개공감'으로 바뀐다. '개'가 시들해지면 '씹짜증, 씹좋아, 씹맛있어, 씹공감'이 되는 것이다.

ⓚ 욕의 특성 2

ⓐ 상대를 최대한 비하해야 한다: 놈 대신 년, 사람 대신 개(개가 인간과 짐승의 경계)

ⓛ 메갈에서 상대를 비하하는 법: 좆대로 대신에 봊대로, 좆나 대신에 봊나, 좆같다 대신에 봊같다, 느금마 대신 느개비……

㉗ **욕의 특성 3**

ⓖ 말을 변용한다: 존나-졸라-조낸, 씹새끼-쌉싸꾸, 병신-붕신, 개소리-멍멍이소리

ⓛ '프듀 101'이 마음에 안 든다: 좆듀

ⓒ 간지로 의미가 약하다: 씹간지

ⓓ 맛있다로 약하다: 개맛있다.

㉘ **감정을 표현하는 어휘 부족**

ⓖ 음악 감상평 1: 건전한 칭찬 https://abt.tumblr.com/post/187492185683

ⓛ 음악 감상평 2: 욕으로 칭찬(앞부분 조금 들으면서 분위기 보여주고 6분 00초로 건너뛰기) https://abt.tumblr.com/post/187492425041

학생들의 수행평가 결과는 다음과 같다.

아이들의 소감문은 다음과 같다.

언어 개선을 하며 느낀 점

유튜브나 기사 글을 보면 욕이 담긴 댓글을 쉽게 볼 수 있다. 댓글 내용을 보면 대충 나이를 알 수 있는데, 아무리 봐도 초등학생이 적은 글 같은데 말끝마다 '씨발'을 붙였다. 밑으로는 웃기다며 'ㅋㅋㅋㅋ'를 붙였고, 그럴수록 말은 더 거칠어졌다. 그러면서 드는 생각이 '저 사람은 무슨 뜻인지 알고 쓰는 걸까?' '5년 뒤에 보면 무슨 생각이 들까?'였다. 기분 나쁨과 동시에 불쌍해 보였다. 또 정말 욕 나오는 상황에서도 그에 담긴 의미가 내 머릿속에 그려져서 입밖으로 꺼낼 수 없었다. 얼굴이 화끈거리고 욕하는 사람들이 격 떨어져 보였다.

예상치 못한 어려움

솔직히 난 처음에는 '이 수행평가는 쉽게 하겠구나.'라고 생각했다. 하지만 친구들이 욕 수행평가 때문인지 평소보다 욕을 많이 안 하는 것이다. 더 큰 문제는 날이 가면 갈수록 친구들이 쓰는 욕은 줄어들어서 단어 노트에 쓸 만한 것이 없어져서 조금 당황했다. 그래서 결국 '내 욕 수행평가는 망했구나.'라는 생각까지 들었었다.

바뀐 점

솔직히 이 수행평가를 왜 하는지 몰랐다. 어차피 선생님 없을 때는 욕 쓰고 있을 때만 하는 척하고 그럴 것 같았다. 나도 맨 처음에는 애들이 지적해도 딱히 고칠 마음도 없었고 고칠 말도 없다고 생각했다. 근데 지내다 보니 애들이 하나씩 고쳐나가는 걸 봤다. 그래서 내가 욕을 쓸 때마다 양심에 찔렸다. 그래서 나도 점점 고치게 되었다.

수행평가 전과 후

이 수행평가 전에 메모장을 주시길래 이걸로 무슨 언어 개선을 한다는 것인지 이해가 되지 않았다. 또 '70장을 어떻게 채우라는 거지.'라는 생각도 했다.

이 수행평가는 정말 대단한 것 같다. 왜냐하면 ○○학생이 항상 말끝에 비속어나 욕설을 썼는데, 아예 안 하는 것은 아니지만 욕을 줄이려고 하는 게 눈에 보였기 때문이다.

우리의 변화

수행평가가 거의 끝날 때쯤에 친구들이 거의 10개, 15개 정도 남았을 때 나에게 말했다. "나운아, 너는 왜 욕을 안 써?" 내가 욕을 안 썼었나. 그러고 보니 요즘은 욕을 별로 안 쓴 것 같기도 하고, 친구들 욕도 잘 들어본 적 없었다. 수행평가를 하다 보니 점점 욕이 안 들렸고, 나도 욕을 하지 않기 시작했다.

욕하면 왠지 찜찜해

우선 효과는 크지는 않았지만 꽤 있었다. 계속 욕에 대해 지적하다 보니 내가 욕을 할 때도 '아차' 싶은 마음이 들었다. 그리고 친구들 중 누군가 욕을 하면 다 같이 달려들어서 "다른 말로 바꿔야지!" "욕하면 안 돼." 하다 보니 모두들 조금씩 입조심 하는 것 같았다.

그런데 언젠가부터 '배 째라' 식으로 욕을 쓰는 친구들이 생겼다. 욕을 써서 뭐라고 한마디 하면 "걍 써라 써!" "어쩌라고!" 하면서 계속 욕을 썼다. 그런 친구들을 보면 참 안타깝고 한심해 보였다. 그 친구들은 이 수행평가의 의미가 욕 줄이기가 아닌 공책 채우기로 알고 있는 것 같았다. 그래도 나는 이 수행평가를 하면서 욕이 많이 줄었다. 나 말고도 많은 친구들이 그럴 것이다. 욕을 하면 뭔가 엄청나게 안 좋은 말을 하는 기분이 들어서이다.

6. 의미 공유 과정으로서의 듣기와 말하기

국어과 교육과정에는 '[9국01-01] 듣기·말하기는 의미 공유의 과정임을 이해하고 듣기·말하기 활동을 한다.'라는 성취기준이 있다. 의미 공유는 '화자'가 어떤 의미를 '말하기' 하고 '청자'가 그 의미를 '듣기' 할 때 화자의 머릿속에 있는 의미가 청자와 공유된다는 정도로 이해하면 된다.

이를 도식화하면 다음과 같다.

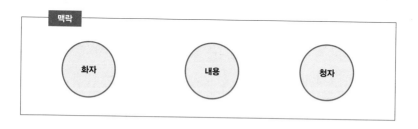

그런데 화자와 청자의 '내면'을 도식화해 보면 조금 다른 그림이 그려진다.

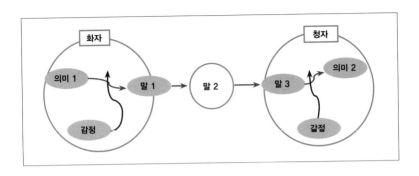

화자는 머릿속에 전달하고자 하는 의미가 있지만 '감정' 때문에 있는 그대로 전달되지 않는다. 이른바 '노이즈'로 인한 '왜곡'이 발생하는 것이다. 왜곡으로 인해 '의미 1, 말 1, 말 3, 의미 2'가 모두 다른 내용을 담게 된다.

현진건의 〈운수 좋은 날〉에서 김 첨지가 아내에게 "오라질년!"이라고 욕을 할 때, 진짜 하고 싶은 말은 "사랑해."나 "미안해."가 아니었을까? 그런데 아픈 아내에 대한 '속상함', 병원비를 못 대는 '안타까움', 병에 대한 '걱정', 돈이 없는 현실에 대한 '분노'와 '억울함', 익지도 않은 밥을 주워 먹어서 아파진 아내에 대한 '짜증', '원망', '실망' 등의 감정이 자신의 진짜 의미를 '말하기'로 표현하는 것을 막는다. 그래서 '말'이 비뚤어지게 나가는 것이다.

친구끼리 "야, 이 개새끼! 졸라 반갑네!"라고 인사를 할 때, 겉으로 드러난 '말하기'는 욕설이지만 그 속에서 전달되는 의미는 '반가움, 친근함, 기쁨' 등이며, 정말 친한 친구라면 그 '의미'를 공유할 수 있게 된다. 그러나 기분이 안 좋은 날 똑같은 말을 들었을 때 청자의 마음속에 있는 '감정'이 상대의 말을 왜곡하게 되고, 그때는 화자가 본래 의도한 의미가 왜곡되어 전달되며 주먹이 나갈 수도 있다. 그런 경우는 '의미 공유'에 실패한 것이다.

이런 관점에서 '의미 공유'의 성공과 실패는 두 가지로 설명할 수 있다. 첫째, 화자가 아무리 개떡같이 말해도 청자가 찰떡같이 알아들어서 화자가 본래 의도한 '의미'를 공유하는 데 성공하는 경우이다. 이는 '듣기'를 통한 의미 공유이다. 둘째, 청자가 아무리 벽창호에 사이코패스라도 화자의 진심을 정확하게 전달하고 수용하게 만들어서 '의미 공유'에 성공하는 경우이다. 이는 '말하기'를 통한 의미 공유이다.

❶ 듣기를 통한 의미 공유

① 강의, 강연, 연설 등(공식적인 말)에서의 의미 공유

이런 경우에는 일방적으로 전달되는 화자의 말을 '이성적'으로 잘 이해하고 메모를 하며 듣는 수밖에 없다.

② 대화(비공식적인 말)에서의 의미 공유

우리가 관심 있는 것은 '대화'라는 장르에서의 의미 공유이다. 아래 대화는 앞에서도 한번 다루었던 내용인데, 학생과 교사 간 의미 공유가 이루어지고 있다.

[상황] 선생님이 독서경진대회 참가자에 한 학생을 추천했는데, 별말 안 하고 있다가 대회 날짜가 가까워지자 갑자기 찾아왔다.

학생 선생님, 저 독서경진대회 안 나가면 안 돼요? ⓐ

교사 독서경진대회 나가는 게 부담이 되나 보네.

학생 그거 제가 신청한 것도 아니고 선생님이 맘대로 이름 넣은 거잖아요.

교사 아, 선생님이 네 의견을 안 물어보고 맘대로 추천해서 맘이 불편했나 보구나.

학생 네. 그리고 같이 나가는 제 친구는 똑똑하고 책도 많이 읽는 앤데 저는 공부도 못하는데 나가서 웃음거리 되면 어떡해요?

교사 네가 네 친구랑 비교당해서 웃음거리 될까 봐 걱정이 되나 보네.

학생 네. 그리고 이제 시간도 얼마 없는데 책도 안 읽었단 말이에요.

교사 아, 아직 책을 못 읽었는데, 책 읽을 시간이 부족해서 걱정되는구나?

학생 네. 엄청 걱정돼요. 책 목록 적어준 종이도 잃어버렸거든요. 한 장만 더 출력해 주시면 안 돼요? ⓑ

교사 그래, 책 목록 또 적어달라고 하면 내가 화낼까 봐 많이 걱정했겠구나. 괜찮아. 바로 출력해 줄게.

학생 네. 고맙습니다.

ⓐ와 같은 학생의 말을 들은 교사라면 일반적으로 '이 아이가 독서경진대회에 나가기 싫다는 말이구나.'라고 생각하고 그에 대한 여러 가지 반응하는 말하기를 할 것이다. 그런데 이 사례에서 교사는 학생의 '감정'을 들어서 그 감정으로 인한 왜곡된 말 속의 본심, 즉 학생이 의도

한 본래 의미를 공유할 수 있었다. 그것이 바로 ⓑ이다.

학생은 독서경진대회를 안 나가려고 선생님을 찾아온 것이 아니다. 독서경진대회용 종이를 잃어버렸는데 다시 달라고 하면 잃어버렸다고 혼날 것 같은 두려움, 변명해야 하는 구차함, 부담감 등의 감정을 느끼고는 아예 대회를 안 나간다고 함으로써 책 목록이 없어도 되는 상황이 되기를 바라는 '말하기'를 한 것이다. 하지만 이것은 본심이 왜곡된 표현일 뿐이다.

교사는 적절한 '듣기'를 통해 학생이 본래 의도한 '의미'를 학생과 공유할 수 있었다.

아래 대화는 진로에 대해서 고민하는 중학교 3학년 학생과 나눈 문자 메시지이다.

학생 쌤… 난 크면 멀 할 수 있어요? ⓐ

교사 커서 뭐가 될지 궁금한가 보네

학생 네

교사 머릿속에 뭐가 잘 안 떠오르나 보다

학생 갑자기 커서 뭐 하고 살지 궁금해졌어요 ㅌㅌ

교사 궁금하기도 하고 좀 걱정되기도 하고 그렇니?

학생 넵 ㅌㅌ

교사 특별히 되고 싶은 것도 없고, 특별히 잘하는 것도 없고, 그냥 이렇게 살다가 어른 되면 뭐 해서 먹고 살지? 이런 생각이 드나 보네

학생 하고 싶은 건 있어요 ㅋ

교사 오 하고 싶은 건 있구나

학생 이런 소리 하면 좀 그럴 거 같은데, 유치원 때부터 티비에 나오는 탤런트 되고 싶었어요

교사 아 옛날부터 티비에 나오는 탤런트가 되면 좋겠다 생각은 하는데 막상 정말로 될 수 있을까 하는 생각도 들고, 탤런트 해도 진짜 떠서 잘나가야 돈도 많이 벌 건데 그냥 무명 탤런트 해서는 먹고 살기 어려울 것 같기도 하고 그런가 보네?

학생 살짝 자신감이 없어용

교사 자신감이 없는 거구나?

학생 네 그런 거 같아요

교사 괜히 탤런트 한다고 이리저리 돈 쓰고 시간 쓰고 하다가 결국 못 되면 어쩔까 걱정도 되고⋯ 그래서 만약 탤런트 안 할 거면 뭐 해서 먹고 살지? 하는 궁금증이 갑자기 생겼나 보네?

학생 네⋯ 역시 쌤

교사 이제 고등학교도 올라가는데 진로가 막연해서 조금 불안하겠다. 살짝 고민이 되겠네?

학생 네 어떡하죠? ㅋㅋ

교사 너는 집안 사정도 잘 알고 그래서 책임감도 조금 느끼는 상황이니까 더 고민되고 걱정되겠다

학생 어쩌죠? ㅋㅋ

교사 내 생각엔 탤런트가 꼭 되느냐 안 되느냐보다 <u>확실한 직업이 정해지고 네 힘으로 그 직장을 구할 수 있으면 좋겠다</u>ⓑ고 생각하는 것 같은데⋯

학생 오⋯ 고마워요 쌤 ㅎㅎ

학생은 불안, 걱정, 두려움, 후회, 주저함 등으로 일단 문자를 보내긴 했는데, 자기가 무엇을 궁금해하는지, 자신의 미래에 대해서 뭘 걱정하는지 정확하게 이해하지 못하고 있다. 그래서 막연하게 교사에게 '나는 커서 뭐 해서 먹고 살죠?'라는 막연한 질문을 '말하기'로 표현한다. 그런 질문을 듣고 교사가 해줄 수 있는 답은 없다. 학생이 진짜 의도하는 의미를 찾아가야 한다. 그 방법은 듣기이다.

위의 예에서 교사가 발화할 차례에 하는 모든 말은 겉으로 보기에는 '말하기'이지만 엄밀한 의미에서 '듣기'라고 불러야 한다. 말하기가 표현·생산이고 듣기가 수용·이해라고 볼 때, 교사의 발화는 자신의 생각을 표현·생산한 것이 아니라 학생의 말을 수용·이해하기 위한 발화이기 때문이다. 모든 대화에서 위의 교사와 같은 발화를 해야만 진정한 의미 공유가 이루어질 수 있다.

이때 숨은 뜻, 즉 학생의 본심은 교사가 족집게처럼 맞힐 수 있는 것이 아니다. 학생의 사실과 감정을 하나하나 따라가다 보면 드디어 교사에게 학생의 '숨겨진 본심'이 보이게 된다. 그러면 의미 공유는 성공한 것이고, 학생은 자기도 미처 모르던 자신의 본심을 찾았기 때문에 속이 시원한 상태에서 대화를 마칠 수 있게 된다. 대화의 끝에서 의미 공유가 성공하기 때문에 대화, 즉 듣기와 말하기는 바로 의미 공유의 '과정'이 되는 것이다.

이러한 '듣기'의 방법을 학생들에게 가르치면 학생들끼리도 싸우지 않고 대화할 수 있게 된다. 특히 상대방이 나에게 기분 나쁜 말을 했을 때 '듣기'를 통해 그 기분 나쁜 말의 아래에 숨어 있는 상대의 '본심'을 듣는 힘을 통해 서로의 진심을 공유할 수 있게 되어 갈등과 다툼이 줄어

든다. 다음은 학생들이 수행평가로 수집해 온 사례이다.

㉮ 엄마가 저녁 반찬을 다 만드셨는데 치킨을 사달라고 한 상황

나 오늘 '더 썬 치킨' 할인하고 있는데 사주시면 안 돼요?

엄마 이미 반찬 다 만들었는데…….

나 반찬을 다 만드셨다고 하셨죠?

엄마 그래.

나 그런데 제가 치킨을 사달라고 해서 서글프고 섭섭하고 속상하셨겠네 요?

엄마 응.

나 어머니는 제가 치킨을 안 먹고 어머니가 만드신 반찬을 먹기를 원하시 겠네요?

엄마 응. 그러니 내일 치킨 먹고 오늘은 엄마가 만든 반찬 먹자.

나 네.

〔소감〕

원래는 엄마를 배려하지 않고 치킨을 먹으려고 했을 텐데 엄마의 마음을 이해 해 엄마의 마음에 상처를 입히지 않을 수 있었다. 그래서 이 듣기가 타인을 존 중·이해할 수 있게 해주는 것이라는 사실을 알게 되었고, 듣기가 따뜻하다는 것도 느꼈다. (임○○)

▶ 이 학생은 엄마의 말을 '듣기' 함으로써 엄마의 마음을 이해하고 엄마가 본래 의도한 '의미'를 공유하게 되었다.

㉯ 친구가 미술 준비물을 사야 되는데 돈이 없어서 요청한 상황

친구 ○○아!

나 왜?

친구 나 미술 준비물 내일 사 가야 되는데 돈이 없어.

나 그니까 니 말은 미술 준비물 사야 되는데 돈이 없다는 거지?

친구 맞아.

나 그러면 넌 불안하고 속상하고 당황했겠구나?

친구 맞아 맞아.

나 내가 돈을 빌려줬으면 좋겠다는 말이구나?

친구 응, 고마워.

나 알겠어. 목요일에 줄게! 그리고 갚아.

〔소감〕

사실 빌려주기 싫었는데 이런 대화를 하니까 빌려주고 싶었다. (황○○)

➡ 이 학생은 친구의 말을 '듣기' 함으로써 친구의 마음을 이해하고 돈이 필요한 친구의 심정을 공유할 수 있게 되어 돈도 빌려주게 된다.

㉰ 친구가 나에게 고민을 메시지로 털어놓는 상황

친구 아, 계속 ○○이가 나한테 짜증내서 정말 싫어

나 니 말은 ○○이가 너한테 짜증나게 한다는 말이구나?

친구 어

나 그렇다면 너는 속상하고 우울하고 왜 그러는지 궁금하겠구나?

친구 아니, 우울하진 않아

나 니 말은 우울하진 않다는 말이구나?

친구 그래

나 그러면 넌 정말 속상하고 짜증나고 왜 그러는지 궁금하겠구나?

친구 응

나 네가 진짜로 원하는 것은 그 친구랑 정말 친해지고 싶은데 싸워서 잘 안 풀린다는 거구나?

친구 어. 이렇게 속이 시원한 적은 처음이야 ㅋㅋ

〔소감〕

친구가 괜히 나에게 그런 말을 하는 것이 아니라는 것을 느꼈다. (정○○)

➡ 이 학생의 '듣기'가 성공한 것은 친구의 반응인 '이렇게 속이 시원한 적은 처음이야'에서 알 수 있다.

㉑ **친구가 숙제를 안 해서 나에게 도움을 청한 상황**

친구 나 학원 숙제 안 했는데 어떡하지? 하루 만에 다 할 수 있는 양도 아닌데.

나 숙제를 안 했다는 말이지?

친구 응. 어떡하지?

나 넌 지금 참 속상하고 염려되고 걱정되겠구나. 그렇지?

친구 응. 맞아.

나 넌 지금 숙제를 다 하고 싶은데 그러지를 못하겠다는 말이구나?

친구 응 맞아. 일단 한번 최선을 다해보고 못 한 건 쌤한테 말해야겠다. 최대한 해볼게. 암튼 고마워!

결국 최선을 다해서 다 풀어왔다는 전설이…… 이 듣기, 말하기 방법이 사람의 심리를 이용한 아주 효율적인 방법인 것 같다. 진짜 대단하다. (김○○)

➡ 상담에서 '내담자는 답을 알고 있다.'와 같은 원리가 적용된다.

⑭ 내일이 금요일이라는 친구의 말을 듣고 있는 상황

친구 ○○아, 내일 금요일이다.

나 아, 내일이 금요일이구나.

친구 응.

나 내일이 금요일이니까 하루만 더 버티면 주말이어서 기쁘고 신나고 설레겠다.

친구 웅웅.

나 내일이 빨리 왔으면 좋겠지?

친구 엉! 어떻게 알았어?

나 나도 내일이 빨리 왔으면 좋겠다.

친구 그래. 내일 봐.

국어 시간에 배운 듣기 방법을 사용하니까 친구들의 마음을 더 잘 헤아릴 수 있어서 친구들과 친구 사귀기에 좋은 방법 중 하나인 것 같기도 하다. 매년 새 학기 때 이 방법을 써먹으면 좋을 것 같다. (김○○)

➡ 다른 사람의 말을 들어준다고 할 때, '듣기'의 수준에 따라 대화의 깊이가 달라짐을 알 수 있다. 특히 '친구들의 마음을 더 잘 헤아릴 수 있어서'라는 말은 바로 '의미 공유'가 성공했다는 뜻이다.

❷ 말하기를 통한 의미 공유

① 공식적인 말: 강의, 강연, 연설, 토론

이런 경우에는 청중과 발화 상황에 맞게 인지적이고 논리적인 말하기 훈련을 하는 수밖에 없다.

② 비공식적인 말 1: 화제 중심의 말하기

대화를 하다 보면 자신이 주도적으로 대화를 이끌 때가 있다. 이런 경우에도 '화술'이 필요한데, 재미있고 청자가 흥미를 가지도록 말하는 방법은 따로 훈련해야 한다.

그러나 대화에서 모두가 주도적으로 대화를 이끌려고 하면 말하는 사람만 있고 듣는 사람은 없는 대화가 된다. 사람들은 자기 이야기를 들어주는 사람을 좋아하므로 이러한 '화제 중심의 말하기'는 학생들에게 딱히 가르치지 않아도 좋다.

③ 비공식적인 말 2: 반응 중심의 말하기

대화 교육에서 학생들에게 필요한 말하기는 '반응 중심의 말하기'이다. 이것은 어떻게 보면 여전히 '화자'가 아니라 '청자'의 몫이기도 하다. 적극적 듣기를 넘어서서 적극적이고 능동적인 청자의 역할을 하는 것으로, 화자의 발화가 끝난 후 청자의 발화 차례가 되었을 때, 자신의 이야기를 생산·표현하는 것이 아니라 방금 끝난 화자의 이야기에 대한 '반응'을 표현하는 것이다.

칭찬하는 반응은 잘하면 좋지만 못해도 큰 문제는 없고 서로서로 기분 좋게 의미를 공유할 수 있다. 감정적인 노이즈가 끼지 않기 때문이다. 그에 비해 지적하는 반응을 표현하는 말하기는 기분이 나쁠 때 하는 말하기이므로 감정의 노이즈 때문에 제대로 전달하기 어렵다. '내가 기분 나쁘다.'라는 의미가 상대방과 제대로 공유되어 자신이 원하는 대화의 결말을 얻어내기가 어렵다.

교사가 적절한 듣기 화법을 구사한다면, 사실 학생을 지적할 일이 별로 없다. 학생이 교사를 공격하는 듯한 말을 하더라도 듣기를 통해 의미 공유 과정을 거치면 학생의 따뜻한 내면을 교사가 느낄 수 있게 되기 때문이다. 그래서 교사의 지적 사례는 별로 없어서 지적하는 말하기의 사례는 학생들의 수행평가에서 가져왔다.

나 ○○아, 나는 네가 나에게 못생겼다고 하는 카톡을…… 나는 아무것도 안 했는데 그런 말을 들어서 기분이 나쁘고 자존심도 상하고 어떻게 대처해야 될지 몰라서 당황스러웠어. 앞으로는 그러지 말아줬으면 좋겠어. 장난일 수도 있으니까.

친구 니가 그렇게까지 생각하는 줄 몰랐어. 니가 그렇게 생각했다면 미안해. 나는 장난으로 한 말인데 너는 안 좋게 들렸나 봐. 앞으로는 내가 조심할게. 앞으로도 기분 나쁜 일들 있으면 바로 얘기해 줘.

나 그래. 내일 보자.

〔소감〕

친구와의 갈등이 이렇게 빨리 풀릴 줄은 몰랐다. 역시 내 감정을 솔직하게 털어 놓는 게 갈등을 해소하는 데 가장 효과적인 방법인 것 같다. (김○○)

친구가 남을 험담할 때 듣기 싫고, 같이 듣고 있다가 혹시라도 학교 폭력에 걸리면 공범이 될까 봐 초조하기도 할 때, 그런 마음을 어떻게 표현해야 상대와의 관계도 해치지 않고 나의 마음을 전달해서 내가 의도한 본래의 의미를 공유할 수 있을까? "야, 친구 험담 좀 그만해라. 듣기 싫다."라고 말할 수도 있을 것이다. 하지만 상대방이 그 말을 얼마나 알아들을지, 그리고 그 말을 하고 난 뒤 친구와의 사이가 틀어지지 않을지 불안해서 말을 못 하는 경우가 많다. 그런 아이들일수록 지적하는 말하기의 원리를 철저하게 가르쳐주어야 한다.

놀라운 점은 '지적하는 말하기'의 전과 후에 변화하는 청자의 심정이다. 청자가 지적하겠다고 마음먹었을 때, 청자는 화자에게 기분이 상한 상태이다. 그래서 화자에게 지적하는 말하기를 한다. 그런데 청자가 지적하는 말하기를 적절하게 하고 나면 화자는 청자의 심정을 이해하고 청자가 원하는 말이나 행동을 해준다. 예를 들어, 사과하거나 싫은 말을 그만하거나 싫은 행동을 하지 않겠다고 약속을 한다. 그런 화자의 반응을 보고 나면 청자는 오히려 상대에게 호의적인 기분이 든다. 그림으로 표현하면 다음과 같다.

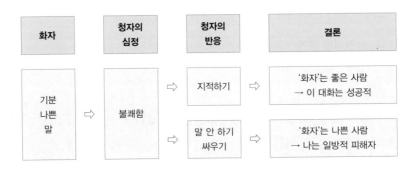

화자가 청자에게 기분 나쁜 말을 했는데, 청자가 어떻게 반응하느냐에 따라서 그 대화가 언어폭력 사건으로 결론이 날 수도 있고 훈훈한 대화로 마무리될 수도 있다. 화자가 청자에게 기분 나쁜 말을 했을 때 청자가 어떻게 반응하느냐에 따라 화자가 나쁜 사람으로 기억될 수도 있고 좋은 친구로 남을 수도 있다.

㉓ 내가 지적을 해주었는데 잘 들어준 상황

나 내가 한 말이 기분 나쁘게 들렸을 수도 있는데 화를 내지 않고 잘 들어주었구나.

친구 응.

나 그걸 보니 넌 참 마음이 따뜻하고 착하고 부드러운 아이인 거 같아.

친구 응 고마워.

나 그런 널 보고 나도 친구들이 조언해줄 때 잘 들어야겠다는 생각이 들어.

친구 고마워.

〔소감〕

칭찬하기 방법을 사용하면서 친구를 칭찬해 주는 것과 동시에 나 역시도 배울 점을 느낀다. 매번 이 말하기 방법을 쓸 때마다 좋다는 생각이 든다. (정○○)

▶ 처음에 지적을 했을 때 '나'는 분명히 '친구'에게 불쾌한 감정을 느꼈다. 그렇기 때문에 지적하는 말하기를 했는데, 그 말을 친구가 잘 들었기 때문에(물론 친구가 잘 알아듣도록 지적의 원리에 맞게 말했기 때문에) 오히려 친구에게서 칭찬할 점을 발견할 수 있게 되고, 그 친구는 나쁜 친구가 아니라 '마음이 따뜻하고 착하고 부드러운' 친구로 재정의된다.

④ 창휘가 내 지적을 받고 사과를 하는 장면

창휘 그래 알겠다. 미안하다.

나 나는 니가 나의 지적을 듣고 사과를 하는 걸 들었어.

창휘 그래.

나 그런 걸 보면 너는 자기 잘못을 인정할 줄 알고, 다른 사람이 싫어하는 짓은 자제할 줄 아는 것 같아. 그리고 사과를 바로 할 줄 아는 걸 보니 남을 배려하는 마음씨도 있구나.

창휘 그래 고마워.

나 너의 그런 모습을 보면 주변 친구들도 너처럼 자신의 잘못을 빨리 깨닫고 사과를 할 줄 아는 생각을 가지게 될 수 있을 것 같아.

〔소감〕

연속으로 칭찬까지 하니 창휘가 당황한 것 같지만 이 말하기 화법을 통해 상대방의 좋은 점이 무엇인지 정확히 알 수 있게 되었다. (염○○)

▶ 처음에 창휘에게 지적을 했을 때 '나'는 분명히 창휘에게 불쾌한 감정을 느꼈다. 그렇기 때문에 지적하는 말하기를 했는데, 그 말을 창휘가 잘 알아듣도록 지적의 원리에 맞게 말했기 때문에 창휘는 '잘못을 인정할 줄 알고 자제하고 배려하는' 친구로 재정의된다.

화자가 의도한 의미를 정확하게 이해하는 '의미 공유'를 넘어서서 듣기, 말하기 과정을 통해 대화의 성격이 재정의되는 이러한 대화의 특성을 '상호교섭성'이라 부른다.

이렇게 듣기, 말하기의 원리를 훈련시키고 실천하게 만드는 것이 수시로 발생하는 학교 폭력을 예방하는 가장 빠르고 쉬운 길이다. 사이버 폭력도 모두 이러한 듣기, 말하기를 훈련시킴으로써 예방할 수 있다.

　미처 예방하지 못해 발생한 학교 폭력 사건도 이러한 듣기, 말하기 원리를 응용하면 서로에게 상처 주지 않고 해결할 수 있게 된다.

4부
대화 교육의
사례와 방법

1. 대화와 상담

담임 교사나 국어 교사는 상담 교사와는 다르다. 전문적인 상담은 교내의 전문 상담 교사에게 맡기는 것이 좋다. 하지만 학생들을 만나다 보면 일상적인 대화가 상담으로 이어지는 경우가 많다. 그런 경우에 "여기서부터는 상담의 영역이니 상담 선생님께 찾아가 봐."라고 해도 되지만, 대화의 원리를 적용하면 간단한 상담을 해줄 수 있다. 순서는 '듣기-칭찬-말하기'이며, 학생의 말에 따라 자연스럽게 섞어서 쓰면 된다.

고등학교 배정 발표가 났는데 자기가 지원한 두 학교 모두 안 되고 원하지도 않는 고등학교에 배정받아 속상해하는 학생이 있었다. 고교평준화로 고교 배정이 무작위로 되다 보니 학생이 불평을 하는 상황이다.

학생 쌤! 진짜 아무리 생각해도…… 적응하기 어렵고 못 다닐 것 같아요. 옮길 수 있는 방법이 없겠죠?

이런 학생에게 "어차피 배정된 거 열심히 다녀라."라고 말해본들 학생의 불평이 사라질 리 없다. 듣기, 칭찬하기, 지적하기를 섞어서 대화한 사례는 다음과 같다.

교사 원치도 않았던 ○○고에 가게 돼서 불안하고 적응도 못 할 거 같다는 말이구나. 두렵고 억울하기도 하겠다. 평소에 긍정적이고 이겨내려는 마음이 큰 모습 많이 봐왔는데 그런 네가 두렵고 불안하다니 진짜 그 불안이 큰가 보다. 그래도 대단한 게…… 역시 넌 적극적이고 강한 아이인 것 같아. 왜냐하면 혼자 괴로워하지 않고 이렇게 나에게 의논도 하고 스스로 도움을 청하는 모습을 보이니 말이야. (듣기+칭찬)

학생 하…… 진짜 억울해요.

교사 많이 억울했구나. 화도 나고 막막하기도 하고 짜증나서 고등학교 가서 열심히 할 의욕도 다 사라진 기분이겠다. (기분 듣기)

학생 진짜 옮기고 싶어요.

교사 무슨 수를 써서라도 학교를 옮기고 싶다는 말이구나?

학생 네. 어떻게 안 될까요?

교사 상황이 납득이 안 되고, 다르게 썼더라면 하는 후회도 되고, 교육청과 학교가 원망스럽기도 하고, 네가 지망한 걸 싹 무시하고 존중 안 해주는 거 같으니까 화나고 서운하고 서럽기까지 하겠다. 앞으로 일도 걱정되고. (기분 듣기)

학생 어떻게 안 되겠죠?

교사 많이 실망스럽겠다.

학생 네.

교사 그래도 대단한 게…… 네가 고등학교 생활을 제대로 시작해 보려는 마음이 큰 거 같고, 어떻게든 마지막까지 포기하지 않고 상황을 바꾸려고 애쓰는 것처럼 보여 끈기 있고 적극적이고 자기를 소중히 생각하는 것 같아. (칭찬)

학생 진짜 □□고나 △△고 가고 싶어요.

교사 네가 진짜 원하는 건 □□고나 △△고 가서 친구들하고 편안하고 안심되는 분위기에서 수준에 맞게 공부하고 싶다는 말이지? (숨은 뜻 듣기)

학생 네. 진짜 바꾸고 싶어요.

교사 실망스러워서 어쩔 줄 모르겠나 보다. (기분 듣기)

학생 근데 바꿀 수 없다는데 어쩌겠어요. 진짜로 아까는 죽고 싶은 생각까지 들었어요.

교사 혹시 마음에 여유가 있다면 내 말 한번 들어볼래?

학생 네, 뭐예요?

교사 나는 학교를 바꾸고 싶다는 너의 말을 듣고 안타까우면서도 난감하고 답답했어(사실+기분 말하기). 내가 어떻게 힘을 쓸 방법이 없는데 날더러 바꿔달라고 재촉하는 걸로 생각됐거든(생각 말하기). 나의 난감했던 기분을 네가 알아주면 좋겠어(본심 말하기).

학생 네.

교사 나는 네가 힘든 상황도 긍정적인 계기로 삼을 줄 아는 사람으로 자랐으면 좋겠어. (본심 말하기)

학생 네.

교사 고맙고 안심되네. 내 마음을 알아주는 것 같아서. 대단한 걸…… 지금 되게 힘들 텐데 내 말을 있는 그대로 들어줄 줄도 알고……. (칭찬)

학생 네. 긍정적으로 살게요.

교사 역시 너다운 말이 이제야 나오네. 어쩜 그렇게 생각이 밝고 긍정의 힘이 강한지……. (칭찬)

학생 네. 엄마도 어차피 배정된 거 열심히 다니래요.

3월에 학급 학생들과 만나서 가정환경 등을 조사하는 대화를 '학생 상담'이라고 부르면서 상담할 때 뭘 이야기할지 모르겠다는 교사들이 있다. 그건 상담이 아니다. 굳이 이름을 붙이면 '면담'에 가깝다. 상담은 내담자, 즉 학생이 스스로 말할 거리를 들고 찾아올 때 일어나는 교사의 '듣기'에서 출발한다. 학생들에게 '무슨 말을 해줄지' 고민하지 말고 학생들에게 '무슨 이야기를 들을지'를 정해야 한다. 학생들이 별로 할 말이 없다면 그 자체를 인정해 주고 할 말이 생길 때까지 기다려주고 기본 정보만 조사하고 면담을 마치는 것이 좋다.

3월 학년 초에는 라포 형성이 안 되어 있어서 상담이 어렵다고 하는 교사들이 있다. 그러나 대화의 기초 원리 3단계와 심화 교육과정에서 제시한 '생각 듣기', '에고그램 성격 특성'을 숙지하면 특별한 라포가 없어도 대화를 바람직한 방향으로 이어갈 수 있다.

청소년 잡지를 만드는 편집위원으로 일을 도운 지 3년째 되는 해였다. 토요일과 일요일에 학생기자들 워크숍을 다녀왔다. 토요일 밤에 모둠별로 잡지평가회, 독서토론회, 기획기사 소주제를 정하는 회의 시간이 있었다. 학생기자들이 모둠 토의를 하는 동안 편집위원끼리 다른 회의를 했다. 중간 점검 시간에 편집장이 점검을 하고 오더니 1모둠장이 울면서 힘들어하고 있다고 말했다. 편집위원 선생님들이 이렇게 말했다.

"울고 그러면서 크는 거니 내버려둬도 돼요."

"편집장님이 같은 여자이고 나이 차도 얼마 안 나니 달래보세요."

나는 잠시 고민하다가 "편집장님 계셔 보세요. 제가 나가볼게요." 하고 나가보았다.

1모둠장은 나와는 다른 학교 소속의 학생이어서 나는 이름만 알고 얼굴도 몰랐고, 개인적으로 대화를 나눠본 적도 없는 사이였다. 라포라든가 할 만한 아무것도 없어서 걱정은 되었지만 힘든 아이를 달래는 정도는 할 수 있지 않을까, 기분이 풀리면 스스로 힘을 차리지 않을까 하는 생각으로 아이를 만났다.

교사 여기 앉아볼래?

학생 (계속 운다.) 네.

교사 무슨 일이야?

학생 제가 정신연령이 중3밖에 안 되는데, 고2라서 오늘도 어느 정도 각오를 하고 왔는데, 막상 진짜 모둠장이 되니까 못하겠어요.

교사 되게 부담스러운가 보구나?

학생 네. 편하게 아무 이야기나 하면서 시끄러운 분위기에서 회의를 하고 싶은데…… 애들 다 폰 만지고 있고 한 명이 이야기하면 그냥 그걸로 정해져 버리고…….

교사 분위기가 침체돼서 실망스럽고 회의가 제대로 진행이 안 되는 것 같아서 걱정되고 속상하겠네.

학생 네. 2모둠장 유진이였으면 말도 재미있게 잘해서 애들이 이렇게 해도 좋은 분위기로 이끌어갈 것 같은데, 다 제가 잘못해서 그런 거 같아요. 작년에는 고2 언니들이 많아서 언니들이 말하면 애들이 말을 좀 듣고 그랬는데 올해는 고2가 저 포함해서 둘밖에 없어서 너무 힘들어요.

교사 모둠 분위기가 침체된 게 네 책임인 것 같아서 속상하고, 자신에게 아쉽고, 재미있게 진행되는 다른 모둠이 부럽기도 하겠네. 고2가 둘밖에 없어서 의지할 곳도 없고, 애들이 말도 안 듣는 것 같아서 이런 상황도 불만스럽고.

학생 네. 큰 주제가 청소년과 음악인데 한 명이 요즘 랩 음악이 유행이라서 그걸로 하자니까 다들 그냥 그걸로 하자면서 빨리 끝내고 싶어 하는 것 같고…… 중간 점검 때 다른 선생님이 범위가 너무 좁으니까 청소년과 대중음악으로 해보라고 하셨는데 저는 그게 어떤 내용이 될지 정리가 안 돼서 심란한데 애들은 또 그냥 알겠다고만 하고…… 의견 내라고 해도 그냥 좋다고만 하고…….

교사 회의가 여러 의견이 나오면서 토론도 하고 해야 주제가 잘 정해질 건데 그냥 형식적으로만 되는 것도 불만스럽고 모둠원들이 원망스럽기도 하고, 그렇다고 네가 방향을 잡고 이끌어가려니까 너도 아직 정리가 안 돼서 심란했구나. 그냥 그렇게 정해버리고 싶지는 않은데 어떻게 할 수도 없어서 막막하고 난감했겠네.

학생 네. 전에도 이런 분위기인 애들하고 일해 봤는데 결국 나중에 다 잠수 타고 너무 힘들어졌던 적이 있거든요. 작년 하반기에 기사 쓸 때도 카톡도 아무도 안 읽고 완전 힘들었어요.

교사 모둠 분위기가 활발하지 않아서 오늘만 걱정인 게 아니라 5월까지 기사를 잘 쓸 수 있을지 불안하고 걱정이 엄청 되겠네. 또 작년처럼 되면 어떡하나 하는 걱정도 되고.

학생 네. 오늘 아빠랑 싸우고 와서 심란했는데…… 아빠가 이런 데 힘 빼지 말고 공부나 더 열심히 하라고 해서 엄청 싸웠단 말이에요.

교사 안 그래도 아빠랑 싸우고 와서 모둠에서 네가 나서서 분위기 띄울 기분도 아니었겠구나. 그래서 분위기 침체된 게 더 네 책임 같았겠네. 재미도 없고 그렇게 아빠하고 싸우고 와서 하는 기자 일인데 잘 안 돌아갈 것처럼 보이니 더 불안하고 걱정이 많이 됐겠다. 부담스럽고 막막하고.

학생 네. 여기 와서 모둠장 정하는 회의도 하고 그럴 줄 알았는데 고2라고 나이 많다고 무조건 모둠장으로 정해져 버려서……. 이런 일도 극복해야 성장할 수 있다는 거 아는데 그래도……

교사 나이만 많다고 선생님들이 일방적으로 모둠장 시킨 것도 납득이 안 되고 선생님들이 원망스럽기도 하고 아쉽기도 하고, 그러면서도 이겨내 봐야겠다는 생각은 들지만 지금은 너무 힘들다 이 말이구나. 참 2시간 동안 마음이 복잡하고 온갖 생각이 다 들어서 많이 힘들었구나. 막막하고 부담스럽고.

학생 네.

교사 지금 기분은 어때?

학생 좀 나아졌어요.

교사 나는 우선 네가 우는 걸 보니까 마음이 아프고, 너랑 의논도 안 하고 모둠장을 시킨 게 조금 미안하네. 내가 들어보니까 일단 힘들고 잘 안 돌아가는 모둠 안에서 적당히 참고 넘기지 않고 이렇게 힘들다고 표현하는 모습이 솔직한 아이인 것 같아서 믿음이 가고, 그 힘들고 부담스러운 게 모둠장으로서 회의를 잘하려는 마음에서 나온 거라 생각돼서 책임감 있는 아이인 것 같고, 책임지려는 자세가 기특하고 대견하고, 그래서 지금은 힘들어도 상반기 기사를 취재하는 문제에 대해서는 든든한 마음이 들고, 네가 이번 일을 통해서 또 한 단계 성장할 수 있을 거라는 기대가 생기네. 내 말 듣고 어때?

학생 지금 들어가서 남은 시간 동안 애들이랑 더 의논해서 새로 주제를 잡아볼게요. 이왕 맡았으니 제대로 해내야죠. 이제 고2니까 이런 일도 이겨내고 더 성장할 수 있는 계기가 됐으면 좋겠어요.

교사 어, 그 말 들으니까 엄청 반갑네. 마음은 그런데 막상 또 방에 들어가서 애들 얼굴 보면 어떻게 시작할지 막막할 거야.

학생 네.

교사 내가 도움이 될 만한 방법을 하나 알려줄까? 들어볼래?

학생 네.

교사 아까 내가 했던 말 기억나니?

학생 제가 했던 말 한 번 더 반복해 주신 거요?

교사 어. 그 끝에 내가 뭐라고 했지?

학생 힘들었겠다?

교사 그래. 네가 힘들고 부담스럽고 막막하고 실망스럽고 속상하고 불안하고 걱정되고 그랬잖아. 그리고 그 감정 하나하나가 다 너한테는 이유가 있는 감정이란 말이야. 방에 가거든 다른 말 하기 전에, 네가 이렇고 이래서 힘들었고, 이렇고 이래서 부담스럽고, 저렇고 저렇고 해서 막막하고 불안하고 걱정된다…… 이렇게 우선 말하고 다음 회의를 진행하면 좀 나을 거야. 한번 그렇게 해 봐. 지금은 기분이 좀 어때?

학생 훨씬 나아요. 해볼 수 있을 것 같아요.

교사 그래 시계 보니까 한 십 분밖에 이야기 안 했는데 금방 기분 풀고 용기 내는 모습이 기특하고 든든하고 대견하네. 기대된다.

상담은 내담자인 학생이 이야기할 거리를 들고 찾아와야 된다고 했지만 가끔은 내가 먼저 학생에게 상담을 권유하기도 한다. 물론 그럴 때도 '네가 상담이 필요하다면 내가 도와줄 수 있다.'라는 열린 태도로 항상 학생의 선택권을 존중해 주어야 한다.

여학생 A와 B는 친구이다. A와 B가 사소한 일로 심하게 다투었고 A가 B에게 문자로 미안하다고 했으나 B는 A를 피한다. A는 학교와 학원에서 B와 자주 마주쳐야 해서 불편하기도 하고 B와 다시 친해지고 싶기도 해서 힘들어한다. 교무실에서 A가 자기 반 담임 선생님과 대화하는 걸 보았다. A는 담임 선생님에게 "편지도 썼어요." 했다. 나는 그 말을 듣고 "그 편지는 역효과가 날 거야. 주지 않는 게 낫겠다. 만약 꼭 편지를 주고 싶으면 내가 부르는 대로 받아써라."라고 했다. 담임 선생님은 A에게 "시간이 필요한 문제인 것 같아. 일단 견뎌봐."라고 했다. 나는 A에게 "그 시간을 조금이라도 단축하고 싶으면 나한테 찾아오렴." 하고 헤어졌다. 3일 뒤 A에게서 전화가 왔다.

학생 선생님, 지금 상황이…… 그 친구한테 카톡 보낸 다음 날 '저녁에 만나서 이야기를 하자'고 답이 왔어요. 근데 막상 만나니까 말을 안 하고 헤어졌어요. 어떻게 해야 해요?

교사 만나서 이야기를 하자고 답이 왔는데 막상 만나니까 말을 안 하고 헤어져 버렸구나. 아무 말도 안 한 거야, 그에 관련된 말을 안 한 거야?

학생 아무 말도 안 했어요.

교사 뻘쭘하고 민망했겠네. 어떻게 말할지 몰라서 어색하고 막막했겠다. 지금은 기회가 지나간 거 같아서 아쉽고 후회도 되겠구나. 더 난감해졌겠는걸?

학생 네. 많이 그랬어요. 오히려 카톡 하기 전보다 못해진 것 같아서 허무하기도 했어요.

교사 괜히 만났다 싶고, 지금은 더 허무해졌구나. 그래서 나한테 연락까지 한 거구나?

학생 네. 어떻게 해야 할지 모르겠기도 하고 내일이면 같이 둘이서 하는 수업을 들어야 하는데 막막해서 연락 드렸어요.

교사 말도 안 하고 헤어졌는데 내일 또 둘이서 하는 수업이 있으니 얼굴 보기 불편할 것 같고…… 생각만 해도 답답해지겠다. 어떻게 해야 좋을지 모르겠어서 고민되겠다?

학생 네. 솔직히 속 시원한 해답을 얻고 싶어서 선생님께 연락 드렸어요.

교사 그래, 얼른 해결하고 편안하고 자유로워지고 싶은 거구나?

학생 네. 그런 마음이에요.

교사 해답으로 가려면 시간이 좀 걸릴 텐데, 길을 차근차근 따라 해볼 시간적 여유가 지금 좀 있니?

학생 네. 30분 정도요.

교사 그럼 해보자. 지금 기분이 어때? 기분만 말해볼래? 지금 현재 상태?

학생 우울해요. 서럽기도 하고 건드리면 뭐가 터질 것 같기도 해요.

교사 우울하고 서럽고 불안하고 초조하고 속상하고 답답하고 허전하고 그렇겠네?

학생 네. 그래요.

교사 또 어때?

학생 복잡해요.

교사 그래. 말해놓고 나니 좀 어때?

학생 잘 모르겠어요. 그냥 그래요. 더 서글퍼졌어요.

교사 응, 이제 더 서글퍼진 것 같기도 하구나?

학생 네.

교사 친구랑 아무 말 안 할 때의 장면을 말해볼래? 그냥 생각나는 대로.

학생 학원을 같이 다니는데 그때 둘이 함께 있던 순간은 학원이었고 서로가 다 친한 친구들이 4명 더 있어요. 우리는 눈도 마주치지도 않고 대화도 하지 않아요. 학원을 마칠 때까지 한마디도 안 하고, 마치고 나서 말을 할 줄 알았는데 그냥 방향이 같은 친구랑 가버렸어요. 만나서 이야기하자고 해서 기대하고 두근거리면서 갔는데 아무것도 일어나지 않았어요. 그다음 날도 똑같았고 연락도 하지 않았어요.

교사 학원에서 대화를 못 하고 서로 모른 척해서 마치고 애기할 줄 알았는데 걔가 그냥 가버렸구나. 그 장면에서 어떤 기분이 들었어?

학생 제가 먼저 말 걸어볼 수도 있었는데 소심하게 가만히 앉아서 기다리기만 한 게 후회돼요. 답답하고 메스꺼워요.

교사 그랬구나. 지금은 후회되고 답답하고…… 그 당시엔 뭘 느꼈던 것 같아? 황당하기도 했겠는데?

학생 그렇기도 했고…… 저는 초조해하면서 평소에 떠들던 친구랑 떠들지도 않고 있는데 그 친구가 다른 친구랑 웃으면서 장난치는 거 보니까 솔직히 못된 마음이 들었어요. 화나고 짜증나고 억울하고 나만 이렇나 싶었어요. 그러다가 제가 저 자신을 합리화시켰어요. 저 친구도 나랑 비슷한데 오히려 더 드러내지 못해서 저럴 거다. 그러니까 조금 나아지긴 했는데 그러고 나니까 더 슬픈 마음이 들었어요.

교사 아이고 화가 많이 났구나. 짜증나고 억울하고 서운하고 미워지고 분하고 원망스럽고…… 나중엔 슬프고 비참한 기분까지 들었겠구나?

학생 당황한 마음도 컸구요. 살길을 찾았다 했는데 다시 막힌 듯했어요.

교사 기대감이 실망감으로 바뀌었구나. 그중에 뭐가 제일 컸던 것 같아? 그 당시에. 천천히 생각해서 골라볼래?

학생 그냥 답답한 게 가장 컸던 것 같아요. 다시 살길이 막혀버린 듯한 느낌이요.

교사 응. 구체적으로 뭘 본 거지? 그런 느낌이 들게 한 장면이나 행동이나 사건…… 친구가 다른 친구랑 가는 거? 아님 말 안 하고 외면하는 거? 아님 그걸 보고만 있었던 자기 모습? 뭐였을까?

학생 보고만 있었던 제 모습이랑 외면당하는 느낌이요.

교사 보고만 있던 네 모습과 다른 친구랑 가는 친구 모습을 보고 답답함을 느꼈구나. 무력감, 좌절감도 들었겠다. 그 모습이 '네가 외면당하는 것'처럼 생각이 들었다는 말이구나. 그리고 해결할 기회가 사라져버렸다는 생각도 들고?

학생 네. 오히려 다시 다가가기가 더 힘들어진 것 같았어요.

교사 그랬겠다. 네가 진짜 원하는 건 뭔 거 같아?

학생 궁극적으로…… 친구요.

교사 그 친구랑 다시 대화할 기회를 잡는 거랑 기회가 왔을 때 적극적으로 이야기해서 네가 원하는 관계로 만들어가는 거겠지?

학생 네.

교사 정말 원하는 그대로 이루어진다면 어떤 느낌, 어떤 기분이 들까?

학생 친한 친구를 원했어요. 예전보다 더 깊은 친구 관계를 원했어요.

교사 응 그렇구나. 그렇게 되면 어떤 기분이 들 것 같아?

학생 좋을 것 같아요. 외롭지 않을 것 같아요. 깊은 친구 관계가 된다고 해서 안 싸우는 것도 아니라 해도…… 지금 답답한 느낌이 사라질 수 있어서 마음이 좀 가벼울 것 같아요.

교사 그래. 나도 정말 그렇게 이루어지길 바란다.

학생 네.

교사 지금은 기분이 좀 어때?

학생 생각이 많아졌어요. 마음은 어느 정도 덜 무거운 것 같아요.

교사 아까 보고만 있고 외면당하는 느낌이 들었던 장면에서 실제로 넌 어떤 행동을 했지?

학생 어… 어… 하면서 쳐다봤어요.

교사 그렇게 행동했을 때 어떤 결과가 나왔어?

학생 아무 일도 일어나지 않은 상태로 집에 왔어요.

교사 그 결과로 넌 어떤 영향을 받은 거 같아?

학생 화병? 답답한 기분이 들고 슬퍼졌어요. 답답해서 미치고 환장할 것 같아서 집에서 이불도 차고요, 핸드폰도 들여다봤다가 가만히 앉아서 차분한 노래 듣다가 우울해지고…… 저한테 감정의 변화가 있었어요.

교사 지금 다시 그 행동과 결과를 생각해 보니 어때?

학생 지금은 아무렇지도 않아요. 그냥 축 처져요. 저 자신이 답답한 기분도 있는 것 같아요.

교사 아까 말한 '정말 원하는 것'을 이루려면 어떻게 말하거나 행동하면 좋았을까?

학생 먼저 말을 걸어봐야 했어요. 말 걸 용기를 냈어야 했어요. 말 걸어볼 생각만 하질 말았어야 했어요.

교사 먼저 말을 걸었더라면 좋았겠다는 말이구나. 또 어떤 것이 있을까?

학생 말 걸어주지 않아서 꽁해 있지는 말았어야 했어요.

교사 말 걸어주기를 기다리지 않았어야 했다는 말이구나. 먼저 말 거는 행동과 또 어떤 게 필요할까? 또 기회가 온다면 어떤 걸 먼저 시도해 보고 싶어?

학생 선생님 저 나중에 연락드려도 돼요? 언제 시간 되세요?

교사 고생했다. 긴 이야기 하느라. 언제든지 괜찮아, 네 일이라면.

학생 들어주셔서 감사합니다. 죄송해요. 시간 내주셔서도 감사드리고 정말 감사해요

(6시간 뒤인 밤 9시에 전화가 왔다.)

학생 선생님, 지금 시간 괜찮으세요?

교사 어 지금 된다. 너는 지금 시간 괜찮니? 기분은 어때?

학생 사실은 이제 내일이 더 가까워져서 더 불편하고 조금 더 걱정스럽죠.

교사 어, 만날 시간이 다가오니까 조급하겠다. 걱정되고. 아까 먼저 말 건다고 했는데 또 뭘 해볼 수 있을까?

학생 잘 모르겠어요. 편지를 줘볼까요? 얼굴 보고 대화할 자신은 아직 없으니까. 그래도 저번에도 편지를 썼었고…….

교사 어 편지를 줘볼 수도 있겠네.

학생 그 친구랑은 주로 편지를 많이 주고받았으니까 괜찮은 것 같아요.

교사 아직 말을 걸기는 껄끄럽고 편지는 한번 써봤고 전에도 편지 주고받은 적이 많았구나?

학생 네.

교사 내가 편지 주지 말라 해서 새로 쓸지 전에 쓴 거 줄지 망설여지겠다?

학생 네.

교사 내가 오늘 이야기를 들어보니까 놀라운데. 고민이 있을 때 스스로 해결하려고 노력도 하고 필요할 때 도움도 청할 줄 아는 결단력과 실천력이 있는 것 같네. 힘들 땐 힘들다고 말하는 솔직함도 있고. 또 지난번에 후회한 일을 반복하지 않기 위해 방법도 바꿔볼 줄 아는 판단력도 있는 것 같

애. 친구랑 그냥 불편해지는 게 싫어서 대충 화해하는 게 아니라 더 깊은 관계가 되기를 바란다는 걸 보니 인간관계를 소중히 생각하고 있는 것 같기도 하고. 이제 편지에 어떤 내용을 넣을지만 알면 나머지는 스스로 할 수 있을 것 같구나.

학생 그렇게 좋은 사람은 아니에요. 편지에 그럼 어떤 내용을 담아야 하는지 가르쳐주세요.

교사 편지 새로 써볼 마음이 생긴 거야?

학생 네.

교사 기대도 되고 어떤 내용인지 궁금하기도 하고 밤에 자기 전에 쓸 시간 있을까 부담스럽기도 하겠어?

학생 네. 야행성이라서 부담스러운 건 없어요. 제 일인데요.

교사 방법만 확실히 알면 얼마든지 쓸 수 있겠다는 말이구나? 편지에 들어갈 내용은 간단하다.

학생 네.

교사 우선 네가 풀고 싶었던 일이 일어났을 때 걔가 느꼈을 감정을 다 쓰고, 네가 느꼈던 감정을 다 쓰고, 네가 진짜 원하는 걸 쓰면 된다. 근데 그걸 쓰려면 우선 네가 지금 감정이 편안해져야 하고, 당시의 사건을 객관적으로 볼 수 있어야 하지. 이 두 가지만 하면 돼.

학생 그런데 제가 그 친구가 느꼈을 감정을 잘못 말해서 불쾌하게 하면 어떻게 해요?

교사 잘못 말해서 더 기분 나빠질까 봐 염려되는구나?

학생 네. 싸울 때 친구가 자기 기분에 대해서 다 안다는 듯이 말하지 말라고 했어요. 그래서 또 그런 실수를 할까 봐 조심스러워요.

교사 놀라고 당황스러웠겠다. 미안하고 뜨끔해서 지금 많이 조심스럽겠구나?

학생 네.

교사 아까 낮에 한 시간 동안과 저녁 한 시간 동안 내가 너의 기분을 많이 말했는데 그중에 맞는 것도 있고 아닌 것도 있었을 거야?

학생 네.

교사 내가 아닌 걸 말했을 때 넌 어땠어?

학생 음…… 그건 아닌데 싶었어요.

교사 네 감정을 함부로 말하는 것 같아서 불쾌했어?

학생 불쾌하진 않았어요. 그런데 '그건 아니에요.' 하고 싶었어요. 그 친구도 그런 거였을까요?

교사 비슷하지 않을까?

학생 싸우는 도중이라서 말이 조금 격했을 뿐이지 그랬을 수 있었겠네요.

교사 그리고…… '그건 아닌데.'라고 말하고 싶을 때, 그 이유가 뭐였을까? '넌 틀렸으니까 더 이상 말하기 싫어.'일까?

학생 자기감정을 정확히 알리고 싶은 마음? 알려서 내 마음을 더 많이 이해받고 싶은 마음? 잘 모르겠어요.

교사 결국 그 말은 나를 있는 그대로 이해받고 싶다는 표현이 아니었을까?

학생 그랬을 것 같아요. 잘 모르겠어요. 근데 그 당시에는 그런 기분이 아니었을 수도 있을 것 같아요. 그땐 불쾌함이 많이 묻어났어요.

교사 어 그랬을 거야. 감정이 격했다고 했으니까.

학생 네.

교사 그럴 때 그 불쾌함까지 이해해 주는 친구가 있다면 어땠을까?

학생 저였다면 그 친구에게 마음을 많이 털어놓았을 것 같아요.

교사 네가 걔한테 그런 친구가 되어줄 수 있는 기회가 지금인 것 같아.

학생 그런 친구가 되어줄 수 있을까요?

교사 편지를 통해 걔의 마음을 알아주고 네 마음을 표현한다면 말이지.

학생 7년 지기 친구인데 작은 일로 시작해서 심하게 싸웠어요. 작은 일에 쉽게 깨어질 관계였다는 게 많이 속상했어요. 그래서 과연 지금 편지를 줘도 잘 해결될지 확신이 서지가 않아요.

교사 약간의 배신감과 허무함도 들었겠네?

학생 네. 그래도 안 쓰는 것보단 써보는 게 후회가 없을 것 같아요.

교사 많이 속상했구나. 네가 진짜 그 친구랑 다시 잘되기를 원하는 건지 그냥 맘이 불편해서 시도하려는 건지도 확신이 없겠구나?

학생 네. 풀어야 한다는 의무감인지 풀고 싶은 마음인지 열심히 생각해 봤는데, 풀고 싶은 거였어요.

교사 참 맘이 복잡하겠다. 생각 정말 많이 했겠네?

학생 근데 풀고 싶은 마음의 이유가 불편함인지 정말 그 친구랑 더 나은 관계를 원해서인지 구분이 잘 가지가 않아요. 풀고 싶었던 일이 일어났을 때 그 친구가 느꼈을 감정, 제가 느꼈던 감정, 제가 진짜 원하는 걸 써야 하는데 그걸 솔직하게 쓰면 그 친구에게 오히려 더 상처가 될 것 같아서 걱정도 되는데, 정말 제가 솔직하지 못한다면 깊은 관계가 되기 어려울 듯해서 고민이 되기도 해요. 솔직한 마음을 담아야 할지 말아야 할지도 잘 모르겠고 그 친구를 향한 지금의 마음도 구분이 잘 가지 않아요. 그때 처음 카톡을 했을 때 마음은 더 나은 관계를 만들고 싶다는 거였는데,

지금 편지를 쓸 때의 마음은 내일의 불편함에 대한 걱정인 것 같아서 헷갈려요. 지금 상태로 편지를 쓰면 단순히 불편함을 무마시키려는 마음으로만 보일 듯해서 걱정이 돼요. 어떻게 해야 할지 복잡하고 복잡해요. 막상 편지를 쓰려 하다가도 이랬다저랬다 혼란스럽기도 하고요.

교사 그렇구나. 내가 듣기에 그런 고민은 모두 솔직해지고 싶은 마음과 상처 주기 싫은 마음 사이의 갈등인 것 같애.

학생 그런 걸까요?

교사 친구에게도 솔직하고 너 자신에게도 솔직해지고 싶고.

학생 네. 이전보다 나은 관계를 위해서라면 솔직한 게 필요할 듯한데 싸우는 도중에 마음을 표현했었어요. '그때 나는 이랬다.' '이래서 너한테 이런 말을 한 거다.' 그런데 그 친구가 '그래서 내가 잘못했다는 거냐?'라고 했어요. 이번에도 그렇게 될까 봐 솔직하게 다 말하기가 고민이 돼요.

교사 그런 말을 들었다면 어떤 말을 쓰려고 할 때마다 위축되겠다. 자꾸 친구 말이 떠오르고?

학생 네. 소심해졌어요.

교사 답은 두 가지다. 첫째, 어떤 일을 표현하고 싶으면 사실을 말하지 말고 감정을 표현할 것. 둘째, 내 감정을 표현하고 싶으면 상대방의 감정을 먼저 이해해 줄 것. 이건 대화로 풀 때와 글로 풀 때 공통이다.

학생 네, 감이 와요.

교사 오, 금방 알아듣는구나.

학생 상황을 설명하는 것보다 제 감정을 표현하는 게 우선인 거라는 말씀이죠?

교사 일단 내가 좀 도와줄게. 뭐냐면…… 네가 편지를 쓸지 말지 확신을 가질 수 있게.

학생 네.

교사 편지를 써야겠다는 게 너를 위한 건지 친구를 위한 건지 확인해 보자. 지금 기분이 어때? 아까 낮에 맨 처음 연락했을 때랑 비교해서?

학생 그때보다 답답한 느낌은 덜한데 초조한 느낌은 더 강해요.

교사 막막하던 느낌에서 뭔가 좀 시도해 보겠다는 느낌이 좀 생겼나 보구나. 그 친구에 대해서는 어떤 기분인데?

학생 그 친구는 애증인 것 같아요. 밉기도 하고 서럽기도 하면서 좋았던 감정들도 다시 떠올라요.

교사 지금 밉고 서럽고 아쉽고 후회되나 봐. '옛날' 생각하면 흐뭇하기도 하고?

학생 네.

교사 지금 상황에 대해선 기분이 어때?

학생 지금 어떤 상황요?

교사 모든 상황. 시간과 장소와 일정과 등등.

학생 제 상황이요?

교사 방금 되물을 때는 의아하고 궁금했겠지?

학생 네.

교사 지금은?

학생 상황이…… 할 일이 많아서 부담스럽기도 하고, 내일 친구 얼굴 볼 일 생각하니까 걱정스럽기도 하고, 그 친구 외에 겪는 다양한 문제들도 조금 신경 쓰이기도 하고 불안정한 것 같아요. 밤이라서 그런가……

교사 어 잘한다. 좀만 더 해봐. 설명 빼고. 부담, 걱정, 불안정, 또?

학생 설렘? 곧 수련회도 가고 내일 잘 풀리지 않을까 하는 기대도 있어요.

교사 설렘, 기대. 그거도 있군. 하나만 더 해본다면?

학생 머릿속에 생각들이 정리는 잘 안 되고 가득 차서 복잡한 마음요.

교사 걔는 지금 어떨까?

학생 걔는 시간이 시간이다 보니 피곤할 것 같아요. 잠이 많은 친구라서 잘 수도 있고 그 친구도 내일 학원 갈 생각에 조금은 불편하지 않을까 싶어요.

교사 어 그렇지. 몸은 피곤하고…… 만약 안 잔다면 마음은 어떨까? 조금 불편하겠고, 또?

학생 학원이 수업 전에 책을 읽어가야 해서 그 책을 읽고 있어서 책에 집중하고 있을 수도 있겠고, 어쩌면 저처럼 내일 뭐라 할까 고민을 할 수도 있을 것 같아요.

교사 그럴 수도 있겠네.

학생 잘 모르겠어요, 어떤 기분일지.

교사 걔는 너한테 암말 안 하고 다른 애랑 갈 때 어떤 기분이었을까?

학생 마음이 불편할수록 더 괜찮은 모습을 보이는 거라서 마음이 많이 불편했을 수도 있고, 아니면 정말 별 감정이 없었을 수도 있고, 말을 걸지 않아서 후회될 수도 있고, 제가 말을 걸어주지 않아서 기분이 상했을 수도 있어요. 그 친구와의 대화에 집중했을 수도 있을 것 같아요.

교사 너랑 싸울 때 걔는 어떤 기분이었을까?

학생 화나기도 하고 어이없기도 하고 당황하기도 하고 충격받았기도 하고…… 무엇보다 불쾌하다고 했어요.

교사 너는 그 말 듣고 어땠어?

학생 벙쪘어요! 서럽기도 했고 눈물도 났어요. 그 친구와 싸운 이유가……
내용을 말하면 이래요. (40분간 사실관계 설명)

교사 내가 들으니 네 마음의 상태나 변화, 그 친구의 행동이나 반응이 대
충 다 이해가 되네. 어쩜 이렇게 차근차근 잘 풀어서 말하는지…….

학생 뒤죽박죽으로 말했어요. 그런데 이 일이 뒤져 뒤져 보면 배후엔 다른
게 있고 또 다른 게 있어요. 그래서 딱 이 일 가지고 설명하기엔 애매해요.
그런데 뒷일까지 막 다 설명드리기는 너무 길고, 여하튼 이건 어디까지나
제 추측이니까 뭐라고 말씀드릴 수는 없지만 정말 허물없이 편한 관계는
아니었다는 건 맞는 것 같아요.

교사 흠…….

학생 애매해요, 애매해요 정말.

교사 그런 애매한 사이이던 걸 이번 기회에 더 깊고 진짜 편한 사이로 발
전해 보고 싶다는 건지? 아니면 꼭 개가 아니라도 진짜 친하고 속 깊은
친구 한 명을 만들고 싶다는 건지 궁금하구나.

학생 두 개 다예요. 그런데 진짜 친하고 속 깊은 친구가 그 친구였으면 좋
겠어요.

교사 아하.

학생 저는 그 친구가 많이 좋았거든요. 부러울 때도 많았지만 그 부러움
보단 좋은 게 더 컸어요. 근데 그 친구 마음을 잘 모르겠어요. 좋아하는
마음이 큰지 부러운 마음이 큰지 잘 모르겠어요. 다른 사람 마음이니까
제가 단정 내릴 수도 없고…… 뭐 그래서 더 다가가 보고 싶어요. 그런 마
음보다 좋아하는 마음이 더 큰 친구가 되면 좋겠다 싶어서요. 여러 감정
이 뒤섞인 친구라서 복잡해요. 너무너무 복잡해요.

교사 오래된 사이인만큼 감정들도 그만큼 많고 여러 갈래겠지.

학생 네. 애증이라고 해야 하나? 모르겠어요. 그치만 좋아하던 감정이 1순위인 건 분명해요.

교사 그 정도로 특별한 아이야?

학생 그러게요. 처음으로 만든 깊은 관계의 친구니까요. 제가 잘못을 하면 그 친구가 용서할 때까지의 시간이 걸리는 형식이에요. 그랬던 것 같아요. 미안했어요. 많이 잘해주지 못한 것 같아서도 미안했어요.

교사 그렇구나. 그런데 이번 건은 미안한 것도 있지만 너도 서운한 게 있으니 일방적으로 너만 미안하다 하기엔 뭔가 애매하고 맘이 복잡하겠다?

학생 네. 근데 서운한 걸 따지자니 그 친구가 더 상처받을까 봐 미안하고 걱정돼요. 저 서운한 걸 또 솔직하게 따져버리면…….

교사 편지 한 통으로 그 애증을 다 풀 순 없으니 다시 눈을 보고 대화할 수 있는 관계로 만드는 것까지만을 우선 목표로 삼아보자.

학생 네.

교사 우선 내일 만약 편지를 준다면 걔가 어떤 반응을 보일까? 걔는 어떤 기분일까? 그리고 내일 걔가 편지를 읽을 걸 생각하면 너는 어떤 기분이 들까?

학생 걔 기분은 잘 모르겠어요. 더 서운할 수도 있고 속이 시원할 수도 있을 것 같아요. 저는 두근거릴 것 같구요.

교사 걔는 뜬금없기도 하고 궁금하기도 하고 의아하기도 하고 반갑기도 할 것 같은데?

학생 그럴까요? 이전에 카톡을 보내서 의아하지는 않을 것 같아요.

교사 너도 두근거리고 반응이 궁금하고 불안하거나 초조할 거 같아. 약간 기대도 되고?

학생 네, 슬퍼요.

교사 서글퍼졌구나?

학생 네.

교사 그것까지 넣어서 편지 맨 앞에 써라.

학생 서글퍼졌다고요?

교사 이 편지를 받고 너는 이러이러한 기분일 거야.

학생 네.

교사 나는 지금 네가 이 글을 읽을 걸 생각하니 이러이러한 기분이 들어.

학생 네.

교사 며칠 전에 학원에서 대화할 수 있을 것 같아서 기대하고 설레고 불안하고 초조했는데 그러지 못하게 돼서 속상하고 더 답답하고 막막해져서 지금은 어쩔 줄을 모르겠어. 여기에 아까 카톡으로 보냈던 감정 더 추가해서 최대한 많이.

학생 네.

교사 '나는 네 마음이 너무 궁금하고'까지 넣어서.

학생 네.

교사 그다음에, 낮에 얘기한 거 중에 진짜 원하는 거 찾아서.

학생 네.

교사 '나는 어떠어떠하게 되었으면 좋겠어.'라고 쓰고.

학생 네.

교사 '얼굴 보고 말하려니 민망하고 말이 안 떨어지고…… 이러이러해서 편지를 써.' 이렇게 쓰고.

학생 네.

교사 '다시 얼굴 보면서 이야기하고 싶어.' 이렇게 쓰고, '담에 말 걸면 받아줘.' 이렇게 쓰고 마무리하면 될 것 같애. 편지 2탄은 싸운 일에 대해서 별도로 또 써야 할 거 같네.

학생 '담에 말 걸면 받아줘.' 요건 뺄래요. 알량한 자존심일지는 몰라도 못하겠어요.

교사 그건 자유지만 내 생각엔 필요하다고 본다. 중요한 건 내가 적어준 말들의 순서란다.

학생 네.

교사 왜냐하면 이걸론 아직 아무것도 풀린 게 아니고……

학생 맞아요.

교사 풀기 위한 대화를 하자는 편지니까.

학생 네.

교사 하나씩 풀어야지 복잡하니까.

학생 네.

교사 지금 기분은 어때?

학생 많이 후련해요. 사실 저 되게 기분파라서 지금 기분 좋아요. 근데 두근거리는 기분도 있어요.

교사 그래 반갑네. 그 기분 이어지길 바랄게.

학생 이런 말 해도 될지 모르겠는데, 저는 선생님이 저 싫어하시는 것 같다고 느꼈어요.

교사 왜?

학생 모르겠어요. 근데 도와주시니까 감동이 배가 되고 감사함이 배가 되네요. 감사해요 정말.

교사 그래. 언제든 연락해.

'대화하기'에서 '상담'으로 바뀔 때 중요한 것 두 가지가 있다. 첫째는 '듣기'를 하면서 학생의 감정을 대신 말해주는 중간중간에 '지금 이 순간'의 상태나 감정을 확인하는 것이다. "지금은 기분이 좀 어때?" 정도가 좋다. 고민, 걱정, 염려, 불안과 같은 부정적인 감정에 휩싸인 학생에게 '듣기' 원리를 적용하면서 최초의 고민, 걱정, 염려, 불안의 크기가 차차 작아지는 것을 학생 스스로가 느껴보도록 돕는 것이다. 학생 스스로 자신의 감정이 점차 편안해짐을 느끼면, 지금 여기의 편안해진 감정으로 자신의 과거 문제를 객관적으로 다룰 수 있게 된다.

둘째는 '본심'에 집중하는 것이다. '본심'은 '숨은 뜻 듣기' 단계에서 말하는 '상대가 진짜 원하는 것'을 말한다. 감정적으로 편안해진 상태에서 학생이 '진짜 원하는 것'을 발견하게 되면, 그것을 이루고 싶은 에너지가 생긴다. 그리고 그것을 이루었을 때를 상상하면 기분이 좋아진다. 본심을 정확하게 찾으면 우선 마음이 시원해지고, 그 본심을 이루었을 때를 상상해 보게 하면 힘이 솟는다. 앞의 대화에서도 '진짜 친하고 속 깊은 친구가 그 친구였으면 좋겠어요.'라는 학생이 진짜 원하는 본심을 찾았기에 그다음 대화가 성공적으로 이어질 수 있었다. 확인은 안 해봤지만 저 본심을 스스로 발견한 순간 학생의 마음은 한없이 가벼워짐을 스스로 알아차렸을 것이다. 물론 그 전에 교사의 '사실 듣기'와 '감정 듣기'가 우선이 되어야 한다. 급할수록 돌아가야 한다.

중학교 때 가르쳤던 적이 있는 고3 학생에게서 연락이 왔다.

학생 선생님 안녕하세요. 뭐 하세요?

교사 집에 가는 길.

학생 이제 가시는 거예요? 늦게 가신다. 선생님 저요, 대학교 하나도 안 붙었어요. 수능도 평균 4등급 나와서 어디 가야 될지도 모르겠어요. 미칠 거 같아요.

교사 걱정되고 불안하고 미칠 것 같겠네?

학생 별로 안 그렇고⋯⋯ 후회만⋯⋯

교사 나는 놀랍고 당황스럽고 걱정이 되는구나. 후회가 된다면 뭘 보고 후회가 되냐? 어떤 모습, 상태, 말, 행동 등을 보거나 들었기에?

학생 부모님과 상의를 안 한 거, 하기 싫으면 미룬 거, 나중에 뭐 할지 전혀 대화하지 않은 거⋯⋯ 그냥 저 혼자 다 결정했어요.

교사 흠, 그게 후회되는구나?

학생 네.

학생 친구들끼리만 판단해서 단정 지은 것도 포함이요.

교사 아쉽고 좀 창피하겠구나?

학생 엄청 창피해요.

교사 자, 후회된다면 너의 그 세 가지 모습이 어떤 모습이라고 생각되어서 그렇지?

학생 자만하고, 다른 사람의 말을 귀담아듣지 않고, 어른들을 무시하고⋯⋯ 요 정도.

교사 아. 그렇구나.

학생 그다음엔 뭔가요?

교사 그럼 너는 겸손하고 다른 사람 말을 귀담아들을 줄 아는 사람이 되고 싶은 거구나?

학생 네. 저한테 도움 되고 싶어서요. 그리고 어른들 말이 틀린 게 아니라는 걸 알았어요. 원래는 그렇게 생각 안 했거든요. 막 위인이나 유명한 사람들만 옳다고 생각하고…….

교사 그런 네가 되면 어떤 기분이 들 것 같아?

학생 뿌듯하고 행복하고 상쾌하고…… 그렇겠죠.

교사 그렇겠지. 지금 나한테 연락한 것도 조언을 듣고 의논하려고 한 것 아니냐?

학생 네. 맞아요.

교사 대단한 게…… 니가 원하는 걸 바로 이렇게 실천해 내네.

학생 아 그게요 선생님, 저는 선생님이 대단하다고 느껴졌어요. 근데 중요한 건, 제가 느낀 게 뭐냐면요…… 저희 엄마 아빠나 그냥 학교에 선생님들 좋은 분들도 물론 계시지만 그냥 제 판단으로 특정 선생님과 엄마 아빠의 이야기를 귀담아듣지 않았어요. 근데 느낀 건 '모든 어른들의 말을 그래도 듣고 생각해 봐야겠구나.' 이거예요.

교사 니 말은 주변의 별 볼 일 없어 보이는 사람들 말은 무시하고 자만했는데 지금은 후회된다는 말이구나?

학생 네. 딱 그거예요!

교사 그런데 그건 니가 겸손하고 남의 말에 귀 기울이려는 본심이 있기 때문이었구나?

학생 네. 그런 거 같아요.

교사 그것도 유명하거나 대단한 사람 말고 평범한 주위 사람의 의견도 귀를 기울이겠다는 말이지?

학생 네.

교사 그렇게 되면 상쾌하고 뿌듯하고 행복하겠지?

학생 네.

교사 그럼 지금 당장 그렇게 될 수 있지 않겠니?

학생 네. 입시 땜에 결과 안 좋아서 많이 속상했는데…… 반대로 가족이랑 더 친해졌고, 대화하는 시간도 많아졌고, 밥도 같이 먹고…… 예전엔 대화하면 많이 싸웠는데 이제는 좋은 얘기도 많이 하고 그래요. 근데도 입시 결과가 나오니까 계속 속상한 마음이 들더라구요. 당연한 건지 모르겠는데, 요즘 가족의 소중함을 진짜 많이 느껴요.

교사 좀 새롭겠다?

학생 네.

교사 따뜻하기도 하고 어색하기도 하고?

학생 맞아요.

교사 지금처럼 후회되고 창피할 때 니가 무시했던 부모님에게 털어놓는다면 그게 바로 겸손하고 남에게 하는 모습 아니겠니?

학생 네.

교사 그러면 아까 예상했던 대로 상쾌하고 행복해지겠지? 후회될 때 후회 속에서 본심을 찾고 그걸 실천함으로써 행복해지는 거.

학생 우와.

교사 지금은 기분이 어때?

학생 지금은 아주 행복해요. 솔직히 선생님한테 연락하는 것도 겁나고 두려웠거든요. 근데 잘했다는 생각이 들어요. 마음도 편안하고…….

교사 안심되겠구나?

학생 네,

교사 나도 안심되네. 다행스럽고. 난 이제 또 일하러 가야겠다.

학생 네. 칼 같은 사람……

상담에서 교사들이 자꾸 학생들에게 '사실 정보'를 얻으려고 하는 경향을 경계해야 한다. 교사가 '사정을 잘 알면' 더 잘 도와줄 수 있을 거라고 믿기 때문이다. '누가, 언제, 어디서, 왜, 어떻게' 이런 정보는 깊은 상담을 하기 위해 필요한 정보는 맞지만, 담임 교사나 교과 교사는 전문 상담가가 아니기 때문에 잘못하면 '사실 정보'만 다루다가 학생의 '감정'을 다루지 못하는 일이 생긴다. 이는 '사실관계'를 모르는 상태에서 감정만을 다루는 것에 비해서 훨씬 비효율적인 대화가 된다.

학생에게 무슨 일이 있었는지 모르는데 어떻게 대화가 진행될 수 있을까? '감정'에 집중하는 대화 사례를 보자.

진로 체험의 날이다. 오전에는 직업인 특강을 하고 오후에는 고등학교별 체험 부스 탐방을 한다. 체험 안 하고 빈둥거리는 아이들이 없도록 부스 3군데 이상을 돌고 확인 도장을 받도록 했다. 체험 부스 탐방이 시작되어 아이들이 오가는 것을 구경하고 있는데 2년 전에 우리 반이었던 3학년 아이가 다가왔다.

학생 쌤, 오늘 몇 시에 마쳐요?

교사 7교시까지 한다던데?

학생 집에 가면 안 돼요?

교사 집에 가고 싶어졌니?

학생 네. 엄마 보고 싶어요.

교사 힘든 일이 있었나 보구나?

학생 네. 이런 적은 처음이에요.

교사 음, 뭔가 힘들고 괴롭고 우울하고, 아예 사라졌으면 좋겠다는 생각도 들겠다?

학생 짜증나고 답답해요. 위에 무슨 진로 부스 하는 것도 저한테는 아무 도움도 안 될 것 같고, 그냥 집에 가고 싶어요.

교사 그래, 짜증나고 답답하고 무기력한가 보구나?

학생 네. 그냥 지금 잠들어서 한 달 뒤에 깨어났으면 좋겠어요.

교사 좌절감도 들고 의욕도 안 생기고 약간 불안함도 있고 두려움도 있나 보네?

학생 네.

교사 음, 무슨 일인지 궁금하네? 내가 들어보고 혹시 도와줄 수 있으면 도와주고 싶네.

학생 어떻게 말해야 될지 모르겠어요. 남들이 들으면 아무것도 아닐 수도 있을 거예요.

교사 어떻게 말해야 될지 정리가 잘 안 되나 보다. 어떻게 보면 아무것도 아닌 일이라서 더 설명하기 어려울 수도 있겠네. 근데 태어나서 처음 겪는 일이고, 그러다 보니 이제 어떻게 해야 될지 모르겠나 보다. 많이 막막하겠다.

학생 네.

교사 근데도 니가 에라 모르겠다 하고 가방 메고 집에 가버리지 않고 괴롭고 힘들어하면서도 학교에 있는 걸 보니 니 기분 때문에 학교의 행사를 망치는 일은 하고 싶지 않다는 생각도 있나 보구나?

학생 네. 도장도 세 개 받아야 되는데, 근데 이런 기분으로는 아무것도 안 하고 싶어요. 들어도 귀에 안 들어와서 진로에 아무런 도움이 안 될 것 같 아요.

교사 도장은 일단 세 개 받아야 될 것 같긴 한데 무기력해서 하긴 싫고, 또 안 하고 종례 시간까지 버티려니까 그것도 예의가 아닌 것 같고…… 고민 되고 갈등 되겠다.

학생 그거 안 하면 또 선생님이 뭐라 하잖아요. 아예 말도 하기 싫고 귀찮 은데 안 하면 그거 때문에 또 말해야 되잖아요.

교사 이럴 수도 없고 저럴 수도 없고 답답하고 짜증나겠다.

학생 쌤, 그냥 도장 받으러 가야겠어요.

교사 힘들더라도 일단 할 건 하고 보자는 말이지? 용지는 있니?

학생 그냥 아무 종이에나 찍어달라고 하면 될 거에요.

교사 그래, 또 힘들면 내려와.

학생에게 있었던 힘든 일을 교사는 여전히 알 수 없다. 그리고 이 학 생의 고민이 해결되었는지 안 되었는지 모른다. 그래도 이 학생이 진로 체험의 날에 불성실하게 체험해서 담임 교사와 갈등을 빚는 일은 막을 수 있었다.

이것을 응용하면 교사의 도움 없이 학생들이 스스로 자기 힘을 북돋 는 방법을 알려줄 수도 있다.

인문계 갈 성적이 아슬아슬해서 자기 실력보다 많이 낮은 전문계고를 간 졸업생이 시험 기간에 메시지를 보내왔다.

학생 선생님!

교사 왜?

학생 보구 싶어요ㅠㅠ

교사 나도 보고 싶다ㅋ 집이냐?

학생 넵! 집이에용ㅎㅎ 쌤은요?

교사 난 부산대에 갔다가 집에 가는 중

학생 우아 일요일에도… 쌤 안 힘드세요?

교사 힘들어 죽겠다ㅎㅎ 시험 기간이겠네?

학생 네! 이번 주 화요일 날요

교사 공부해서 전교 1등 해라

학생 근데 겁나요! 저랑 비슷하고 못하는 애들도 많은데 요기서도 못하면 어떡하죠?

교사 그게 걱정되고 그래서 불안하겠네?

학생 네… 힘들면 더 쌤 생각나용

교사 네가 한번 제대로 잘 해보려는 마음이 있으니까 그런 걱정도 하는 거 아니겠니

학생 ㅎㅎ 그렇겠죠?

교사 '잘해보고 싶은데 겁나요' 하지 말고 '겁나지만 잘해볼게요' 이렇게 말해볼래

학생 우아 쌤 짱! 쌤… 저 이번 첫 시험 겁나지만 잘해볼게요ㅎㅎ

교사 ㅋㅋ 듣기 좋고 기운 나네! 니 말 들으니까 나도 오늘 힘들지만 열심히 해야겠다는 생각이 드네. 같이 파이팅하자~

학생 ㅎㅎ 쌤 진짜 사랑해요! 제가 스승의날 맛있는 거 사서 들고 갈게요~

감사합니당 ♥♥

학생의 본심은 '잘해보고 싶은 것'이다. 학생의 기분은 '겁난다'이다. 학생이 자신의 내면에 있는 두 가지 중 '겁난다'에 집중할 때와 '잘해보고 싶다'에 집중할 때 학생의 행동이 어떻게 달라질지 쉽게 예상할 수 있다.

학생뿐만 아니라 어른들도 마찬가지다. 다음은 동료 교사와 대화 사례이다.

동료 교사 선생님, 전 요즘 뭔가 귀찮고 예전처럼 막 열심히 안 하는 것 같아요.

교사 네, 선생님이 일부러 그러는 것은 아닐 거고…… 예전처럼 열심히 못 하게 된 나름의 이유와 상황이 있는 거겠죠?

동료 교사 네.

교사 그런 자신의 모습이 낯설고 아쉽게 느껴지는 것도 다 선생님이 열정적으로 열심히 준비하는 것이 바람직한 교사의 모습이고 그렇게 되고 싶기 때문 아니겠어요?

동료 교사 네.

교사 그런 자신의 모습을 알아차리니까 어때요?

동료 교사 음…… 지금은 주춤하지만 열심히 할 수 있을 것 같아요.

교사 선생님이 다시 열정적으로 열심히 수업 준비하고 애들을 만나게 되면 어떤 기분이 들 것 같아요?

동료 교사 기쁘고 행복하겠죠.

교사 지금은 기분이 어때요?

동료 교사 설레고 할 수 있을 것 같고 기대가 돼요.

주변에 내 말을 잘 들어줄 것 같은 사람이 없을 때, 자기 스스로를 다독이며 힘을 내고 싶을 때, 행복한 인생을 위한 마음 관리 팁을 정리하면 다음과 같다.

㉮ 자신의 불편한 감정을 수용하라.

㉯ 수용하고 편해진 자리에서 본심을 느껴라.

㉰ 본심을 못 이룰까 봐 걱정하는 마음을 본심을 꼭 이루고 싶은 마음으로 바꿔라.

㉱ 그 둘은 동전의 양면이다.

㉲ 익숙해지면 말투를 바꿔라.

2. 대화와 생활지도

민주 시민은 자유롭게 말할 수 있어야 한다. 존 스튜어트 밀은 《자유론》에서 여론과 관습을 앞세운 다수의 횡포가 인간성의 발전을 위축시킬 것으로 보았고, '사회'나 '여론'의 이름으로 개인의 사상이나 특성을 사회의 표준에 맞도록 획일화시키는 상황을 경계했다. 개인의 자유를 억압하는 일뿐만 아니라 개인이 여론이나 주위의 시선을 의식하여 자유로운 선택과 표현을 하지 못하는 일이 있어서도 안 된다고 했다.

밀은 생각·사색·실천·감정 같은 내면적 의식의 자유, 기호와 희망을 추구할 수 있는 자유, 어떤 목적의 모임이든 자유롭게 결성할 수 있는 자유를 인간 자유의 고유 영역으로 보았다. 이 중 하나의 자유라도 존중되지 않는 사회는 자유로운 사회가 아니라고 했다. 밀은 모두가 동의하는 절대 진리나 절대 선을 놓고도 누구나 자유롭게 토론할 수 있는 사회, 개인이 선택한 삶의 방식에 대해 어떤 누구도 이렇게 살라고 간섭하지 않는 사회를 꿈꾸었다.

민주 사회는 어떤 밀이라도 자유롭게 할 수 있는 사회여야 한다. 밀은 《자유론》의 교훈이 필요한 상황이 오래도록 지속될까 봐 염려했다고 한다. 자유의 보장과 제한에 대한 밀의 생각들을 읽다 보면 오늘날의 대한민국은 과연 자유로운 사회인지 돌아보게 된다. 오늘날의 학교는 과연 자유로운 사회인가? 오늘날의 학생은 자유롭게 말을 하는 민주 시민인가? 오늘날의 교사는 어떤 말이라도 자유롭게 하는 민주 시민인가?

민주 시민은 자유의지로 생각하고 선택하고 행동한다. 학생들은 종종 교사에게 답을 묻는다. 교사가 답을 주는 것은 쉽지만, 학생이 자유의지로 생각하고 선택하고 행동하도록 만드는 일은 어렵다. 어렵지만 불가능하지는 않다. '말'로써, '대화'로써 그것이 가능하다. 학생들이 자유의지로 생각하고 선택하고 행동하며, 교사는 학생들이 어떤 말이라도 할수 있도록 교육하는 학교. 이것이 바로 민주 시민 교육이 이루어지는 학교이다.

학생이 교사에게 말을 걸 때는 무언가 '욕구'를 가지고 있을 때이다. 마음속 깊은 곳의 욕구가 좋은 감정이나 안 좋은 감정을 일으켜서 그 '감정'이 학생에게 말을 거는 행동에 에너지를 부여한다. 학생들은 아직 정확하게 욕구를 표현하는 '말하기' 능력을 배우는 과정에 있기에 가정이나 학교에서 익숙해져 있는 습관에 따라 교사에게 말을 건다.

교사는 학생의 '말'을 듣고 '욕구'를 들어낼 수 있어야 한다. 학생의 말은 대부분 왜곡된 경우가 많기 때문에 '욕구'를 말 속에 '숨은 뜻', '본심'이라고 부르기도 한다. '말'에 사로잡히면 그 말의 숨은 뜻, 즉 내면의 '욕구'를 볼 수 없게 되고, 내면의 '욕구'가 해결되지 않으면 학생은 '말하기'를 멈추지 않는다. 교사 역시 지쳐간다. 학생의 '말'을 듣고 '욕구'를 들어내려면 학생의 '말' 속에 담긴 '감정'에 주목하면 된다.

학생의 행동은 어떨까? 학생이 어떤 행동을 할 때도 그 행동을 하게 만드는 학생 내면의 '욕구'가 있다. 교사는 학생의 행동을 보고 그 안의 '욕구'를 알아차릴 수 있어야 한다. 독심술을 하라는 것이 아니다. 학생의 행동을 이해하려는 태도로 접근하라는 뜻이다. 학생에게 행동의 이유를 설명하라고 요구해도 학생이 순순히 욕구를 드러내지 않는다. 감정이라는 노이즈는 본심이 담긴 말이 표현되는 것을 가로막는다. 교사가 학생의 행동에 담긴 '숨은 뜻'을 파악하기 위해 필요한 것도 역시 '대화'이다.

어두운 방에 좁은 틈으로 새어 들어오는 빛을 보라. 물체에 닿으면 격렬하게 부딪히거나 체념하여 수직으로 떨어지지 않고 그곳에 자리를 잡고 물체를 조용히 비춘다.   (아우렐리우스, 《명상록》)

교사를 힘들게 하는 이른바 문제 학생을 대할 때 교사에게 필요한 것은 바로 이 '빛'과 같은 태도이다. 학생과 격렬하게 부딪히거나 체념하여 교사로서의 자신감을 잃을 필요가 없다. 그 학생을 그저 조용히 비추기만 하면 된다.

학생을 이해하기 위해 교사에게 필요한 말은 세 마디면 된다.

"네 말은 그 말이구나."

"네가 그런 감정이었구나."

"네가 그걸 원했구나."

❶ 생활지도에 포함된 개념

- 학생의 생활을 학교 규칙에 맞도록 변화시키기
- 학생에 대해 잘 이해하기
- 학생과의 관계를 향상시켜 수업에 도움을 받기
- 학생들 사이의 갈등을 해결하기
- 학생과 교사 자신의 갈등을 해결하기

지각하는 아이, 떠드는 아이, 담배 피우는 아이, 화장하는 아이, 무단결석하는 아이, 교실 어지르는 아이, 교복 안 입는 아이, 다른 친구 괴롭히는 아이, 기물 파손하는 아이 등을 지각 안 하도록, 떠들지 않도록, 담배 피우지 않도록, 화장하지 않도록, 무단결석하지 않도록, 교실을 어지르지 않도록, 교복을 입도록, 다른 친구를 안 괴롭히도록, 기물을 파손하지 않도록 변화시킬 수 있을까?

변화는 처벌에 의해서도 가능하고 칭찬에 의해서도 가능한데, 요즘은 학생을 변화시킬 만큼 강한 처벌을 할 수가 없다. 칭찬은 아무에게

나 받는다고 모두 효과가 있는 것이 아니다. 학생이 '훌륭한 분'이라고 인정하여 스스로 권위를 부여한 사람이 해주는 칭찬만이 학생의 변화를 이끈다. 결국 우리는 학생을 어떻게 규칙에 맞도록 변화시킬 것인가가 아니라 어떻게 하면 자신을 학생이 인정하고 권위를 부여할 만한 사람으로 변화시킬 것인가에 대해 연구해야 한다.

학교 규칙이라고는 해도 '교칙에 언급되지 않는 기본적인 규칙'과 '교칙에만 규정되는 특수한 규칙'과 '법률에 규정되는 일반적인 규칙'이 섞여 있다. '교칙에 규정된 것'과 '법률에 규정된 것'은 교칙과 법률의 규정에 따라 처리하면 된다. 다만 교칙의 일반적인 문제는 '이렇게 해야 한다'고는 적혀 있지만 '이렇게 하지 않으면 어떻게 한다'는 처벌 규정이 명시되어 있지 않기 때문에 규칙을 지키지 않은 경우의 대응이 교사의 재량에 맡겨진다는 점이다. 그래서 '교칙에 언급되지 않는 기본적인 규칙'과 '교칙에서 처벌 규정이 명시되지 않은 규칙'은 묶어서 '상담'의 영역으로 넘어가고, '교칙에서 처벌 규정이 명시된 규칙'과 '법률에 규정된 일반적인 규칙'은 선도위원회나 학폭위원회 또는 검찰로 넘어간다.

❷ 상담과 생활지도

'상담'이라고 하면 몇 가지 장면이 떠오른다. 첫째, 3월에 학생들을 파악하기 위해 한 명씩 불러서 담임과 학생이 나누는 대화. 둘째, 문제 있는 학생과 교사가 문제 행동에 대해 나누는 대화. 셋째, 학생이 고민이 있어서 교사를 찾아와서 위로나 조언을 구하는 대화. 이 중 첫째와 둘째는 상담이 아니다. 첫째는 굳이 이름 붙이면 '면담'이고, 둘째는 '취조' 아니면 '훈육' 정도가 될 것이다. 셋째의 경우가 상담이며, 전문적인 상담 기술이 필요한 주제라면 교내의 전문 상담 교사나 외부의 상담 기관에 맡겨야 하고, 일반적인 주제라면 간단한 상담 대화 기술을 배워서 교사가 해결할 수 있다.

상담과 생활지도의 관계는 어떠할까? 지각하는 아이, 떠드는 아이, 담배 피우는 아이, 화장하는 아이, 무단결석하는 아이, 교실 어지르는 아이, 교복 안 입는 아이, 다른 친구 괴롭히는 아이, 기물 파손하는 아이를 상담을 통해 변화시킬 수 있을까? 그런데 이 질문은 잘못되었다. 왜냐하면 상담은 상대를 변화시키기 위한 대화법이 아니기 때문이다. 상담은 오직 '상대를 이해하기 위한' 대화일 따름이다. 이러한 상담의 정의가 앞에서 말한 상담의 세 번째 경우, 즉 '학생이 고민이 있어서 교사를 찾아와서 위로나 조언을 구하는 대화'에 적용될 수 있을까? 교사는 조언을 구하며 고민하는 학생에게 조언을 해줄 수 있다. 하지만 그보다 더 중요한 것은 학생의 고민을 '이해'하는 것이다. 학생의 고민을 어느 수준까지 이해하는가에 따라 위로와 조언의 영향력이 커지기도 하고 작아지기도 한다.

학생을 이해하는 것은 상담에서도 중요하지만 '3월에 학생들을 파악하기 위해 한 명씩 불러서 담임과 학생이 대화를 나눌 때'도 중요하고, '문제 있는 학생과 교사가 문제 행동에 대하여 나누는 대화', 즉 앞에 나왔던 '교칙에 언급되지 않는 기본적인 규칙'과 '교칙에서 처벌 규정이 명시되지 않은 규칙'을 어긴 학생과의 대화, '교칙에서 처벌 규정이 명시된 규칙'과 '법률에 규정된 일반적인 규칙'을 어긴 학생과의 대화에서도 중요하다.

생활지도의 출발점을 '학생에 대한 이해'로 잡으면 여러 가지 장점이 있다. 첫째, 학생이 '이해받는다'는 기분이 들어서 마음이 열린다. 그러면 저절로 교사의 말을 잘 듣게 된다. 학생이 자신의 결심을 지속적으로 실천하는 것과는 조금 다른 문제이다. 둘째, 학생을 진심으로 이해하게 되면 교사는 학생에게 외부의 규칙을 일방적으로 강요하지 않게 된다. '지각했다'는 현상과 '지각하면 안 된다'는 규칙만 존재하는 이분법적 사고에서는 교사도 길을 잃기 쉽다. 학생을 제대로 이해하고 나면 '지각했다'는 현상에 얽매이지 않고 다른 방식으로 학생의 성장을 도울 길을 찾게 된다.

학생을 이해하기 위해 대화의 '듣기', '칭찬하기', '지적하기' 기술을 응용하면 큰 도움이 된다. 대화의 원리를 통해 학생을 진정으로 이해하고 나면, 사실 교사 입장에서 별로 지적하고 싶은 마음도 안 생긴다. 학생이 왜 그런 행동을 했는지 충분히 알게 되었고, 아마도 학생이 앞으로 올바른 행동을 하겠다고 스스로 다짐하는 모습을 보일 테니 말이다.

❸ 생활지도와 교과 수업

비담임은 학생들과 교과 수업 시간에만 만난다. 교과 수업 시간에 학생들과의 관계를 형성해 가면서 수업도 진행해 나가려면 오랜 숙련의 시간이 필요하다. 학생들과의 접촉 시간이 짧아 라포를 형성하기 어려운데, 요즘 학생들은 점점 앉아 있기 힘들어하고 교사는 '수업 내용을 제대로 전달'하는 데만 모든 힘을 쏟아도 모자랄 판에 '앉아 있기 힘들어하는 학생들을 앉아서 듣게 만드는' 데도 많은 힘을 들여야 하므로 정해진 수업 시간 내에 둘 중 한쪽에 무게중심이 쏠리기 마련이다. 어느 한쪽에 더 많이 신경을 쓰다 보면 다른 한쪽이 미진해지고, 그 미진함은 수업을 마치고 교실을 나오는 교사의 마음에 허전함과 무력감을 남긴다.

　비담임 교사는 수업이 아닌 시간에 학생들과 접촉할 기회가 자주 있다. 그럴 때 '상담 대화 기술'을 이용해서 학생을 이해하는 노력을 해두면, 교사에게 이해받았다는 기분을 느낀 학생들은 어렵고 지루한 수업 시간을 참고 견디려는 노력을 조금 더 하게 된다. 그것도 자발적으로. 그리고 그 학급의 모든 학생이 교사와 서로 이해하는 관계를 맺지 않더라도, 참고 견디는 학생들의 수를 한 명씩 한 명씩 늘려나가는 것은 그 학급이라는 '집단'에 영향을 주게 된다. 이것이 집단 리더십의 메커니즘이다. 완벽한 목표를 세우지 말고 차근차근 작은 목표부터 해결해 나가면 된다. 그럴 때 그 실천을 포기하지 않게 만드는 힘은 믿음이다. 학생 개인과 서로 이해하는 관계 맺기, 학급의 학생들과의 관계를 조금씩 늘려감으로써 학급 전체에 대한 교사의 영향력을 키워가는 일이 실제로 가능함을 믿어야 한다. 그 믿음은 작은 실천을 통한 성공의 경험에서 온다.

　'3단계 듣기'의 원리를 이용하면 학생들 사이의 갈등을 해결하는 데 도움이 된다. 갈등으로 감정이 격해진 학생들이 서로 '기분 듣기'를 할 수 있도록 교사가 기회를 만들어주기만 하면 된다. 일대일로 다툰 경우, 교사는 시작 전 사실관계를 확인하고 학생들이 작업에 참여할 기분인지를 확인하고 기분을 들어주어 참여 동기를 높인다. 중간중간 학생들의 감정을 들어준다. 마치고 학생들의 기분을 또 들어주고 교사의 감정을 표현하거나 칭찬 등을 곁들인다. 절대 시시비비를 가리지 않으며, 이 사태나 학생이 느끼는 감정에 대한 교사의 판단을 말하지 않는다.

　그다음은 아래의 순서대로 서로 감정을 표현하게 한다.

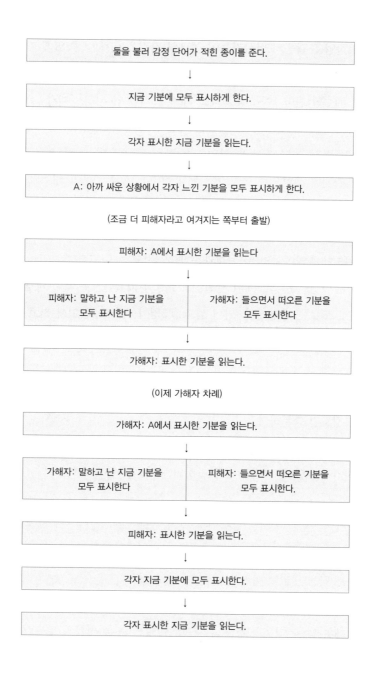

둘을 불러 감정 단어가 적힌 종이를 준다.

↓

지금 기분에 모두 표시하게 한다.

↓

각자 표시한 지금 기분을 읽는다.

↓

A: 아까 싸운 상황에서 각자 느낀 기분을 모두 표시하게 한다.

(조금 더 피해자라고 여겨지는 쪽부터 출발)

피해자: A에서 표시한 기분을 읽는다

↓

| 피해자: 말하고 난 지금 기분을 모두 표시한다 | 가해자: 들으면서 떠오른 기분을 모두 표시한다 |

↓

가해자: 표시한 기분을 읽는다.

(이제 가해자 차례)

가해자: A에서 표시한 기분을 읽는다.

↓

| 가해자: 말하고 난 지금 기분을 모두 표시한다 | 피해자: 들으면서 떠오른 기분을 모두 표시한다. |

↓

피해자: 표시한 기분을 읽는다.

↓

각자 지금 기분에 모두 표시한다.

↓

각자 표시한 지금 기분을 읽는다.

이 작업은 갈등의 당사자들이 서로의 감정을 이해할 수 있게 기회를 주는 것이다. 학생들이 아무리 이상한 말을 해도 교사는 "그랬구나."라고만 해주면 된다. "아무리 그래도 네가 그러면 안 되지." "네가 그런 말을 하니까 쟤가 그랬지." 이런 말을 하면 안 된다.

가장 먼저 '지금 기분'을 확인하는 것은, 그 확인을 통해 '싸울 당시'라는 과거의 경험으로 돌아가기 위해서이다. 지금 기분이 해소되지 않으면 지난 일(싸울 당시)을 떠올리는 데 큰 방해가 된다. 지금 기분을 해소하기 위해서는 '나 스스로 그것을 알아차림'이 필요하고, 타인이 그 기분을 함께 알아차려 주면 효과는 배가 된다.

새로 발령받은 학교에서 생활지도부장이 되었다. 그 학교 학생들을 하나도 모르는 상황에서 3학년 남학생 2명이 싸웠다. 둘이서 치고 박고 싸웠을 때 가장 도움이 안 되는 말은 "누가 먼저 그랬니?"이다. 그저 둘을 불러서 교사의 안내를 받을 마음의 준비가 되어 있는지를 확인하고 앞쪽의 '흐름도'에 따라 각자의 감정을 표현하고 상대의 감정을 알게 하는 정도면 충분하다.

먼저 시비를 건 쪽을 '가해측', 받아친 쪽을 '피해측'이라고 이름 붙여서 정리해 보았다. 피해측이 쓴 감정의 변화는 다음과 같다.

- 지금 기분: 흥분되는, 눈물겨운, 후회스러운, 울고 싶은, 막막한, 무거운, 얄미운, 열받는, 지겨운, 짜증스러운, 기분 나쁜, 당황스러운, 어이없는, 참을 수 없는, 쪽팔리는, 무거운, 쉬고 싶은
- 싸울 때 기분: 죽고 싶은, 뭔가 잃은 듯한, 못마땅한, 심술 나는, 원망스러운, 불만스러운, 신경질 나는, 피하고 싶은, 꼴 보기 싫은, 무서운, 놀

라운, 멍한, 죽을 것 같은, 조마조마한, 충격적인, 답답한, 기가 막힌, 가슴 아픈, 소름 끼치는, 숨 막히는, 쓰러질 것 같은, 미안한, 창피한, 캄캄한, 뭐가 뭔지 알 수 없는

- 표현하고 나서 기분: 안타까운, 지겨운, 불쾌한, 혼란스러운, 그저 그런
- 상대의 말을 들어본 기분: 괜찮은, 따사로운, 허탈한, 외로운, 거북스러운, 서운한, 부담스러운, 긴장되는, 미안한
- 다 끝나고 기분: 씁쓸한, 큰일 날 것 같은(부모님한테 혼날까 봐), 민망한, 창피한, 안심되는, 편안한

가해측이 쓴 감정 변화는 다음과 같다.

- 지금 기분: 후회스러운, 막막한, 불편한, 찝찝한, 속상한, 당황스러운, 목이 메이는, 가슴 아픈, 애간장이 타는, 몸 둘 바를 모르는, 부끄러운, 미안한, 쪽팔리는
- 싸울 때 기분: 울고 싶은, 열받는, 당황스러운, 초조한, 걱정스러운, 가슴 아픈, 몸 둘 바를 모르는, 부끄러운, 미안한
- 표현하고 나서 기분: 긴장되는, 진땀 나는, 얼굴이 화끈거리는, 미안한, 자책하는
- 상대의 말을 들어본 기분: 후회스러운, 막막한, 불편한, 속상한, 당황스러운, 걱정스러운, 가슴 아픈, 미안한, 주체할 수 없는
- 다 끝나고 기분: 울적한, 눈물 나는, 창피한, 미안한

감정에 주목하는 방법은 갈등 발생 초기에 더욱 효과적이다. 생활지

도부에서 '학교 폭력 예방교육'을 할 때, 친구들이 놀리거나 귀찮게 하거나 괴롭히면 "하지 마."라고 말하라고 가르치는 경우가 많다. 나도 "하지 마."라고 세 번 말했는데 멈추지 않으면 즉시 생활지도부로 신고하면 학폭으로 접수해 주겠다는 말을 전교생들 귀에 못이 박히도록 교육했고 일정 정도 효과를 보았다. 그러나 그 뒤에는 친구들이 놀리거나 귀찮게 하거나 괴롭힐 때, 지적하는 말하기의 단계에 따라 "너의 그 말(행동) 때문에 나는 괴로워(귀찮아, 힘들어, 혐오스러워, 불안해, 무서워, 짜증나, 화가 나, 억울해, 분해, 수상해, 슬퍼……)."와 같이 감정을 표현하도록 지도했다. 효과는 감정을 표현하는 쪽이 더 컸다.

사람은 어떤 순간에 하나의 감정만 느껴지는 게 아니다. 그 순간에 일어난 일에 대해서 사람들은 보통 열 개 정도의 감정이 휘리릭 지나간다. 그중에 크게 느껴지는 것은 한두 개이다. 그것마저 못 느끼는 사람도 있다. 가장 큰 감정과 그 옆의 작은 감정들이 있다. 상담 대화를 해보면, 학생이 "그 선생님 미워요. 나는 너무 억울해요. 그 선생님이 나를 먼저 억울하게 했고 그래서 반항했는데 내가 왜 미안해요?"라고 말할 때 "그래 그 선생님이 미웠구나. 네가 많이 억울했구나."라고 받아주면 "사실은 미안해요."라고 하게 되어 있다. 미안함이 새로 생겨난 것도 아니고 우리가 그 아이 마음속에 집어넣은 것도 아니다. 그 학생이 교사에게 반항할 당시에 '미움', '억울함'과 함께 '미안함', '두려움' 등이 같이 획 지나간다. 그러나 억울함과 미움이 너무 커서 그 옆에 있는 작은 감정들이 안 보일 뿐이다. 억울함과 미움을 풀어주고 나면 비로소 안 느껴지던 작은 감정들이 느껴진다. 그 작은 감정들까지 표현하고 남은 평온하고 담담한 상태에서 '가장 이성적이고 최선의 결정을 스스로 내리게 돕는 것'이 바로 상담이다.

"선생님 제 선택이 옳을까요? 불안해요. 걱정돼요. 무서워요."라고 말하는 학생에게도 그 감정만 있는 것이 아니다. '걱정, 무서움, 불안'을 교사가 다 들어주고 나면 "정말 잘 선택하고 싶어요. 기대가 돼요."처럼 '기대'가 자기 마음속에 있었다는 것을 발견하게 된다. 그러니 학생이 기분을 표현하고 나면 "그런 기분이 들었구나."라고 들어주고, "그렇게 표현하고 나니까 지금은 좀 어때?"라고 확인한 다음, "혹시 다른 기분은 없었어?"라고 물어봐 주는 것이 좋다.

이 방법은 일대일의 갈등이 아니라 '일 대 다수' 또는 '다수 대 다수'의 경우에도 똑같이 적용된다. 교무실에 있다 보면 학생들끼리 갈등을 풀겠다고 와서는 담임에게 "우리끼리 이야기할 시간을 좀 주세요."라고 하는 경우를 본다. 절대 안 된다. 학생들은 올바른 대화법을 모르기 때문에 자기들끼리 풀게 놔두면 또 싸운다. 교사가 동석한다 해도 '대화 기술'을 익히지 않은 교사라면 쉽게 중재하기 어렵다. 하지만 원리를 알면 쉽다.

제주도에서 전학 온 여학생에게 남학생 10명이 '제주도, 돌하르방, 돌할매, 제주도 옥동자' 등으로 부르며 놀리는 상황이 약 한 달 동안 반복되어 여학생이 화가 많이 났다. 그래서 3월 말에 2박 3일 체험학습 갔을 때 마지막 날 밤 자유시간에 반 아이들을 숙소에 모두 모이게 하고 놀림당한 여학생을 가운데에 앉혔다.

교사 애한테 뭐라고 놀렸는지 한 사람씩 말해봐라.

남 1 제주도요.

남 2 돌하르방이요.

남 3 돌할매요.

남 4 제주도 옥동자요.

남 5 한라봉이요.

남 6 해녀요.

(돌아가면서 사실 표현)

교사 너는 저 말을 들을 때 기분이 어땠는지 말해볼래?

여학생 짜증났어요. 화도 나고 때리고 싶고 죽이고 싶고…….

교사 때리고 죽이고 싶을 만큼 화가 많이 났구나. 화나는데 계속 놀려서 짜증이 나고?

여학생 예. 하지 말라는 데도 계속하고……. 제주도에서 3년밖에 안 살았는데 '제주도'라고 놀리고.

교사 놀리지 말라는 데도 계속 놀리니까 네 말 무시하는 것 같고 제주도 출신도 아닌데 놀리니까 억울하기도 했겠네.

여학생 예. (운다.)

교사 얼마나 속상했겠니. 한 달 동안 어떻게 참았니?

교사 너희는 애 말 듣고 어떤 기분이 들었는지 말해볼래?

남 1 쟤 마음을 알 것 같아요.

남 2 그런 줄 몰랐어요.

남 3 앞으로 안 놀려야겠다고 결심했어요.

교사 그런 거 말고 기분을 말해볼래?

남 1 미안하고 후회되고…… 죄송해요.

남 2 미안해요.

남 3 슬퍼요.

남 4 미안해요.

남 5 미안해요.

남 6 미안하고 이제 안 놀릴 수 있을 것 같아요.

(돌아가면서 감정 표현)

사실 이쯤에서 훈훈하게 마무리가 될 줄 알았다. 그래서 마무리하는 차원에서 상황을 지켜보고 있던 다른 친구들의 이야기를 듣고 나서 마치려고 했다.

교사 (그 외의 아이들에게) 얘들을 보고 너희는 어떤 기분이 드는지 말해줄래?

급우 1 어이없어요. 남자애들은 그냥 말로만 하는 거 같아요.

급우 2 슬퍼요.

급우 3 앞으로 잘 될 것 같아요.

(돌아가면서 감정 표현)

교사 다 들으니까 기분이 어떻니?

여학생 반성하는 것 같긴 한데 저도 어이없어요. 한 명이 미안하다 하니까 그냥 다 따라 하는 거 같아요.

교사 애들 말이 실감이 안 난다는 말이구나?

남 7 근데 우리도 어이없어요.

남 8 저는 억울해요.

교사 뭐가 억울한지 말해볼래?

남7 쟤가 먼저 우리 짜증나게 했어요. 가만히 있는데 욕하고 꺼지라고 했어요.

남8 맞아요. 우리가 먼저 놀린 거 아니에요. 쟤가 짜증나게 해서 우리도 '제주도'라고 놀렸어요.

여학생 내가 언제? 너희가 첫날부터 청소 시간에 "야, 제주도 한라봉 맛있냐?" 이러면서 나보고 막 웃으니까 내가 짜증나서 욕한 거지. 그리고 첫날부터 기분이 상했으니까 너희들 보기만 해도 짜증이 나서 욕했다.

남7 첫날에 놀린 직 없다. 니가 욕하고 짜증나게 해서 나도 짜증나서 일주일인가 2주일 뒤부터 놀렸는데?

남8 "제주도 한라봉 맛있냐?" 그거는 너 놀린 거 아닌데? 그냥 궁금해서 물어본 거다. 너 혼자 놀린다고 생각해 놓고.

남6 전에는 내가 공부하고 있는데 너하고 친구들이 주위를 막 돌면서 시끄럽게 하길래 조용히 하라고 했는데, 꺼지라고 하면서 더 시끄럽게 하고 내 말도 안 들어주고……. (운다.)

여학생 그것도 다 너희가 첫날부터 놀려서 그런 거다.

이때 나는 잠시 당황했고 어떻게 해결해야 할지 막막했다. 그래서 우선 "내가 좀 당황스럽구나."라고 표현하고 나자 좀 여유가 생기면서 길이 보였다. 누가 먼저였는지 사실을 따지면 해결책이 없을 듯하여 여학생에게 한 것과 같은 방법으로 이번에는 남학생들의 기분을 들어주기로 결정했다.

교사 (남학생들에게) 그때 너희 기분이 어땠는지 말해줄래?

남 1 때리고 싶었어요.

남 2 화가 났어요.

남 3 무시당하는 거 같았어요.

남 4 약오르고 짜증났어요.

남 5 복수하고 싶었어요.

(돌아가며 감정 표현)

교사 너는 저 말 듣고 기분이 어때?

여학생 좀 어이없고 억울하고 짜증나요. 근데 기억은 안 나지만 내가 욕하고 그랬다면 그 부분은 제가 인정하고 좀 미안하기도 해요.

교사 (남학생들에게) 너희는 이 말 듣고 어때?

남 1 이제 괜찮아요.

남 2 공감돼요.

남 3 앞으로 잘 될 거 같아요.

남 4 시원해요.

(돌아가며 감정 표현)

교사 (다른 친구들에게) 너희는 지켜보면서 어땠어?

급우 1 기대돼요.

급우 2 시원해요.

급우 3 좋아요.

(돌아가며 감정 표현)

여학생 근데 선생님, 저 때문에 애들 자유시간 다 뺏기고 애들한테 미안하고 부담돼요. 마지막으로 한마디만 하고 마치면 안 돼요?

교사 그래 중간에 앉아서 말하느라 부담됐겠다. 남자애들이 돌아가면서 비난할 때도 듣고 있기 힘들었을 텐데, 말할 차례까지 잘 참고 들었네. 이제야 니가 다른 친구들이 보이는 걸 보니 여유가 좀 생겼나 보다. 눈치도 좀 보이겠네. 할 말 있으면 해라.

여학생 너희들, 내가 욕하고 그런 거 있으면 내가 그 부분은 인정하고 미안하다. 이제 이걸로 뒤끝 없이 이 이야기는 끝내고 앞으로는 더 친해졌으면 좋겠다.

교사 고생 많았다. 남학생들도 기분 제대로 표현해 줘서 고맙고, 나머지 친구들도 끝까지 지켜봐 주고 분위기 잡아줘서 고맙다.

이렇게 해서 40분 정도 걸렸다.

교사도 사람인지라 학생들의 수많은 부정적 감정을 듣다 보면 감정적으로 불편해진다. 이때 위의 사례처럼 "내가 좀 당황스럽구나."라고 스스로의 불편한 감정을 알아차린 뒤에 그 감정을 표현하고 해소해야 계속해서 맑은 정신으로 집단의 대화를 진행할 수 있게 된다.

TV 프로그램 가운데 〈어쩌다 어른〉 '손경이 편'에서는 갈등 상황에서 교사의 일방적인 지시로 가해자가 피해자에게 사과하고 끝내는 것이 얼마나 위험한지를 알려준다. '사과'라는 것이 하나의 '처벌'이라면, 갈등 상황에서 사과하고 끝내는 것은 가해자 중심의 해결 방법이다. 형사법의 맹점이기도 한데, 사법 체계 역시 가해자 중심의 해결 방법을 쓴다. 도둑질을 하면 징역 몇 년, 사기를 치면 징역 몇 년, 강도질을 하면 징역 몇 년, 살인을 하면 징역 몇 년…… 그러나 도둑이나 사기꾼이 아무리 감옥에 가 있어도 잃어버린 피해자의 돈은 돌아오지 않는다. 강도가 아무리 오래 감옥에 있어도 피해자의 상처는 회복되지 않는다. 살인자가 무기징역을 당해도 죽은 피해자는 돌아오지 않는다. 사법 체계야 어쩔 수 없다 치더라도 학교에서까지 그래서는 안 된다.

학교에서의 갈등은 피해자 중심으로 해결해야 한다. 다행히 학교 내에서 피해자의 피해는 극단적인 경우를 제외한다면 복구 가능한 재산상의 피해이거나 심리적으로 치유 가능한 정신적인 피해인 경우가 대부분이다. 따라서 교사는 가해 학생의 처벌에 힘을 쏟는 것 이상으로 피해 학생의 정신적 상처를 회복하는 데 힘을 집중해야 한다. 그 출발점은 역시 '기분 듣기'이다.

한번은 Wee클래스 실장님이 나에게 부탁을 했다.

"그 반에 민수(가명)가 친구들에게 놀림을 받아서 상처가 큰데, 선생님이 애들한테 말 좀 배려해서 하도록 지도해 주세요."

아이들이 수업 중이나 쉬는 시간에 "조용히 안 하면 민수!" "자리 바꾸면 민수!" "숙제 안 해 오면 민수!" 이런 식으로 안 좋은 행동에 민수 이름을 넣어서 이야기를 한다는 것이다.

아이들에게 배려하는 말하기를 하라고 수업 시간에 일러뒀는데, 효과가 있는지 없는지 민수는 점점 학교에서 무기력해지고 수업도 자주 빠지게 되었다.

우연인지 필연인지 10월에 갑자기 그 반의 임시 담임이 되었다. 담임으로 책임감도 있고 해서 민수를 불러서 물어보니까, 그렇게 말하는 건 괜찮은데 상처받은 건 다른 부분이었다. "지각하면 민수."라는 말을 들은 아이가 "나 민수 아닌데? 나는 엄마 있는데?" 이렇게 말했다고 한다. 민수는 엄마 아빠가 다 없다.

결국 그날 종례 시간에 아이들에게 양해를 구하고 반 전체가 두 겹의 원으로 둘러앉았다. 민수가 있었어도 진행하려 했는데, 그날도 민수는 학교를 오지 않았다. 종례 후 갑자기 처음 보는 대형으로 둘러앉아서 어떤 이야기를 할지 당황스럽고 궁금한 아이들의 기분을 읽어주고 내가 원하는 것을 내 기분과 함께 알렸다.

아이들이 한 바퀴 돌면서 현재 기분을 표현하게 하고 지금 여기에 집중하게 했다. 그리고 민수를 놀리는 부분에 대해 내가 걱정되는 부분을 표현했다.

아이들이 "민수도 웃던데요." "민수도 우리한테 '청소 안 하면 나!' 이런 식으로 말해요." "민수한테만 그런 게 아니라 '학습지 안 내면 진희', '칠판 안 지우면 준서' 이렇게 우리 반 아이들 다 그래요." 이렇게 억울하다는 반응을 보였다.

억울한 마음을 다 들어주고 아이들에게 민수의 특수한 사정을 이야기하고 "나는 엄마 있는데."라는 말을 들은 민수의 기분을 말해보게 했다. 아이들이 한 바퀴 돌면서 "슬펐을 거 같아요." "화났을 것 같아요." 등등 모두 표현했다.

그리고 그걸 생각해 보니까 기분이 어떤지 표현해 보게 했다. 저마다 "미안해요." "후회돼요." 등등 표현했고, '생각'이나 '욕구'를 표현한 아이들에게는 '감정'을 표현하도록 지도했다.

이번에는 "민수한테만 안 쓰면 되는 문제가 아니다. 다른 친구들끼리 그런 표현을 쓸 때마다 민수는 자기가 들었던 말이 떠오를지도 모른다. 그러니까 앞으로 우리 반에서 그런 표현을 아무도 안 써서 완전히 없애야 그나마 민수가 안심할 것 같다."라고 말하고 내 생각에 동의하는지 물어보았다.

아이들이 모두 동의했다. 나는 아이들에게 고맙다고 말한 뒤 지금 소감을 기분으로 표현하게 했다. 나도 마지막으로 감정을 표현했고 대략 50분 정도 걸렸다.

그리고 12월 방학하는 날까지 '이거 안 하면 ○○'이라는 표현을 쓰지 않았다. 딱 한 번, 반장이 학습지를 걷으면서 "학습지 안 내면 나……" 하다가 나를 쳐다보더니 손을 위로 뻗으면서 "나무가 되자!" 이렇게 말을 이어붙여 아이들이 다 같이 웃었다.

학교에서 발생하는 갈등은 '있어서는 안 되는 일'이 아니라 일상 그 자체이다. 교사에게 갈등은 '골치 아픈 일'이 아니라 학생을 이해하고 학생들이 서로를 이해할 수 있게 하는 좋은 기회이다. 교사가 갈등을 부담스러워하는 것은 무엇보다 갈등을 해결할 역량이나 기술이 부족하기 때문이다. 학생 간의 갈등이 몇 마디 말로 풀리고 학생들의 굳은 표정이 서서히 부드러워지는 경험을 몇 번만 하고 나면 나중에는 오히려 학생 간의 갈등이 발생하기를 기다리고 갈등 상황에 개입하는 것을 즐기게 된다.

어리다고는 하지만 학생들도 십여 년 살아오면서 수많은 경험을 하고 그 경험에 대한 저마다의 해석과 느낌을 마음속에 품은 채 지금 여기를 살아간다. 그래서 어떤 새로운 경험을 하게 되면 과거의 경험을 바탕으로 새로운 경험에 대한 평가와 판단과 해석을 하게 된다. 서로의 경험이 다르다면 같은 시공간에서 새로운 경험을 공유했더라도 그에 대해 남는 인상은 다를 것이다. 교사가 갈등을 부담스러워하는 두 번째 이유는 학생 간의 갈등이 점차 커져서 수습하기 곤란해지거나 갈등을 제대로 해결하지 못해 마음의 짐으로 남은 '과거의 경험'들이 지금 현재를 지배하기 때문이다. 교사가 대화 기술을 이용하여 학생 간의 갈등을 중재해 주고 나면 학생들에게는 그 경험이 어떻게 기억될까?

한 친구를 '나와 싸운 친구'로 인식하며 평생 사는 것과 '나와 화해한 친구'로 인식하며 사는 것 중 어느 쪽이 좋을까? 수험에서 실패한 일을 '내가 실패한 경험'으로 인식하며 사는 사람과 '실패했지만 좌절하지 않았던 경험'으로 인식하며 사는 사람은 어째서 달라지는가?

❹ 학생과 교사 사이의 갈등 해결하기

'정신적 피해'라는 것을 대할 때는 두 가지가 중요하다. 첫째, 눈에 보이지 않지만 본인이 그렇게 느낀다면 그것은 실제하는 피해가 된다. 피해 당사자가 느끼고 있는 불안감, 혐오감, 불쾌감, 분노, 두려움, 불만 등을 "그건 실체가 아니야." "그건 오해한 거야." "그런 감정은 느껴선 안 돼." 라고 부정하는 것은 그 학생을 이해하는 태도가 아니다. 그것이 사실의 왜곡이나 본인의 피해의식, 강박관념이 만들어낸 허상이라 하더라도 우선은 "그렇구나. 너는 그렇게 느끼는구나."에서 출발해야 본심을 찾아가는 길로 들어설 수 있게 된다.

둘째, 정신적 피해를 극복하는 방법은 자존감을 올리는 길뿐이다. 남들이 내 험담을 해서, 남들이 째려봐서, 남들이 나를 따돌려서, 남들이 내 말을 안 들어줘서…… 그 모든 것이 남에 의해 유발된 부정적 감정이다. 내 감정의 주인은 나여야 한다. 남들의 반응 하나하나에 일일이 내 감정이 흔들린다면 살아갈 수가 없다. 관계의 리더가 되어야 한다는 말이다. 그것은 학생 개인의 자존감과 관련되는 부분이다.

그렇다고 학생에게 "자존감을 길러." "친구들의 반응을 무시해." "신경

끄면 되잖아."라고 아무리 말해도 소용이 없다. 교사가 학생의 자존감을 길러줄 수 있는 대화와 행동을 해야 한다. 그것은 학생의 말을 있는 그대로 존중하는 것이고, 자존감이 높은 사람이 어떻게 행동하는가를 보여주는 것이다. 학생의 말을 모두 따라 해주고, 학생의 감정을 섬세하게 들어주고, 학생의 말 속에 숨어 있는 이성적으로 건전한 '본심'을 알아봐 주는 말을 반복적으로 해주는 것이다. 그리고 교사 자신이 학생들의 어떤 말에도 흔들리지 않고 올바른 대응을 하는 모습을 일상생활에서 늘 보여줘야 한다.

- 선생님, 솔직히 우리한테 관심 있으세요?
- 선생님, 선생님이 우리를 차별 대우해서 짜증나고 선생님이 싫어요!

학생들이 이렇게 말을 할 때 교사들은 이런 반응을 한다.

- 아니 학생이 어떻게 그런 말을 할 수 있어?
- 학생이 그렇게 말하는데 내가 화가 안 나겠어요?
- 학생이 그런 말을 하는데 듣고만 있었단 말이에요?

학생들이 무슨 말을 하건 학생의 자유이다. 거기에 어떤 반응을 하든 그건 교사의 자유이다. 그러나 교사는 직업윤리 때문에 '자유로운 반응'을 하면 안 되며 '교육적인 반응'을 해야 한다. 이 관계를 이해하면 어떤 인간관계에서든 리더가 될 수 있고, 학생과 교사 사이에 발생하는 모든 갈등을 해결할 수 있다.

리더란 대화를 이끄는 사람, 상대를 조종하는 사람이 아니다. 상대의 감정에 영향을 주는 사람이 '리더'이고, 상대의 말에 영향을 받아 감정이 흔들리는 사람은 '팔로워'가 된다. "네가 그렇게 말하니까 내가 화가 나지."라고 말하면서 학생을 혼내는 교사는 지위상의 리더일 수는 있지만 감정적으로는 팔로워에 불과하다.

말을 하는 사람은 하는 자유가 있고, 듣는 사람은 듣는 자유가 있다. "교장 선생님이 부탁했는데 어떡하죠?"라고 묻는 교사가 많다. 그러면 사람들이 "아니 교장이 돼가지고 왜 그런 부탁을 하나?"라고 대신 화를 내주기도 한다. 하지만 부탁하는 건 교장의 자유이고, 그 부탁을 듣고 안 듣고는 듣는 사람의 자유이다. 학생이 쉬는 시간마다 와서 일일이 고자질을 해서 "제발 좀 이 아이를 안 오게 할 방법을 알려주세요."라고 하소연하는 교사가 있다. 오는 건 학생의 자유이고, 그 아이를 돌려보내거나 이야기를 들어주거나 하는 건 교사의 선택이다. "부장 선생님, 저한테 화 좀 내지 마세요."라는 불만을 터트릴 수 있다. 이때도 화내는 건 부장 교사의 자유이고, 그 화내는 모습에 어떻게 대응하는지는 자신의 선택이다. 그렇다. '나'는 상대의 말과 행동과 감정에 휘둘리는 종속된 존재가 아니라 어떤 상황에서도 '나의 본심', '나의 욕구'를 충족하는 방법을 찾아 '선택'할 수 있는 사람이다. 그것을 교사 자신이 먼저 믿어야 한다. 그리고 그 믿음을 실천해야 한다.

학생이 어떤 말이건 해도 된다는 사실을 "괜찮아. 무슨 말이든 해봐."와 같이 '말하기'로 전달하면 안 된다. 학생이 어떤 말을 하더라도 "네 말은 이러이러하다는 말이구나."처럼 '듣기'로 반응해 주면, 학생들의 자존감이 서서히 올라간다.

학생 선생님, 솔직히 우리한테 관심 있으세요?

㉮ 내가 그동안 너희에게 무심했구나. → 후회, 죄책감

㉯ 너는 뭘 잘했다고 그런 말을 하니? 학생이 선생에게 건방지게? → 분노, 괘씸함

㉰ 나의 노력도 몰라주다니. 내가 이런 말을 듣다니. → 섭섭함, 억울함

㉱ 이 아이가 나에게 서운한 게 있었구나. 보살핌을 받는다는 느낌을 받지 못했구나. → 염려, 안타까움

학생이 "선생님, 솔직히 우리한테 관심 있으세요?"라고 할 때, 교사는 ㉮~㉱와 같이 답할 수 있다. 이때 학생의 말, 기분, 본심에 주목해 보자.

학생 선생님, 선생님이 우리를 차별 대우해서 짜증나고 선생님이 싫어요!

교사 내가 너희를 차별 대우한다는 말이구나?

학생 네. 맨날 쟤네들만 말 걸어주고 칭찬해 주잖아요.

교사 내가 저 애들에게만 말 걸어주고 칭찬해 줬다는 말이구나?

학생 네. 우리한테는 말도 안 걸어주고.

교사 내가 너희한테는 말도 안 걸어줬다는 말이구나?

학생 네.

교사 그렇다면 정말 실망스럽고 서운하기도 하고, 속도 상하고 내가 원망스럽기도 하고, 또 저 애들에게 질투도 났겠다.

학생 네.

교사 그러니까 네가 진짜로 원하는 건 내가 앞으로 너희들에게 말도 걸어

주고 칭찬도 해줬으면 좋겠다는 말이지?

진정한 듣기란 "네가 어떻게 나한테 그런 말을 할 수가 있니?" 대신 "네가 나한테 그런 말을 하다니, 무슨 일이 있었구나. 내가 들어줄게."라고 반응하는 것이다. 결국 학생을 이해하겠다는 태도이다. 이러한 대화의 결과는 극적으로 찾아오기도 하고 서서히 찾아오기도 한다. 배운 대로 해도 안 되더라면서 금방 본래 말투로 돌아가는 교사들도 있다. 그린 분들은 본래 말투로 학생들을 상대해도 크게 불편함이 없는 분들이다. 하지만 가끔이라도 불편함을 느낀다면 '사실 듣기–기분 듣기–본심(숨은 뜻) 듣기'의 3단계 대화를 최소 3개월 정도 시험 삼아 일상적으로 사용해 볼 것을 권한다.

사실 듣기, 즉 '학생의 말을 그대로 따라 말해준다.'에서 주의할 사항이 있다. EBS 다큐멘터리 〈아이의 자존감〉 영상을 보면 다음과 같은 장면이 나온다.

아이 우리 반 선생님은 반장만 이뻐해. 하는 일이라곤 애들 이름 적는 거 밖에 없는데 힘들다고 청소도 안 시켜.
부모 뭐 그런 선생님이 다 있어!

이것은 단순한 '편들어주기'일 뿐 공감하는 말투와는 거리가 멀다. 그런데도 영상에서는 '공감하기'라고 말한다. 이 말투의 함정은 부모가 아이에게 공감하는 것이 아니라 부모와 아이가 한패가 되어 교사를 험담하는 결과가 된다. 단톡방의 언어폭력도 마찬가지다. 그냥 친구 말에 거

들어준 것일 뿐 적극적인 뒷담화를 하지도 않은 학생이 공범으로 몰리는 일이 비일비재하다. 궁지에 몰린 학생들의 책임 회피는 무섭다. 학교 가서 선생님에게 "우리 아빠도 선생님이 이상하다던데요." 이렇게 말한다. 같이 뒷담화하기가 되어선 안 된다. 이 책의 초반에 사례로 인용한 '문과, 이과'로 고민하는 학생에게 교사가 "문과 성적이 좋으면 문과 가야지."라고 말해주면 안 되는 이유도 이와 같다. 학생은 인생이 괴로울 때마다 "그때 선생님이 문과 가라고 해서 그렇잖아요."라며 평생 남탓을 하고 교사를 원망할 수도 있기 때문이다.

그러면 어떻게 해야 할까? 우스개로 하면 다음 이야기의 '선생'처럼 하면 된다.

선생은 안경 너머로 소년을 올려다보며 말한다.

"내가 얘길 하나 들려줄까? 어떤 집에서 아들을 얻어 몹시 기뻤지. 한 달이 지나 덕담을 들으려고 손님을 청했단다. 한 사람이 말했어. '이 녀석 크면 큰 부자가 되겠는데요.' 부모는 기뻤지. 다른 사람이 말했다. '관상을 보니 높은 벼슬을 하게 생겼어요.' 더 흐뭇했지. 어떤 사람이 말했다. '이 아이는 나중에 틀림없이 죽겠군요.' 그는 술 한 잔 못 얻어먹고 죽도록 매를 맞고 쫓겨났단다. 누구나 죽기 마련이니 그가 거짓말을 한 건 아니지. 하지만 아무나 부자가 되고 벼슬을 하는 것은 아니니 그건 거짓말일 수도 있다. 거짓말한 사람은 보답을 받고, 사실대로 말한 사람은 죽도록 얻어맞은 셈이지."

소년이 대답했다.

"선생님! 저는 거짓말도 하기 싫고 맞기도 싫어요. 그러면 어떻게 말해야 하지요?"

"이렇게 대답하면 된다. 와! 이 녀석은 정말! 허 참! 이걸 좀 보세요! 어쩌면…… 이야! 아이쿠! 햐! 허허!"

이런 상황은 어떨까?

새 옷을 입고 뽐내기 좋아하는 임금님. 나라 돌보는 일보다 옷 갈아입기를 더 좋아해 거울 잎에서 떠날 줄 몰랐지요. 뽐내기 좋아하는 임금님을 모르는 사람은 없었어요.

사기꾼 두 명이 궁궐 앞에서 이렇게 외쳤어요.

"저희는 세상에서 가장 아름다운 옷감을 짤 수 있답니다. 바보의 눈에는 보이지 않는 신비한 옷감이지요."

이 말에 귀가 솔깃해진 임금님은 이 옷을 입고 싶어서 사기꾼들에게 큰돈을 주고 옷을 만들라고 했어요. 옷을 만들라는 명령을 받은 두 사기꾼은 베틀을 놓고 옷감을 짜기 시작했어요. 새 옷이 궁금해진 임금님은 믿을 만한 신하를 보내서 알아봤어요. 하지만 심부름을 온 늙은 신하는 눈앞이 아찔했어요. 아무것도 보이지 않았으니까요. 그러나 바보가 되기 싫어 임금님께 멋진 옷을 만들고 있더라고 전했어요.

"드디어 옷이 완성됐습니다."

두 사기꾼이 옷을 가져왔어요. 임금님 눈에는 아무것도 보이지 않았지만 바보라는 말을 듣기 싫어서

"오, 이 세상 어디에서도 찾을 수 없는 멋진 옷이야."

라고 말했어요.

두 사기꾼은 옷을 입혀주는 척하고 임금님도 몸을 돌려 거울을 보는 척했어요. 벌거벗은 임금님을 본 첫 번째 신하가 말했어요.

"아니, 아무것도 안 보이는군요. 임금님은 벌거벗고 계시잖아요."

임금님은 화가 났어요.

"저런 바보가 지금까지 나의 신하였다니. 당장 저놈을 쫓아버려라."

첫 번째 신하는 궁에서 쫓겨났어요. 두 번째 신하가 말했어요.

"이런 색과 무늬는 처음입니다! 정말 아름다운 옷입니다."

임금님은 기분이 좋아졌어요. 당장 새 옷을 입고 거리를 행진하며 뽐내고 싶어서 세 번째 신하에게 물었어요.

"자네는 나의 새 옷이 어떤가?"

세 번째 신하는 옷 따위는 보이지 않았지만 궁에서 쫓겨나기도 싫고 거짓말을 하기도 싫었어요. 그래서 이렇게 말했어요.

"＿＿＿＿＿＿＿＿＿＿＿＿＿＿＿＿"

세 번째 신하는 뭐라고 말을 했어야 할까?

세 번째 신하가 해야 할 말은 "잘 어울리십니다."이다. 이렇게 되면 '옷이 보인다'고 거짓말하지도 않았고 '옷이 안 보인다'고 진실을 말하지도 않았다. 나중에 "너 왜 안 보이면서 거짓말했어?"라고 임금님이 따져도 할 말이 있다. 허영쟁이 임금님에게 그런 가짜 옷은 '잘 어울리는 것'이 당연하다.

현실에서는 '사실 듣기' 단계에서 이러한 함정을 잘 피해가야 한다. '교육 상담'을 다루는 책에서는 상담자가 내담자의 말을 요약하여 반영해 주는 기법도 소개하는데, 전문적인 상담 훈련을 받지 않은 교사라면 요약에 교사의 주관이 개입될 수 있기 때문에 학생이 한 말을 '그대로' 따라 말해주는 것이 가장 안전하다.

❺ 학생을 믿으세요?

생활지도 이야기가 대부분 '듣기(사실 듣기, 기분 듣기, 본심 듣기)'로 채워졌다. 학생 말을 듣기만 하면 지도는 언제하냐는 의문이 생길 것이다. 그에 대한 답은 이러한 질문으로 되돌려 줄 수 있을 것 같다.

"학생을 믿으세요?"

학생이 지금 현재는 '감정적으로 동요'해서 일시적인 혼란에 빠진 것일 뿐이다. 감정이 해소되어 안정을 찾으면 이성적으로 판단하여 가장 옳은 답을 스스로 찾을 것이라는 믿음이 생활지도의 대전제이다. 그 대전제를 믿는다면 교사가 할 일은 학생들이 빨리 감정을 해소할 수 있도록 돕는 일이다. '감정'은 인간을 움직이게 하는 자동차의 엔진이다. '이성'은 인간을 어디로 갈지 이끄는 자동차의 핸들이다. 엔진에 시동을 걸지 않고 핸들만 이리저리 돌린다면 학생들은 아무 곳으로도 나아가지 못한다. 그리고 이성이 마비된 상태에서 감정만으로 달리면 폭주하는 자동차가 되어버린다.

교사의 도움을 받아 부정적인 감정이 빠져나간 자리에 욕구를 충족하는 가장 좋은 방법을 학생 스스로 찾게 하는 것. 이것이 생활지도이다.

학생의 본심이 선하고 언제나 가장 훌륭한 선택을 할 수 있다는 믿음을 가진 교사는 칭찬도 많이 하지 않는다. 칭찬으로 학생을 조종하려는 마음이 있는 교사는, 반대로 '칭찬하지 않으면 학생들은 자발적으로 뭔가를 하지 않는다'는 믿음을 가진 것이 아닌지 돌아봐야 한다.

3. 대화와 학급 운영

학급을 운영한다는 것은 학생 한 명 한 명을 개인적으로 대하는 순간과 학급이라는 집단 전체를 대하는 순간이 조금 다르다. 우선 학생 한 명 한 명을 개인적으로 대하는 순간에는 지금까지 살펴보았던 '듣기', '칭찬하기', '지적하기'를 수시로 번갈아 가며 활용하면 된다. 문제는 집단 전체를 대하는 순간이다. 실제로 교사가 학급에 기대하는 바는 'one spirit', 'one team', '만장일치'이겠지만, '집단'의 메커니즘으로 보자면 어떤 학급이든 3분의 1은 담임 편을 들고, 3분의 1은 담임에게 반발하고, 3분의 1은 이러나저러나 좋은 쪽이다. 그러니 담임들은 학생들이 말을 안 듣는다고 너무 실망할 필요가 없다. 그리고 담임으로서 에너지를 쏟아야 할 곳이 '담임에게 반발하는 아이들'이 아님을 분명히 인식해야 한다. 어차피 반발할 3분의 1 아이들을 붙잡고 씨름하는 동안 나머지 아이들이 소외된다. 담임이 학급을 집단으로 대하기 위해서는 담임 편을 드는 학생들과 이러나저러나 좋은 학생들에게 '듣기', '칭찬하기', '지적하기'를 통해 깊이 있는 소통으로 깊은 유대감, 깊은 신뢰감을 형성해 두어야 한다. 그러고 나면 학급 전체를 대상으로 교사가 어떤 요구나 부탁을 할 때, 관계가 형성된 3분의 2 학생들의 힘으로 나머지 3분의 1을 참여하게 만들 수 있다. 또래 학생들의 힘은 교사 개인의 힘보다 훨씬 크다.

나도 물론 학생 개개인과 깊은 관계를 형성하기 위한 대화를 자주 한다. 그리고 학급 전체에게 요구·부탁·당부하거나 교사의 상태를 전할 말이 생기면 '편지'를 쓴다. 담임이 반 학생들에게 편지를 쓸 시간적 여유는 잘 없다. 그래서 짧은 시간에 강하게 전달되는 편지 쓰기 요령이 필요한데, 그 요령은 바로 '듣기', '칭찬하기', '지적하기'의 원리를 그대로 적용하는 것이다. 학생들의 기분을 '듣기' 원리에 따라 들어주거나, 학생들의 현재 상태를 '칭찬'한 다음, 나의 기분을 지적하기 원리에 따라 표현하고 본심을 정확하게 표현하는 것이다.

예를 들면 다음과 같다.

① 체육대회가 끝나고 나서

여러분은 지난 일주일간 즐겁게 보냈을 것입니다. 체육대회를 준비하면서 설레기도 하고 기대도 되고 신나고 재미있었을 것입니다. 줄다리기 결승 진출했을 때는 뿌듯하고 더욱 기대가 되었을 것이고, 놋다리밟기와 줄넘기가 잘 안 될 때는 실망스럽고 걱정도 되었을 것이고, 방과후에 남아서 연습해야 될 때는 귀찮기도 하고 기대도 되었을 것입니다. 연습할 친구들이 많이 안 남아서 실망했을 것이고, 그래도 남아서 연습한 친구들끼리는 든든하고 기대되었을 것입니다.

그러한 여러분의 일주일이 모여서 금요일 체육대회 때는 종합우승을 해서 무엇보다 기쁘고 뿌듯하고 자랑스럽고 신났을 것입니다. 줄다리기를 제외하고는 특별히 1위 한 종목이 없어서 종합우승은 기대도 못 하고 약간 실망하고 풀이 죽은 상황에서 좋은 결과를 들으니 기쁨이 더 컸을 것 같습니다. **(듣기)**

나도 정말정말 기쁘고 자랑스럽고 여러분이 멋져 보입니다. 중간고사 평균이 1학년 중에 가장 높았을 때도 기뻤고 흐뭇했지만, 공부만 잘하는 것이

아니라 운동까지 잘하니 여러분은 못할 것이 없다는 생각이 들었습니다. 원래부터 나는 여러분을 사랑스럽고 귀엽고 기특하고 대견하고 흐뭇하게 생각하고 있었습니다. 그런데 여러분이 성적도 높고 체육대회 결과도 좋은 걸 보고 여러분이 나의 마음에 보답해 준 것 같은 생각이 들어서 더욱 고맙고 설레고 기쁩니다. 결과가 1위라서 좋았을 뿐만 아니라 그 과정에서 여러분이 한 종목 한 종목 끝날 때마다 포기하지 않고 "다음 종목 잘하면 돼.", "다음 종목은 꼭 이기자."와 같이 서로서로 격려하는 모습을 보고 감탄스럽고 기특했습니다. 그리고 더위에 지치고 지루한 순간도 있었을 텐데 마지막까지 잘 참고 정해진 자리를 지켜주는 모습이 대견하고 고마웠습니다. **(칭찬)**

여러분은 신나고 즐거운 체육대회 날에도 벌을 서고 잔소리를 하고 종례를 늦게 마치고 복습 노트를 검사하는 것을 보고 짜증나고 의아하고 화도 나고 섭섭하기도 하고 어이가 없었을 것입니다. 규칙을 잘 지키고 복습 노트도 다 한 친구들은 왜 자기까지 피해를 봐야 하는지 몰라서 짜증나고 담임인 내가 원망스럽고 미웠을 것이고 규칙을 안 지킨 친구들에게도 화가 났을 것입니다. 복습 노트를 통과 못 한 학생들은 너무 많은 양을 한번에 하라고 해서 힘들고 피곤하고 어렵고 부담스러웠을 것입니다. 교실에 있다가 걸린 친구들은 더워서 교실에서 잠시 쉰 걸 가지고 너무 심하게 혼을 낸다는 생각이 들어서 싫고 짜증나고 원망스럽고 후회되었을 것입니다. **(듣기)**

나는 여러분이 규칙을 잘 지켰으면 좋겠습니다. 규칙을 어겨놓고 "벌점을

받으면 되잖아요."라고 말하는 학생 말고 처음부터 규칙을 잘 지키려고 노력하는 학생이 되었으면 좋겠습니다. 그러면 나는 안심하고 여러분과 학교생활을 할 수 있을 것 같습니다. 나는 어떤 일이 생겨도 여러분을 믿고 이해하고 여러분 편에서 생각하는 선생님이 되고 싶습니다. 그걸 위해서 여러분이 나에게 신뢰감, 믿음직스러운 모습, 안심되는 행동을 해주길 기대합니다. **(진짜 원하는 것 말하기)**

마지막으로 상금 10만 원에 대해서 주말 동안 고민했습니다. 햄버거, 피자, 통닭을 사면 우리 반 모두가 행복하게 먹을 수 있을 것 같습니다. 1인당 3000원 정도가 돌아갑니다. 그런데 나는 목요일 하단솔로몬 시간에 삼겹살 파티를 하면 좋겠다는 의견을 내고 싶습니다. 10만 원어치 삼겹살을 사고, 대여섯 명씩 모둠을 만들어서 쌈장, 참기름, 김치, 밥을 가져와서 가사실에 모여서 고기를 구워 먹으면 어떨까 하는 생각이 듭니다. 햄버거, 피자, 통닭을 사 먹으면 간편해서 좋지만 우리 반이 하나가 되는 느낌을 받기는 어려울 것 같고 우리가 노력해서 얻은 상금을 너무 쉽고 간단하게 써버리는 것이 뭔가 아까운 느낌이 듭니다. 대신, 준비하고 정리하는 것이 번거롭고 귀찮겠지만 삼겹살 파티를 하면서 교생 선생님과도 좀 더 친해지고 친구들끼리 협동을 하는 기회를 가진다면 상금을 즐겁고 보람 있게 쓴 느낌이 들 것 같습니다. 친구들과 부모님과 의논해 보기 바랍니다.

오늘부터 매 교시 끝나고 2분씩 그 시간에 배운 내용을 정리하는 생활을 하기 바랍니다. 정말정말 귀엽고 사랑스럽고 듬직한 여러분과 같은 반이어서 너무 기쁩니다. 즐거운 월요일 보내기 바랍니다.

(감정, 생각, 본심 말하기)

---

② 2주간 장기 출장을 떠나기 전에

나는 내일부터 5월 9일까지 출장을 갑니다. 그동안 부담임 선생님께서 여러분의 조례, 종례, 출석과 청소 지도, 상담과 생활지도를 대신 해주실 것입니다.

나는 여러분이 중간고사 치는 모습을 못 보게 되어서 무척 아쉽습니다. 혹시 담임으로서 도와줘야 할 일이 생겼을 때 도와주지 못할까 봐 걱정도 되고 미안하기도 합니다. 또 2주 동안 여러분의 밝은 모습을 못 보게 되는 것도 아쉽습니다. 쉬는 시간에 밝게 웃으며 장난치는 모습도 생각날 것 같고, 자율학습 시간에 조용히 공부와 숙제를 하는 모습도 그리울 것 같고, 수업 시간에 열심히 대답하고 토론하고 필기하고 친구의 말에 귀를 기울이고 자기 생각을 발표하는 모습도 못 본다고 생각하니 마음이 허전합니다.

또 한편으로는 담임이 없을 때 큰 사고가 날까 봐 불안하기도 합니다. 사고가 났는데 담임은 출장 가고 자기 반을 챙기지 않았다고 비난을 들을까 봐 염려되고 두렵기도 합니다. 혹시 부담임 선생님의 속을 썩여서 출장 다녀왔을 때 부담임 선생님이 여러분 때문에 힘들었다고 말할까 봐 부담임 선생님께 미안하고 죄송스럽기도 합니다.

그렇지만 3월과 4월 동안 여러분을 관찰한 나는 안심이 되고 기대가 되기도 합니다. 여러분은 누구보다 협조적이고 다른 사람의 감정과 생각을 알아보려는 노력을 하고 있으며 교칙을 지키려는 마음도 있고 담임인 나를 실망시키지 않으려는 마음이 크다는 것을 느꼈기 때문입니다. 그리고 친구들끼리 사이가 좋고, 숙제를 할 때나 수업을 할 때 서로 도우려는 마음이 있고 영어 듣기 성적도 가장 높으며, 국어 시간에 말의 힘이 커지는 속도가 가장 빠르고 내 말을 잘 이해하는 것처럼 보였기 때문입니다.

나는 내일부터 학교를 안 옵니다. 2주 동안 전화를 받을 수도 없습니다. 내가 원하는 것은 2주 동안 안심하고 출장에 집중할 수 있는 것입니다. 그리고 5월 10일에 돌아왔을 때 다른 선생님들이 "1반 아이들은 담임이 없는데도 말도 잘 듣고 시험공부도 열심히 하더라." "1반이 공부를 열심히 하더니 성적도 제일 좋네." "역시 1반이 교칙을 잘 지키고 자기 반을 위하는 마음이 크구나."와 같은 말을 듣고 싶습니다.

그렇게 된다면 나는 5월 10일부터 내년 2월까지 더욱 신나고 즐겁게 학교생활을 할 수 있을 것이고 여러분을 더욱 사랑하게 될 것 같습니다. 그리고 우리 반에 대해 더욱 자랑스럽고 뿌듯하고 흐뭇한 마음을 가지게 될 것입니다. 또 어떤 일이 있어도 여러분을 믿고 어떤 문제가 생겨도 잘 해결될 것 같다는 기대도 들 것 같습니다.

이 편지를 쓰면서도 나는 많이 아쉽습니다. 내일부터 2주간 부담임 선생님의 말을 잘 듣고, 친구들의 기분을 더욱 잘 느끼고, 시험공부도 열심히 하고, 플래너도 매일매일 해주시고, 주번, 반장, 부반장, 학습부장, 체육부장, 분리수거부장도 맡은 일을 지금처럼 계속해 주기를 원합니다. 특히 반장은 그동안 내가 했던 일들을 대신 해주길 바랍니다. 예를 들어, 8시 25분에 자습할 준비를 하도록 아이들에게 권유하거나, 8시 50분부터 9시 사이에 10분간 부담임 선생님의 조례를 집중해서 듣도록 제안하거나, 과학실, 영어실, 강당 갈 때 문이 잠겼는지 불이 꺼졌는지 점검해 보거나, 청소 시간에 탈의실, 복도, 교실의 청소를 각자 제대로 하고 있는지 확인해 보고 먼지나 쓰레기가 남아 있는 곳을 알려주거나, 종례할 때 휴대폰을 안 돌려받은 사람이 있는지 물어보거나 집에 가기 전에 출석부를 교무실에 꽂아두는 일 등을 말합니다.

여러분을 믿고 기대감과 편안한 마음으로 출장을 다녀오겠습니다.

③ 1년을 마치는 종업식 날에

이제 여러분과 헤어져야 한다고 생각하니 슬프고 우울하고 외롭고 아쉽고 좌절스럽고 후회되고 안타깝고 서운하고 속상합니다.

여러분의 모습을 매일 볼 수 없다는 생각이 들어서 슬프고, 보더라도 각각 다른 반에 흩어져서 따로따로 있는 모습을 봐야 한다는 생각이 들어서 우울하고, 여러분이 새로운 담임과 새로운 관계를 만들어간다는 생각이 들어서 외롭고, 여러분같이 사랑스러운 아이들을 다른 선생님 반으로 보내야 한다는 생각이 들어서 아쉽고, 이제 추억을 쌓을 시간이 더 이상 없다는 생각이 들어서 좌절스럽고, 더 많은 추억을 만들지 못한 것이 후회되고, 오늘이 지나면 우리 반도 끝이라는 생각이 들어서 안타깝고, 1년이라는 시간이 참 짧다는 생각이 들어서 서운하고, 이렇게 슬프고 아쉬워하는 내 모습을 보니 속상합니다.

남이 규칙을 지키라고 강요하고 지적하고 혼내고 때려서 강제로 규칙을 지키고, 남이 공부를 하라고 강요하고 시키고 혼내고 때려서 강제로 공부를 하는 노예 같은 사람이 되겠습니까? 남들이 보지 않아도, 남들이 말하지 않아도 자신의 의지로 규칙을 지키고, 자신의 선택으로 공부를 하는 자유로운 사람이 되겠습니까?

나의 말이나 행동을 보고 다른 사람이 어떤 기분을 느끼게 될지 생각할 줄도 모르고, 다른 사람의 말이나 행동을 보고 자신이 어떤 기분을 느끼고 있는지 표현할 줄도 모르는 배려 없고 감정이 무감각한 사람이 되겠습니까? 상대방의 기분이 어떨지 생각해서 말이나 행동을 할 줄 알고, 상대방의 말이나 행동을 보고 어떤 기분이 드는지 정확하게 표현할 줄도 아는 감수성이 풍부한 사람이 되겠습니까?

다른 사람이 나쁜 짓을 하고 누군가에게 피해를 줄 때, 나는 나쁜 짓을 안 했으니까, 나는 피해를 안 입었으니까 외면하고 모르는 척하는 사람이 되겠습니까? 아니면 어떤 사람이 나쁜 짓을 하고 누군가에게 피해를 줄 때, 나와는 전혀 관계가 없지만 그 행동을 말리고, 못하게 하고, 선생님이나 경찰에 알리고, 그런 일이 반복되지 않도록 노력하는 사람이 되겠습니까?

사실 담임인 내가 '무엇을 기르쳤느냐' 하는 것은 전혀 중요하지 않습니다. 중요한 것은 여러분이 '무엇을 배웠느냐' 하는 것입니다. 여러분은 1년간 무엇을 배웠습니까? 내가 1년간 배운 것은 '내가 여러분을 정말로 정말로 사랑한다는 것'뿐입니다. 여러분 중에는 내가 생각하는 사랑의 방식과 자신의 생각이 맞지 않아서 힘들어했던 사람도 있을 것입니다. 나는 최선을 다했지만, 나 역시 완전하지 못한 인간이라서 여러분 한 명 한 명에게 꼭 맞는 방식으로 사랑을 주지 못한 것이 마지막까지 아쉽고 후회되고 미안합니다. 내가 마지막으로 여러분에게 바라는 것은 담임인 내가 여러분을 처음부터 끝까지 믿었고, 아꼈고, 사랑했고, 무엇보다 훌륭한 사람으로 성장해 나가기를 진심으로 돕고 싶어 했다고 기억해 주는 것입니다.

2학년, 3학년이 되어도 언제나 밝고 귀엽고 명랑하고 사랑스러운 지금의 모습을 간직하기 바랍니다. 힘들어도 포기하지 말고 조금이라도 더 나은 사람이 되기 위해 노력하기 바랍니다. 내가 마감 시간을 넘기고 졸업식 날까지 봉사활동 시간을 20시간 채우도록 노력했듯이 여러분도 끝까지 최선을 다했으면 좋겠습니다.

1년 동안 무사히 중학교에 적응하고 2학년이 된 것을 축하합니다. 여러분은 지난 1년간 분명히 성장했습니다. 여러분의 성장이 더없이 기쁘고 대견하고 든든하고 고맙고 자랑스럽고 뿌듯합니다. 나는 담임으로서 더 이상 여러분에게 가르칠 것이 없습니다.

이런 편지를 중요한 시기마다 받아보다가 중학교를 졸업한 우리 반 학생이 고등학교에 가서 다음과 같은 메시지를 보냈다.

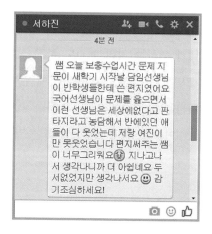

하진이와 여진이는 둘 다 중학교 3학년 때 우리 반이었는데 고등학교 가서도 같은 반이 되었다. 대화의 원리를 적용하여 학급 아이들에게 편지를 자주 쓴다면 판타지를 현실로 바꿀 수 있다.

그리고 이러한 '대화하기 요령에 따른' 편지 쓰기는 학생들에게 영향력을 미치기 위한 목적도 있지만 담임 교사의 마음 관리에도 도움을 준다. 편지를 쓰면서 담임 교사가 자기 스스로와 대화를 하는 셈이기 때문이다.

3월 초부터 아이들에게 자리를 뽑도록 해서 앉혀왔는데, 중간고사도 다가오고 해서 공부 잘하는 애들이랑 못하는 애들이랑 짝을 시켜주려고 "이번에는 내가 자리를 정하겠다."라고 말한 뒤 점심시간에 교실에서 연습장에 자리를 정하고 있었다. 그걸 본 아이들(10명 내외)이 (내가 느끼기에) 불같이 화를 내면서 "왜 자리를 마음대로 바꿔요?" "그냥 뽑기로 해요." "이렇게 앉힌 근거가 뭐예요?" "나는 앞자리가 싫어요." "저만 바꿔주시면 안 돼요?" "종이 좀 보여주세요." 등 교실이 떠나가라고 소리를 질렀다.

나는 비난받고 공격받고 거부당한다는 생각이 들었다. 그리고 아이들 마음도 알아주고 내가 원하는 자리 배치도 하고 싶은 본심이 있었다. 어떻게 할까 잠시 고민하다가 5교시 비는 시간에 편지를 썼다. 편지 내용은, '우선 칭찬·인정을 하고, 내가 느낀 기분을 표현하고, 그때 느꼈을 아이들의 기분을 읽어주고, 내 본심을 전달하는 것'으로 정했다.

④ 1반 학생들에게

나는 개학한 이후로 지금까지 기쁘고 안심되고 즐겁고 행복했습니다. 하단중학교에 처음 와서 낯설고 어색했는데 여러분과 함께 지내면서 정말 쉽게 적응하게 되어 안심되고 편안하고 고마웠습니다.

특히 3월 첫째 주에 자리를 마주 보게 앉았을 때, 분위기가 안 좋아져서 다른 반 선생님들이 1반도 다른 반처럼 원래대로 돌리라고 말할까 봐 걱정했는데 오히려 1반 분위기가 제일 좋고, 그게 자리를 마주 보고 앉았기 때문이라고 하는 선생님의 말을 듣고 나는 정말 기쁘고 여러분에게 고맙고, 여러분이 대견하고 든든하고 뿌듯했습니다.

4월에는 교장, 교감 선생님과 2학년 국어 선생님을 모시고 공개 수업을 했을 때 여러분이 '요약하기'에 대해 서로 생각을 주고받는 것을 보고 칭찬을 엄청 많이 들었는데, 자유롭게 발표하는 분위기가 놀라웠고, 서로의 생각을 제대로 듣고 비판하는 태도가 어른스러웠고, 마지막에 결국 제대로 된 정답으로 의견을 모으는 과정이 신기하고, 다른 수업에서 볼 수 없는 모습이었습니다. 내가 가르친 내용과 방식을 제대로 소화해서 능숙하게 진행하는 여러분의 모습과 항상 국어 수업을 하면 뭔가를 깨달아가는 모습이 멋있고 안심되고 대견하고, 그런 여러분의 모습이 나도 더 열심히 가르쳐야겠다는 생각이 들게 합니다.

그래서 나는 여러분 한 명 한 명이 매우 자랑스럽고 예쁘고 귀엽고 자꾸 보고 싶고 더 잘해주고 싶고 사랑스러운 마음으로 보고 있습니다.

오늘은 불안하고 염려되는 기분이 컸습니다. 시험이 다가오기 때문에 공부 잘하는 사람 사이사이에 공부 못하는 사람을 끼워 앉혀서 남은 시험 기간 동안 서로 도움을 주고받기를 바라는 마음으로 배치고사 성적대로 배치했습니다. 그러면 여러분이 원하지 않는 자리에 앉게 될 텐데, 그렇지만 공부를 위해서는 이렇게 앉는 것이 좋다고 나는 생각하기 때문에 여러분에게 내 생각을 강요해야 하는 부담감이 있었고, 여러분이 받아들이지 않을 때 어떻게 해야 할지 불안하고 염려되고 긴장되고 걱정되었습니다.

그런데 실제로 자리를 배치하는 것을 본 여러분은 충격적이고 실망스럽고 의아하고 이해가 안 되고 답답하고 서운하고 화가 나고 억울하고 난감하고 걱정되고 염려되고 짜증도 났을 것입니다.

여러분이 불만을 강하게 표현하고 다른 방식으로 자리를 앉고 싶어 하는 말들을 듣고 나는 정말로 걱정되고 불안하고 아쉽고 미안하고 섭섭하고 실망스럽고 속상했습니다. 내가 옳다고 생각하는 방식으로 앉혀서 성적이 잘 나오게 해주고 싶은데 내 마음을 몰라주는 것 같아서 답답하고 아쉽고 섭섭하고 실망스러웠고, 여러분과 싸우지 않고 부드러운 분위기에서 자리 배치 문제를 해결하지 못하게 될까 봐 걱정되고 불안하고 속상합니다. 또 나는 여러분이 원하지 않는 자리에 앉아서 마음이 불편해서 오히려 공부에 집중을 못 하고 친구끼리 갈등이 발생할까 봐 걱정되고 불안합니다.

수업 시간에 자리에 앉아 있는 것은 친한 친구와 놀거나 대화를 하기 위해서가 아니라 수업을 잘 듣기 위해서입니다. 친한 친구끼리 노는 것은 쉬는 시간에 자기 자리를 벗어나서도 가능하다고 생각하기 때문에, 내가 진짜로 원하는 것은 시험 칠 때까지만 여러분이 불편함을 참고 공부에 집중해 주면 좋겠다는 것입니다.

그리고 시험이 끝나면 다시 예전처럼 공평하게 자리를 뽑을 것이고 그때는 끝 번호부터 거꾸로 뽑아서 그동안 앞번호가 먼저 뽑았던 것을 보완할 생각입니다. 이런 내 마음을 전달하고 여러분에게 내 생각을 이해받고 싶은데 지금은 그게 잘 될지 답답한 마음이 가장 큽니다. 만약 내 생각대로 되지 않더라도, 나는 실망스럽고 서운하겠지만 여러분을 여전히 사랑하고 자랑스러워하고 예뻐하고 귀여워하고 믿고 의지하고 있습니다.

편지를 쓰면서 '나는 이런 표현을 통해 아이들을 조종하려 하고 있나?' 하는 의구심을 지속적으로 느꼈고, 그래도 쓰고 나니 마음이 편안해지는 걸 느꼈고, 본심까지 표현하니 이제 자리를 내 마음대로 배치하는 그 자체에 집착하지 않게 되었다. 그러고 나서 아이들의 마음을 들어보고 싶어졌다.

종례 시간에 편지를 읽고 여백에 한두 줄로 답장을 쓰라고 했다. 답장은 세 가지 반응이었다.

거절(9명)

학생 1 자리를 바꿀 때 그냥 이름과 번호를 보고 막 정하는 줄 알았는데 이 글을 보고 공부를 잘하는 사람이 못하는 사람한테 가르치라는 큰 뜻이 있다는 것을 알았다. 지금 짝이 된 아이와는 말을 한마디도 안 해봐서, 지금 나한테는 그 의미를 살리기에는 어려움이 있는 것 같다.

학생 2 선생님께서 자리 배치를 그렇게 앉으라고 하신 이유는 알지만, 친한 친구에게 모르는 것을 물어보아야 더 편합니다. 선생님! 1년 동안 말씀 잘 들을게요.

수용(11명)

학생 1 배치고사 성적순이라 배치고사 칠 때 편하게 쳐서 평소 실력보다 안 좋게 나왔는데 성적순이라고 하니 뭔가 자존심도 상하고 그랬는데, 시험 칠 때까지라니까 조금만 참아도 괜찮을 것 같다.

학생 2 선생님의 말씀은 잘 이해했습니다. 그러나 배치고사 점수로 앉는 것은 아니라고 봅니다. 하지만 선생님이 정 그렇게 생각하시면 그렇게 앉도록 하겠습니다.

학생 3 선생님 생각도 좋은 것 같습니다. 자리를 바꿔도 짜증내지 않겠습니다.

무관계(12명)

학생 1 선생님, 저는 선생님께서 저희에게 이 따뜻하고 사랑스러운 편지를 써주셔서 정말 감사합니다. 선생님께 편지 받아본 건 처음이라 어색하고 약간 당황도 했습니다. 하지만 선생님의 진심 어린 편지를 보니 감동스럽고 감사합니다. 선생님 사랑합니다.

학생 2 선생님의 의견에 불만을 가진 저희가 부끄럽습니다. 앞으로는 잘하겠습니다.

학생 3 ㅋㅋ 쌤 대박! 이런 분인 줄 몰랐는데 ㅋㅋ

학생들 반응을 읽고 나니 아직 3분의 1이 거절을 한다는 점에서 실망스러웠지만 긍정적인 반응이 3분의 2가 되어서 안심되고 기뻤다. 그런데 아이들이 어떤 마음으로 반대한다는 것도 알고, 나의 본심도 알아준다는 느낌이 드니까 마음이 편안해지면서 결국 자리 배치는 원래 하던 대로 '뽑기'로 정했다. 왜냐하면 나의 본심은 '자리를 강제로 앉히는 것'이 아니라 '학생들 공부에 도움을 주고 싶었던 것'이었는데, 공부 잘하는 짝을 만나도 도움을 받지 못하는 상황도 이해가 되고, 열심히 공부하겠다는 답장이 많아서 자리를 군이 성적순으로 배치를 하지 않아도 시험 공부를 열심히 잘 거라는 기대가 생겼기 때문이다.

여기서도 대략 3분의 1은 담임 편을 들고, 3분의 1은 담임에게 반발하고, 3분의 1은 이러나저러나 좋은 쪽이라는 경향성이 드러난다. 그러니 담임들은 학생들이 말을 안 듣는다고 너무 실망할 필요가 없다. 결과적으로 이때 우리 반 중간고사 평균이 학년에서 가장 높았다.

학생 한 명을 담임 교사 개인이 감당하기 어려울 때 학급의 학생들에게 도움을 받을 수도 있다. 보통 학교 적응을 힘들어하는 학생들은 교사와의 관계 때문에 안면을 봐서 학교에 나온다. 그 관계를 학급의 학생 30명과 연결해 두면 교사 한 명에만 의존해서 학교에 나올 때보다 큰 효과를 얻을 수 있다. 어떤 학생을 학급의 학생 30명과 연결해 두는 방식은 역시 '감정'을 주고받는 일에서 시작한다.

무단결석 30일인 우리 반 학생에게 생활지도부장이 "선도협의회를 열어 등교 정지 30일을 주겠다. 그러면 졸업을 못 하게 되니까 너에게 큰 손해가 될 것이다."라고 5차례 이상 말했다. 그 후에도 이 학생은 10일 이상 무단결석을 했고, 고입 원서를 쓰는 날까지 결석을 했다. 하루는 그 학생이 학교에 왔는데 생활지도부장이 "이제 못 참겠다. 너는 학교 잘릴 준비를 해라."라고 강하게 말했다.

학생은 섭섭하고 화가 나고 답답하고 서럽다고 했고, 나는 감정을 다 들어준 다음 '앞으로 남은 기간 절대 결석 안 하겠다고 말해봐야 아무도 안 믿어줄 테니, 심경의 변화를 행동으로 보여주자'고 권유했다. 그리고 머리가 너무 길고, 책가방도 없고, 슬리퍼를 신고 온 것이 문제라고 했다. 학생은 너무 오래 학교를 안 나와서 교실에 앉아 있는 게 어색하다고 했다.

평소에는 내가 기분을 들어주었지만 이젠 혼자는 역부족이라는 기분이 들어 교실에 데려가서 교탁 앞에 앉혔다. 반에 있는 30명의 급우들에게 돌아가면서 '이 학생을 보고 느낀 기분을 말해달라'고 하니 '신기하다, 반갑다, 걱정된다, 이상하다, 안타깝다, 한심하다, 안쓰럽다' 등 30개의 감정이 쏟아졌다. 학생에게 지금 기분을 말해달라고 하니, 당황스럽고 어색하다고 했다.

학생을 데리고 나가 이발소에 가서 머리를 교칙에 맞게 깎이고, 같이 집으로 가서 운동화로 갈아 신기고, 책가방은 없어서 일단 학교로 와서 매점 가서 실내화도 사고, 생활지도부장에게 데리고 갔다. 좀 달라진 모습을 보고 생활지도부장은 나의 의도를 알아차리고는 그 학생을 더 이상 추궁하지 않았다.

다음 날 그 학생이 제 시간에 학교에 왔다. 짧게 깎은 머리도 어색하고, 오랜만에 학교 온 것도 어색해하는 학생의 기분을 풀어주려고 또 우리 반 학생들에게 부탁했다. '신기하다, 반갑다, 기특하다, 대견하다, 걱정된다, 놀랍다, 훈훈하다' 등의 반응이 나왔고, 머리 짧은 게 더 낫다는 반응도 많았다. 마지막으로 그 학생에게 기분을 물어보니, "제가 머리 깎고 여기 앉아 있는 게 기특하고, 이제 잘 나올 수 있을 것 같아요."라고 했다. 그 말을 들은 나도 안심이 되었다.

학급을 운영할 때 학생을 상대하는 것도 에너지가 들지만 학부모를 대할 때도 에너지가 많이 든다. 특히 '학부모 총회'나 '학교로 찾아온 학부모 상담'에 부담을 가지는 교사가 많다.

먼저, 학부모 총회를 할 때 교사가 뭔가를 유창하게 말해야 한다는 생각을 잠시 내려놓는다. 학부모 총회를 할 때도 역시 '듣기'를 활용하면 좋다. 교사가 뭔가를 '말하기'보다는, 새 학년을 맞아 자식을 걱정하거나 기대하는 학부모의 심정을 '듣기' 하는 자리로 만들어가면 좋다.

교실에 둘러앉는다. 처음에는 물론 아이 이야기를 한다. 기회를 봐서 아이 이야기 말고 어머님 자신의 이야기를 들어드린다. 직장 다니며 아이를 키우는 어머님의 고단함, 아이의 장래에 대한 걱정, 외동딸의 소극적인 성향을 안쓰러워하시며 자책하는 심정……. 그 이야기들을 모두 '사실 듣기-감정 듣기-숨은 뜻 듣기'로 들어준다. 대체로 숨은 뜻은 '아이가 행복하게 잘 자라면 좋겠다'로 귀결된다. 사이사이에 학부모의 노고를 '칭찬하기' 원리에 따라 칭찬해 준다.

이렇게 하고 나면 끝나고 "이런 총회 처음인데 너무 좋다." "늘 총회가 불편했는데 너무 편안했다." "아이의 중2가 걱정스럽기만 했는데 오늘 이후로 기대로 바뀌었다." "정말 따뜻하고 의미 있는 시간이었다." "오길 정말 잘한 것 같다." 등의 긍정적인 반응이 돌아온다.

교사는 3월부터 자신감을 가지고 학급 운영을 해나갈 수 있게 된다. 개인적으로 찾아오는 학부모들에게도 똑같은 대화 원리를 적용하면 된다. '사실' 문제보다는 찾아온 학부모의 지금 현재 기분과 학부모가 '진짜 원하는 것'을 발견하여 들려주는 것이다.

다음으로 학교로 찾아오는 학부모는 어떻게 대할까? 방법은 학생 상담과 똑같다. 학부모의 말을 '사실', '감정', '숨은 뜻(본심)'으로 나누어 들어주고, 학부모의 좋은 점을 찾아 '사실, 성품, 영향력'으로 나누어 들어주고, 교사가 학부모에게 하고 싶은 말을 '나는', '감정', '원하는 것'으로 나누어 말하면 된다. 훈련이 된 교사라면 감정을 듣거나 표현할 때 '생각(인식)'을 근거로 삼으면 좋고, 학부모의 성격 특성이 파악된다면 CP, NP, A, FC, AC 등 학부모의 에고그램 특성에 따라 듣기 말투와 칭찬하기 말투를 적절하게 맞추어 쓰면 더욱 좋다.

하루는 학교에 갔더니 한바탕 난리가 났다. 전날 퇴근 시간 무렵에 한 학부모가 찾아왔는데, 그 자녀가 학교 폭력에 피해를 당한 것처럼 말을 했다고 한다. 그런데 선생님들이 아무리 들어봐도 어머니 말씀이 요지가 없고 주제가 불분명하여 20여 분간 들어주다가 학교 마쳤다고 돌려보냈다고 한다. 그랬더니 그 학부모가 이런 문자를 교사들과 학생들에게까지 보냈다는 것이다.

> 교육청에 ○○중학교 고발했구요. 조만간 감사 들어갈 거구요.
> □□과 그 어머니와 ××쌤 명예훼손과 유언비어 유포 및 거짓말
> 과 사기로 형사 고발될 것이며, 직무유기에 학생 방치로 ××선생
> 님 고발될 것입니다.
>
> 00:52

> 이 문자 그대로 ××선생님 보여주시고, 더 이상 문자나 전화, 카
> 톡 차단합니다. 학부모를 벌레 보듯 하는데, 우리 아이는 오죽하
> 겠어요. 엄마, 전학 시켜줘. 엄마, 학교 가기 무서워~ 이틀을 한
> 잠도 못 자고 학교 찾아갔더니 선생이란 것들이 집에 가야 한다
> 고, 다들 바쁘다고 아이와 저의 울부짖음을 외면하네~ 야, 너네
> 가 교육자니?
>
> 01:02

또 그 학부모는 이틀 동안 학생을 전학 보낸다고 교장 선생님에게 전화를 몇 통 하고, 교육청에도 전화를 했다. 교감 선생님이 "교육청에서 전화가 왔어요. 학부모가 교육청에 민원 접수하면 일이 커지니까 일단 학교에서 좀 잘 달래보라고 합니다. 만나서 잘 좀 이야기해 보세요." 하시기에, 학생은 담임 선생님과 상담 선생님이 오후에 만나기로 하고 학부모는 내가 만나기로 했다.

학교로 오기 싫다고 하시면서 학교 밖 커피숍으로 나오라기에 가면서 대화의 목표를 정했다. 교감 선생님은 학부모가 무슨 이야기가 하고 싶은지 사실관계가 궁금한 듯했으나, 나는 우선 학부모의 감정이 문제라고 생각했다. 4월에 이 학부모랑 대화를 해본 적이 있어서 완전한 CP 타입임을 파악하고 있었다. CP라면 우리 학교에 대해서 '서운함'보다는 '불쾌함'이 클 거라 판단하고 '무조건 칭찬·인정해서 학부모의 과

시욕을 마음껏 채워준다.'를 목표로 삼았다. 그리고 마지막에 "학교에서 교사로서 책임 있는 응대를 못 해드려서 죄송합니다. 화끈하게 한 번만 봐주고 넘어가 주세요." 정도를 덧붙이면 될 거라고 생각했다. CP 타입은 본인과 배짱이 맞는 사람을 만나면 너그러워지고 잘못을 눈감아 준다는 느낌으로 사람을 대한다.

2시간 30분 정도 대화했는데, 학부모의 말 속에는 '난 공부도 잘해. 노래도 잘해. 운동도 잘해. 우리 남편도 최고야. 우리 아이도 천재야. 우리 어머님도 대단해. 우리 형님도 대단해.' 등이 가득했다. 나는 '아이를 왜 학교에 안 보내는지, 우리 학교가 무엇이 문제인지, 원하는 게 무엇인지'는 말도 안 꺼냈다. 내가 한 말이라고는 그저 "와 그러시군요." "대단하십니다." "어머니가 오죽하면 그러셨겠습니까." "그래도 어머님 정도 되니까 그 정도셨겠지요."의 무한 반복뿐이었다.

중간에 학부모가 한 번씩 "선생님이랑 이야기하니까 힐링이 되네요." 하거나 "그날 선생님을 만났으면 이렇게 안 됐을 건데요." 하더니 어느 순간 나보고 "시간 너무 많이 뺏었네요. 들어가 보셔야지요." 하기에 "잘 알아서 판단하실 거라 믿고 전학 문제가 결정되면 알려주세요."라고 마무리했다.

저녁에 학부모로부터 문자가 왔다.

상담쌤과 담임쌤이 가정방문 오셔서 ○○ 상태 보고 싶대서 ○○가 나와서 두 분과 대화하고 낼부터 학교 간대요. 저도 굳이 고1 여학생 학폭에 올리고픈 맘 없고 ○○가 맘이 많이 풀려서 학교 간다 하니 얼마나 맘이 놓이는지 모릅니다. 감사합니다.

부정적인 감정으로 학교를 찾아오는 학부모도 있지만 별다른 감정이 없었는데 학교에 와서 감정이 부정적으로 변하기도 한다. 그럴 때도 그저 '듣기'부터 충실히 해주면 된다.

학부모 아이씨 짜증나. 저기요, 한 시간 전부터 기다렸는데 왜 이렇게 서류를 안 주는 거예요?

교사 오래 기다리셔서 짜증나시죠?

학부모 아니, 내가 기다리는 게 문제가 아니고 애가 지금 이사해서 다른 지역에 갔는데 오늘 안에 교육청 못 가서 배정 안 나오면 내일 결석 처리 어떻게 할 거예요?

교사 아, 그러셨군요. 오늘 안에 교육청에서 새 학교 배정을 받아야 되는 거네요?

학부모 그러니까요. 담임 선생님이 10분이면 된다고 했는데.

교사 금방 될 줄 알았는데 조급하고 속상하시겠어요?

학부모 하…….

교사 아이 무단결석까지 챙기시는 걸 보니 아이 생각하는 마음이 참 크시고 학교 일도 잘 아시네요?

학부모 아, 네. 전학 간다고 하루 빼주는 거 요새 없잖아요.

교사 아이고, 그럼 걱정되시죠. 안 그래도 이사하랴 교육청 다니랴 정신없고, 아이가 새 학교 새 지역에 잘 적응할까도 신경 쓰이는데…….

학부모 네, 그렇죠 뭐.

교사 제가 부서별로 돌면서 서류가 어디서 막혔는지 알아보고 알려드릴게요.

학부모 네, 고맙습니다.

갑돌이(가명)의 어머니가 찾아와서 상담을 부탁했다. 갑돌이는 어머니의 간섭과 잔소리 때문에 힘들다고 교사에게 말한 적이 있었다.

어머니 선생님, 저는 갑돌이가 선생님들께 예의 바르고 친구들을 배려할 줄 아는 아이로 컸으면 좋겠어요.

교사 갑돌이가 선생님들께는 예의 바르고 친구들을 배려할 줄 아는 그런 사람이 되기를 바라시는군요?

어머니 맞아요. 성적이야 그렇다 치고, 학교에서 배려하면서 함께 살아갈 수 있는 사람이 되었으면 좋겠어요.

교사 어머님께서 배려하는 걸 아이들에게 강조하는 걸 보니 어머님도 주변을 잘 배려하고 참 따뜻한 분이신 거 같네요.

어머니 뭘요. 그 정도는 당연한 거니까요.

교사 아이고 겸손하시기까지.

어머니 호호호. 네 근데 갑돌이가 집에서 가끔씩 튀어나오는 말도 좀 그렇고, 1학년 때 선생님에게 대들었다는 말도 들었어요.

교사 갑돌이가 집에서 가끔 심한 말을 하나 봅니다. 1학년 때 선생님께 대든 이야기도 걱정이 되시고요? 어머니께서 원하는 건 갑돌이가 말도 남을 배려하면서 하고 선생님이나 친구들을 배려하면서 학교생활 하면 좋겠다는 말씀이시죠?

어머니 네 맞아요. 어떻게 하면 좋을까요?

교사 만약 갑돌이가 그렇게 되면 어머님 기분이 어떠실 거 같으세요?

어머니 저는 행복하겠죠. 갑돌이도 행복할 거고요.

교사 아, 어머님은 갑돌이도 어머니도 함께 행복해질 거 같다는 말씀이시죠?

어머니 맞아요. 근데 갑돌이는 이미 행복하게 지내고 있는데, 제가 제 기준을 들이대는 것 같아요. (갑돌이가 말한 어머니의 간섭과 잔소리로 추측됨)

교사 갑자기 후회되고 반성이 되시나 봐요?

어머니 그러네요. 음……

교사 대단하세요. 스스로를 되돌아보는 힘도 있으시고, 갑돌이 마음도 배려하시고. 그게 아까 갑돌이에게 가르치고 싶었던 배려하는 마음을 어머님이 직접 실천하고 계신 것처럼 보이네요. 참 든든하고 놀랍습니다.

어머니 그런가요? 그렇다면 다행이네요.

교사 제가 듣기에 어머님 말씀은 갑돌이가 행복해하면서도 남을 배려하는 사람이 되면 좋겠고, 어머님은 갑돌이에게 그런 걸 가르치면서도 잔소리하는 것처럼 되지 않고 갑돌이 마음을 배려하면서 갑돌이를 대하고 싶다는 말씀이시군요?

어머니 맞아요.

교사 지금까지는 주로 갑돌이에게 어떻게 지도하셨어요?

어머니 잔소리는 아닌데 그냥 말조심해라, 태도 똑바로 해라…… 이렇게 하면 갑돌이가 또 기분 나빠하고, 저는 그걸로 또 혼내고…….

교사 지금까지 했던 방식이 썩 만족스럽지 않으신 거지요? 제가 방법 하나 알려드릴 테니까 한번 시도해 보시겠어요?

어머니 네, 어떻게 하면 됩니까?

교사 갑돌이가 심한 말을 하거나 태도가 비뚤어질 때, 갑돌이도 뭔가 생각이 있을 거 아니겠어요? 갑돌이가 뭐라고 하면 "네 말은 이러이러한 말이구나."라고 그대로 따라 해보세요. 그리고 그 속에 담긴 기분을 찾아서 "네가 지금 이렇고 이렇고 이런 기분인가 보다." 이렇게 말씀해 보세요. 갑돌이가 아마 조금은 달라질 겁니다. 그리고 어머니가 보기에 갑돌이 태도나 행동이 마음에 안 들어서 지도를 하고 싶으시면 이렇게 해보세요. "나는 네가 이러이러하게 하는 걸 봤어."라고 '나는'으로 말을 시작하시고요, 그걸 보는 어머니 기분을 갑돌이에게 알려주세요. "그걸 보니 나는 걱정이 되고 아쉽고 속이 상한다." 이렇게요. 그리고 갑돌이에게 원하는 건 마지막에 말씀하시면 됩니다.

어머니 아, 그런 방법이 있었네요. 막혀 있던 뭔가가 뚫리는 기분이에요. 고맙습니다.

교사 뭔가 시원하고 개운하신가 보네요. 제 말을 잘 들어주시고 금방 이해하시니 제가 더 고맙습니다.

어머니 별말씀을요. 오늘 학교 온 보람이 있네요.

교사 네, 저도 기대되고 든든합니다.

시험 문제의 정답에 대한 이의 제기는 주로 전화로 이루어지는데, 학부모의 상태에 맞추어 일단 만나서 이야기하면 좀 더 수월하다. 학부모를 학교에 오게 만들려면 학교로 찾아와야 하는 학부모의 부담을 교사가 알아주고 말로 들려주어 학부모가 이해받는 느낌이 들도록 해야 한다. 그리고 학교로 모시는 이유를 학부모의 말을 좀 더 잘 '듣기' 위해서라고 분명히 밝혀야 한다.

교사 이런 자리에 오시기 쉽지 않으셨지요? 그래도 와주셔서 안심되고 고맙습니다.

학부모 네, 그렇죠. 저희 때랑 학교도 많이 달라졌고…….

교사 어색하실 텐데 와주신 걸 보면 일을 아주 분명하게 짚고 넘어가는 분이신 것 같아요. 시험 문제 이의 제기하신 부분도 아주 예리하시고요.

학부모 복수정답 같은데, 제가 납득이 안 되기도 하고, 우리 애도 이해 안 되는 내용을 암기하는 걸 되게 힘들어해요.

교사 어머님이 일단 납득이 안 되시고 ○○이가 납득하지 못한 걸 징답이라는 이유로 암기하면서 힘들어할 것도 염려되시나 봅니다. 아이의 성향도 잘 파악하시고 ○○이가 억지로 암기식으로 하는 공부 말고 제대로 공부하기를 바라시는군요?

학부모 그렇죠. 이번 시험도 이번 시험인데 앞으로 시험 칠 때마다 혼란스러우면 안 되잖아요.

교사 맞습니다. 이번 시험 문제 하나만 가지고 이러시는 게 아니고 앞으로 칠 시험에서도 문제가 이상한 부분이 있으면 분명하게 근거를 들어서 이해를 하는 공부를 하는 것이 올바른 공부법이라는 말씀이시지요?

학부모 네, 맞아요.

교사 저도 어머니처럼 공부하는 게 올바른 공부법이라고 똑같이 동의합니다. 그래서 저는 ○○이와 어머니의 이의 제기를 듣고 걱정되고 불안하고 염려도 됐어요. 저는 제 설명이 어머님과 ○○이가 납득할 만한 말로 들렸으면 좋겠습니다. 어머님 말씀을 듣고 교과 샘들끼리 의논을 했는데, 복수 정답이 될 수 없다고 결론은 났습니다. 이유는 이렇습니다.

(이유 설명)

중요한 것은, 학부모의 의견에 대해 이미 교사들이 논리적인 근거에 따른 결론을 가지고 있더라도 그것을 먼저 말해서는 안 된다는 점이다. 복수 정답이 가능하다고 이의 제기한 학부모의 '심정'을 먼저 알아주어야 학부모의 '이성'으로 가는 통로가 열린다. 학부모의 말을 먼저 들어주면 학부모도 교사의 말을 잘 들어준다는 아주 간단한 원리이다. 교사는 스스로 느끼는 '부담감, 걱정, 후회, 귀찮음' 등의 부정적인 감정 때문에 학부모의 말을 잘 '듣기'가 어렵다. 교사의 마음에 여유가 없어지기 때문이다. 이럴 때 교사는 학부모를 만나기 전, 그리고 학부모와 대화하는 중간에 '지금 나의 기분'을 '나는 지금 긴장되는구나.' '나는 지금 당황스럽구나.' '나는 지금 짜증스럽구나.'처럼 순간순간 알아차려서 자꾸만 생기는 부정적인 감정을 흘려보내는 작업을 해야 한다. 즉 앞에 있는 학부모의 감정을 듣는 동시에 교사의 내면에서 생겨나는 감정을 들어야 한다. 교사의 내면에서 생겨나는 감정을 느끼고 알아차리고 수용해서 흘려보내야 그 빈자리에 학부모의 감정이 흘러들 수 있다. 학부모의 감정을 교사가 공감할 수 있으면 대화는 자연스럽게 원하는 방향으로 진행된다.

학부모 (다른 근거로 반박)

교사 어머님이 정말 많이 아시네요. 어쨌든 이렇게 대화가 통하니 다행입니다. 그 부분은 충분히 그렇게 보일 수 있는데, 그에 대해서도 저희가 사실 먼저 논의를 했거든요. 그리고 이러이러한 근거로 안 된다는 결론이 났습니다. 듣고 어떠신지요?

학부모 ○○이한테도 이렇게 설명하셨나요?

교사 하긴 했는데 ○○이가 어머님만큼 알아들었는지는 확실치 않아요. 필요하다면 따로 불러서 한 번 더 설명해 주겠습니다.

학부모 네, 일단은 알겠는데…… 선생님들끼리 한 번만 더 회의를 해주세요. 제가 근거 몇 가지 더 보내드릴게요.

교사 어머님이 이렇게 합리적이고 논리적이니 저희가 안심이 되고 신뢰가 갑니다. ○○이가 어머니 닮아서 이렇게 공부를 잘하나 봅니다.

학부모 호호호. 고맙습니다.

학부모에게서 저녁에 문자가 왔다.

여러모로 도와주셔서 정말 감사합니다. ○○이 의견을 그동안 많이 존중해 주신 것을 느꼈네요. 말씀드린 것처럼 마지막 결정은 선생님들의 결론에 따를 것이니 만약 복수 정답이 안 되더라도 ○○이에게 제가 잘 설명하겠습니다. 마음 써주셔서 너무 감사하고 편한 밤 되세요

4. 대화 교육을 시작하려는 교사들에게

대화의 여러 가지 원리를 처음 시도하는 교사들은 다음과 같은 경험을 하게 된다.

학생 쌤, 위로? 근데 위로해 주는 거 왜 이렇게 웃겨요?

교사 왜? 내 말이 위로가 안 되니?

학생 너무 잘 되는 거 같아요. 근데 웃겨요.

학생 영어스피치 대회 원고에 뭐 써야 될까요?
교사 영어스피치 대회 원고에 뭐 쓸지 몰라서 막막한가 보네?
학생 네. 막막하고 답답하고 걱정되니까 그거 그만하고 빨리 답 좀 알려 주세요!

이메일 답장 네, 맞아요. 선생님 메일 뭐랄까…… 뭔가 입력하면 자동으로 프로그래밍 돼서 기술해 주는 것 같네요. 혹시 상담 기법에서 배우셨나요? ㅋㅋ 농담입니다.

교사 못 보던 사이에 완전 예뻐졌네요.
동료 네, 노력 좀 했어요.
교사 와, 보람 있겠네요?
동료 선생님 말에 영혼이 없는 거 같아요.
교사 헐.

말에 영혼을 담는 것이 먼저일까, 말만 배워서 하다 보면 나중에 영혼이 담기는 것일까? 《비폭력대화》를 번역한 캐서린 한은 어느 학술대회에서 "모든 어머니는 자식을 사랑하지만 말 한마디로 자식을 죽음으로 내몰 수도 있는 것이다."라고 말했다. '내가 비록 말이 서툴지만 진심이 통할 거야.'라고 믿지 말고 우선 대화 원리에 맞게 말부터 바꾸라는 것이다.

공감 능력은 성격에 의해서 좌우된다고 생각하는 사람이 있다. 공감적 듣기도 '공감하는 마음', '사랑하는 마음', '이해하려는 태도', 즉 '마음'이 중요하다고 생각하는 사람이 있다. 하지만 '공감적 듣기'는 하나의 기술이며 이론적으로 배운 다음에는 충분한 기간 동안 훈련하는 과정이 필요하다.

공감적 듣기를 배웠는데 학생, 가족, 친구, 연인과의 대화가 여전히 어렵다면 본인의 훈련 부족을 의심해야 한다.

《교사와 학생 사이》,《부모와 아이 사이》를 쓴 히임 기너트는 마취 전문 의사가 우리에게 주사를 놓기 전에 "사실 난 수술 실습을 많이 받지는 않았지만 환자들을 사랑해요. 상식에 따라 수술할 거예요."라고 말한다면 환자들이 안심하기는커녕 아마도 두려운 나머지 도망칠지도 모른다고 했다. 환자를 사랑하지 않지만 마취 기술이 뛰어난 의사가 수술실에서는 필요한 존재인 것이다.

물론 쉬운 일은 아니다.《비폭력대화》를 보면 '비폭력 대화'를 강의하는 강사에게 수강생이 거부감을 표출하며 이렇게 말한다.

"당신은 이 모든 것들이 너무 쉬운 것처럼 이야기하잖아요."

평생 써왔던 언어 습관을 버리고 새로운 '듣기', '말하기' 방법을 익히는 일은 쉽지 않다. 교사 자신의 부단한 노력이 필요하다. 차라리 아이들에게는 올바른 대화법을 가르치기가 쉽다. 아이들은 아직 완전히 자기만의 언어 습관이 굳어지기 전이기 때문이다. 쉽지는 않지만, 아이들의 삶을 구원하려는 교사들에게 이 정도 노력은 고통보다는 오히려 기쁨이 된다. 조금만 연습하면 다음과 같은 반응이 돌아오고 교사는 탄력을 받아서 더 열심히 아이들에게 써먹게 된다.

학생 아, 선생님 ㅠㅠㅠ

학생 저 ○○고를 갈지 □□고로 가야 될지 모르겠어요

학생 제발 누가 대신 결정해 줬으면…

교사 ○○고를 가야 될지 □□고를 가야 될지 엄청나게 고민되고 갈등되고 진짜 잘 모르겠다는 말이구나?

교사 어떤 걸 골라도 확신이 없어서 누가 대신 골라주면 좋겠다고 생각할 만큼 이제 생각하기도 지쳤나 봐?

교사 적절하고 후회하지 않을 선택을 하도록 도와주면 좋겠다는 말 아니겠니?

학생 ㅋㅋ 에세이 보는 줄…

학생 역시 선생님!

학생 저도 모르는 마음이 읽힌 기분…

만화 《꼴찌, 동경대 가다》에는 학생과 대화하는 방법에 대해 의논하는 교사들이 나온다. 참고로 오른쪽에서 왼쪽으로 읽는 만화이다.

그런데 시험 직전에, 한 랭크 아래인 B대학에 가고 싶다고 했어.

A대학과 B대학은 시험 날짜가 같아. 부모는 A대학을 바라고 있고. 자. 타카하라 선생은 어떻게 조언을 해줄 텐가?

역시 우선 '왜' 하고 이유를 물어봐야겠죠.

답을 모르니까 상담하러 온 것 아냐?

그러면 학생이 '사실은…' 하고 이유를 술술 말할 것 같아?

'역시 선생들은 이해를 못 한다니깐' 하겠지.

속으로 불안하니까 상담하러 온 건데. 긍정해 버린다면 상담은 거기서 끝.

자신의 진로니까 스스로 생각할 수 있도록, B대학도 좋지 않을까 하고 긍정해 줍니다.

노력하면 A대학에 합격할 수 있다, 하고 격려해 줍니다.

괜찮아, 걱정 마라.

그럼, 그런 경우에는 어떻게 대답하는 게 좋나요?

맞아…. 진짜 대처법이 있다면 알고 싶네요.

지금도 있는 힘껏 노력하고 있는 학생에게 더 노력하라고 할 텐가?

마지막 컷에 나오는 말인 "대처법이 있다면 알고 싶네요."에 대한 답은 정해져 있다.

"네 말은 그동안 지망해 왔던 A대학보다 한 단계 아래지만 B대학에 가고 싶다는 말이구나."

교사가 좀 더 본격적으로 학생을 돕고 싶다면 '감정'이 적힌 종이를 이용하면 좋다. 교사가 느껴지거나 학생이 표현하는 감정의 가짓수에는 한계가 있는데, 작아서 거의 못 느끼는 사소한 감정들도 인간의 마음에 노이즈가 끼게 하므로 감정 단어가 적힌 종이를 보면서 시간을 두고 작은 감정까지도 찾아보게 하는 방법이 처음에 연습할 때 효과적이다.

그리고 순간순간 '지금 여기'의 기분을 확인하여 감정적인 안정감 속에서 스스로 문제를 해결하기 위한 힘을 얻고, '진짜로 원하는 것'을 발견하여 그 상태가 이루어졌을 때의 긍정적인 기분을 기대하게 하여 변화의 원천으로 삼는다는 원리를 교사도 어딘가에 적어두고 참고해 가면서 대화하는 것도 연습할 때 도움이 된다.

담임을 안 하는 해에도 친한 아이들이 있어서 몇몇은 특별히 마음이 쓰이기 마련이다. 그 중 한 여학생이 침울한 얼굴로 담임과 이야기하는 것이 보였다. 그런데 학년부장 선생님이 학년회의 한다고 담임들을 급히 모았다. 그 담임은 "일단 알았다." 뭐 이런 말로 아이와의 대화를 끝내고 가버렸다. 아이의 표정은 여전히 어두웠기에 마음이 쓰였다. 불러서 이야기를 좀 들어주려고 하는데 갑자기 다른 학생이 자기소개서를 봐달라고 왔다. 그래서 그 아이에게 말했다.

교사 ○○아, 바쁘니?

학생 아니오, 완전 한가해요.

교사 그럼 여기 앞에 앉아서 좀 기다려줄래? 애 이것만 봐주고 나랑 이야기 좀 하자.

학생 네.

자기소개서를 얼른 봐주고 그 학생 곁으로 갔다.

교사 우울해 보이네.

학생 네, 완전 우울해요. 근데 선생님 바쁘신 거 아니에요?

교사 아무리 바빠도 ○○이랑 얘기할 시간은 있지. 내가 바쁠까 봐 걱정까지 해주고, 정말 배려심이 많구나.

학생 하하.

교사 네가 우울해 보이니 내가 걱정이 되고 불안해서 좀 도와줄 수 있으면 도와주고 싶은데, 괜찮겠니?

학생 네, 좋아요.

교사 그럼 우선 여기다 지금 기분이 어떤지 동그라미 쳐볼래?

감정 단어들을 적어놓은 종이와 볼펜을 주었다. 아이가 동그라미를 친 감정들이다.

처량한, 울적한, 침울한, 우울한, 참담한, 암담한, 무기력한, 거북스러운, 막막한, 서글픈, 마음이 무거운, 절망스러운, 열받는, 지겨운, 못마땅한, 불쾌한, 불만스러운, 언짢은, 짜증스러운, 귀찮은, 역겨운, 더러운, 미칠 것 같은, 끔찍한, 기분 나쁜, 메스꺼운, 피하고 싶은, 혐오스러운, 꼴 보기 싫은, 당황스러운, 어이없는, 억울한, 참담한, 두려운, 멍한, 막막한, 난처한, 충격적인, 기가 막힌, 정신이 번쩍 드는, 어이없는, 소름 끼치는, 몸서리쳐지는, 구역질 나는, 다리가 후들거리는, 골 때리는, 손에 땀을 쥐는 듯한, 넋 나간, 밥맛 떨어지는, 무감각한, 녹초가 된, 정리가 안 된 듯한, 쉬고 싶은, 혼란스러운

아이의 감정을 확인하고 대화를 이어갔다.

교사 정말 엄청나게 힘들었겠다.
학생 네. 근데 신기하네요. 재밌어요.
교사 신기하고 재밌었나 보네? 지금 기분은 어때?
학생 좋아졌어요.
교사 다시 동그라미 쳐볼래? 지금 현재 어떤지?

학생이 고른 감정 단어는 이렇다.

흐뭇한, 상쾌한, 시원한, 막막한, 불만스러운, 언짢은, 당황스러운, 어이없는, 억울한, 막막한, 난처한, 충격적인, 어이없는

자기의 감정을 동그라미 친 것만으로도 대부분의 불편한 감정들이 가라앉고(사라지고) 흐뭇하고 상쾌한 기분이 생겼다는 것에 그 학생 스

스로도 놀란 듯했다.

교사 이야, 이렇게 금방 기분이 편해졌네? 내가 어떤 일인지 알면 좀 더 시원하게 해줄 수 있을 것 같은데. 네가 말하기 곤란할까 봐 조심스럽기도 하네. 어때 괜찮다면 말해줄 수 있겠니?

학생 아, 그런 건 아니에요. 저도 기말고사 끝나고 좀 놀고 싶은 마음도 있잖아요? 근데 학원 숙제는 너무 많고 학교에서도 영화 만들기도 해야 되고, 학예전 준비도 해야 해서 너무 바빠요. 그리고 얼마 전에 남자친구랑 헤어졌단 말이에요. 원래 걔랑 안 맞는 줄 알면서 사귄 건데 그것도 신경 쓰이고. 근데 1학년 때부터 3년 동안 같은 반이었던 어떤 애가 있는데 걔가 저를 좋아해서 1학년 때 제가 거절했는데 걔는 정신 못 차리고 계속 제 카톡 프사도 캡처해서 자기 페북에 올리고 뒤에서 애들한테 계속 제 이야기 하고…… 요새는 남친이랑 헤어졌다고 남자애들한테 "걔 이제 남친 없으니까 내 거다." 이러고 다닌대요.

교사 완전 소름 끼쳤겠다. 불안하고 걱정되고?

학생 네. 완전요.

교사 1학년 때부터 계속 그랬으면 짜증나고 이제 지긋지긋하겠는데?

학생 맞아요.

교사 걔가 그러는 게 하루 이틀이 아니라서 웬만하면 넘길 수 있을 텐데, 요새 할 일이 많고 숙제도 많고 네 마음에 여유가 없으니 더 예민해지겠구나?

학생 네.

교사 지금 마음이 힘들고 복잡하고 우울하고 답답하고 억울하고 막 그럴 텐데 제일 큰 게 뭔 거 같아?

학생 (잠시 고민하더니) 막막해요.

교사 막막함?

학생 네. 2학년 때 선생님들한테 한 번 말한 적이 있는데 고쳐지지도 않고, 엄마한테 말하고 싶어도 그냥 남자애들이 장난치는 식으로 심각하게 생각 안 할 것 같아요. 지금 담임 선생님한테 말해도 어떻게 해결해 줄 방법이 없잖아요. 걔가 대놓고 뭘 어떻게 하는 것도 아니고. 다른 남자애들은 그냥 재밌다고 웃기만 하고. 친구들이 빨리 신고하라고 하는데, 솔직히 우리 반에 2학기에 사건이 많아서 나까지 담임 선생님한테 밀면 또 학생부에서 뭐라고 하겠어요?

교사 아하, 신고하고 해결하고 싶기는 한데 선생님한테 부담 주는 것도 싫고, 어른들이 진지하게 안 들어줄 것 같기도 하고, 그렇다고 가만히 있으려니 너무 힘들고…… 진짜 난감하겠다. 어찌해야 될지 모르겠는 상황이구나?

학생 네, 맞아요. 선생님 정말 잘 이해하시네요.

교사 네가 잘 알아듣게 말을 잘하니까. 담임 선생님도 배려할 줄 알고, 대단한데?

교사 네가 말 안 하고 계속 있으면 어떻게 될 거 같아?

학생 걔는 계속 그러겠죠. 더 심해지거나. 고등학교 가서도 그러면 어떡해요? 그러면 진짜 선생님들이 어떻게 해줄 수도 없잖아요. 다른 학교 학생한테 징계를 줄 수도 없고. 저번에 한 번, 걔가 다른 동네에 사는데 저녁에 우리 동네에서 만난 거예요. 완전 소름 끼치고 무서웠어요. 우연일 수도 있겠지만 고등학교 가서도 그렇게 밤에 찾아오면 어떡해요?

교사 그러게. 정말 불안하고 걱정 많이 되겠다?

학생 맞아요.

교사 어, 네가 진짜 원하는 상황은 어떤 거지? 만약 이게 잘 해결된다면 어떤 상태야? (본심 찾기)

학생 그거야 걔가 이제 나한테 신경 안 쓰고 나도 행복해지는 건데…….

교사 그런 상태가 되면 기분이 어떨 것 같아?

학생 기분이 편안하겠지만 너무 억울해요. 원래 그게 정상인데, 내가 지금 그런 걸 바라야 하다니…… 걔 때문에.

교사 완전 억울하겠네?

(이때 나는 아이가 자꾸 "맞아요." 하는 것을 보고 에고그램 유형 중 이성적인 판단을 잘하는 A타입이라 추측하여 상황을 논리적으로 정리해서 학생에게 들려주기로 결심했다.)

교사 그러니까 네 말은 지금 3년 동안 너를 힘들게 한 애가 있는데, 지금 네가 마음의 여유가 없고 너무 심란하고, 그래서 그걸 꼭 해결하고 싶은데 그걸 선생님이나 학생부에 말하는 게 좋을지, 부모님한테 말하는 게 좋을지 모르겠고, 말해도 해결이 안 될 것 같아서 불안한데, 그렇다고 가만히 있는 것도 전혀 도움이 안 되니까 어떻게 해야 좋을지 그 방법을 몰라서 난감하고 막막하고 답답하다는 거구나?

학생 네, 맞아요. 선생님 대단하시네요.

교사 반갑고 놀라운가 보구나. 지금 현재 기분은 어떻니?

학생 엄청나요.

교사 엄청나게 뭐?

학생 신기하고 놀라워요.

교사 뭐가 신기하지?

학생 이렇게 기분이 좋아질 줄 몰랐어요. 선생님 말의 힘이 대단하시네요.

교사 기분이 좋아지고 편안한가 보네. 다행이고 안심된다.

학생 선생님 전 이제 가볼게요.

이 학생이 가고 나서 멀리서 지켜보던 전 남친이 살짝 와서 물었다.

"선생님 어떻게 한 거예요? 어떻게 위로를 했길래 기분이 저렇게 좋아졌어요?"

담임 교사가 상담을 하다가 학년 담임 회의를 하러 간 사이에 남겨진 학생의 기분을 전환해 주기 위한 대화이다. 이 대화에는 부차적인 목적이 있었는데, 이 당시 학생들에게 '대화법이 가진 말의 힘'을 가르치는 중이어서 학생들이 직접 느껴보게 하려고 굳이 불러서 대화를 한 것이다. 이 수업이 끝난 후 이 학생은 다음과 같은 소감문을 남겼다.

선생님이 '말의 힘'에 대해서 수업해 주신 적이 있다. 그 수업을 하고 난 뒤에 느낀 말의 힘은 정말 놀랍고 엄청난 것이었다. 그리고 선생님께서 나에게 직접 말의 힘에 대해 느끼게 해주신 적이 있다. 내가 정말 난처하고 막막한 상황에 있을 때 나를 도와주셨는데, 딱히 해결책을 주신 거도 아니고 '이렇게 하는 건 어떨까?' 하며 의견을 내주신 것도 아니다. 그냥 말로써 나를 이해하고 계시다는 것을 표현해 주시고 내 상황을 하나하나 다 알아주셨다. 그게 다였다. 그러나 그건 나에게 큰 영향을 주었다. 내가 앞으로 또 힘든 상황에 놓이게 된다면 어떻게 하는 게 좋을지 알게 되었고, 사람을 어떻게 위로하는 게 좋을지, 또한 말의 힘은 얼마나 위대한지 알았다.

5. 동료 교사와 함께하기

대화는 상호교섭적인 활동이므로 아무래도 혼자 연습하기보다 뜻이 맞는 사람을 만나 함께 연습하면 빨리 숙달된다. 인근 학교의 마음 맞는 사람끼리 함께 모여서 해도 좋지만, 교내에 '아름다운 대화 훈련모임'을 만들어 전문적 학습 공동체 형식으로 운영해도 좋을 것이다.

학교에서 '회복적 생활 교육'을 주제로 교내 초청 강연을 들은 적이 있는데, 학교 선생님들이 모두 감동을 받았다. 강사는 "회복적 생활 교육은 가해자 편드는 거 아니냐?" "지금 세상이 이런데 무슨 평화로운 학급 만들기 타령이냐?" "그게 1, 2년 해서 되겠냐?" 이런 시선들과 싸우는 게 학폭 가해 아이들과 회복적으로 생활 교육을 하는 것보다 더 힘들다고 했다. 그러면서 이런 말을 했다.

"북미에서는 벌새가 신뢰와 성실의 상징입니다. 어느 산에 큰불이 났습니다. 온갖 동물들이 뛰쳐 나와서 들판으로 달아나는데, 벌새 한 마리가 강으로 가서 물 한 방울을 부리에 물고 와서는 산불 난 곳에 똑 떨어뜨립니다. 그리고 또 강으로 가서 물 한 방울을 물고 와서 불 위에 떨어뜨립니다. 동물들이 걱정하며 외칩니다. '벌새야, 위험해. 돌아와. 네가 그런다고 불을 끌 수 있는 것도 아니야.' 벌새가 대답합니다. '나는 그냥 지금 내가 할 수 있는 일을 할 뿐이야.' 저도 제가 할 수 있는 일을 할 뿐입니다."

강사가 떠난 뒤에 학교 선생님들에게 전체 메시지를 뿌렸다.

강의 참 감동적이었지요? 평화로운 학급 만들기는 참 좋은 이념이지만 구체적인 기술을 훈련하지 않으면 학급에서 적용하기는 쉽지 않습니다. 최종 목적지로 가기 위해 작은 것들을 반복 훈련하는 자율적인 소모임을 하실 분 모이세요. 저 포함 3명 이상이면 바로 시작합니다. 모임 이름은 '벌새 모임'입니다.

그래서 벌새 7호까지 모였다. 모임에 몇 명이 올지 모르지만 2명 이상 모이면 바로 시작한다. 참여해야 한다는 부담 없이 정해진 시각, 정해진 장소에서는 늘 벌새 모임이 열리고 있으니, 시간이 될 때는 언제든지 참여할 수 있다는 느낌을 주고 싶기 때문이다.

모임에서는 우선 별칭을 짓고 대화의 원리를 익힌다. 모일 때마다 듣기 3단계, 칭찬하기 3단계, 지적하기 3단계를 적용하여 대화를 나누고, 잘 안 되는 부분을 서로 공감해 주며 해결책을 함께 모색하고, 일주일간 학생들에게 적용한 결과를 공유한다.

① 마음(가명)

마음 선생님은 1학기 벌새 모임 초반에 고민을 털어놓았다.

"우리 반에 어떤 애가 있는데, 애정 결핍이고 친구들과는 어울리지 못하는 아이가 있어요. 아이들이 하는 말과 행동에 너무 신경이 쓰여서 예민하게 굴고 사소한 거라도 거슬리면 쉬는 시간마다 교무실에 와서 나한테 하소연을 하고 일러바치고 울고 하는데, 적당히 돌려보낼 수도 없고……. 오늘은 점심시간 시작하자마자 내려와서 나는 점심도 못 먹었어요. 나라도 들어줘야겠다 싶어서 나름대로 들어주는데, 듣다 보면 분명히 애가 잘못하고 있는 부분도 보이는데 그것도 지적하면 안 될 거 같고, 내가 자꾸 들어주니까 자꾸 나한테 의존하는 거 같은데…… 나도 내 생활이 안 돼서 힘들어요."

선생님의 심정을 들어주고 숨은 뜻을 대신 찾아 알려준 다음 힌트를 주었다.

"걔의 사실 문제는 차차 해결하시고 우선 걔가 찾아왔을 때 선생님이 빨리 걔를 돌려보내는 쪽으로 초점을 맞춰볼게요. 걔보고 '이제 그만하고 올라가라.' 하면 당장은 교실에 올라가겠지만 다음 쉬는 시간에 또 교무실로 내려올 겁니다. 그걸 피하시려면 걔가 무슨 말을 하든지 입으로 듣고 감정 찾아서 공감하고 수용해 주세요. 그렇게 하면 시간이 엄청 많이 걸릴 거 같지만 한번 하고 나서 비교해 보시면 답을 알게 될 거예요."

그 뒤로 아무 말도 없어서 궁금했는데 몇 주 뒤 벌새 모임에서 이렇게 말했다.

"전에 맨날 찾아오던 애 있죠? 오늘 2학기 처음으로 교무실에 내려왔는데 1학기에 배운 방법으로 했더니 간단히 돌려보낼 수 있었어요. 자기 말 다 하더니 금세 올라갔어요."

"와, 나는 배워도 막상 그 순간이 되면 실천이 잘 안 되던데 대단하시네요."

"아, 나도 사실 잘 안 되는데…… 걔에 대해서는 '교무실에 오면 딱 요렇게 해야지.' 하면서 미리 준비해 뒀더니 잘 됐어요. 하하."

② 우주(가명)

우주 선생님은 1학기 벌새 모임에서 아들에 대한 고민을 털어놓았다.

"아들이 시험을 준비하는데 스트레스 쌓인다고 술을 먹고 오는 날이 많아요. 술을 끊어야 시험도 붙고 할 텐데…… 그걸 생각하면 너무 속이 상해서 나도 좋은 말이 안 나오고…… 그러면 또 내 말 때문에 아들은 더 스트레스 받고…… 요즘은 나한테 마음의 문을 닫은 거 같아요. 어떻게 하면 좋지요?"

멤버들이 모두 공감해 주고 아들의 행동이 아니라 아들의 감정과 선생님 자신의 감정을 수용하는 쪽에 초점을 맞추라고 힌트를 주었다. 몇 주 뒤 우주 선생님이 벌써 모임에서 이런 말을 했다.

"내가 그동안 배운 대로 실천을 못 해서 열등생 같았어요. '힘들었구나.'가 입에 안 붙어서 너무 어색했어요. '너 힘들지?' '너 힘드니?' 이게 내 본래 말투인데 이건 공감하는 말투가 아닌 것 같고……. 근데 얼마 전에 우리 아들한테 '니가 많이 힘들구나.'라고 해봤어요. 그 뒤로 별말도 안 했는데 '힘들구나' 네 글자에 아들이 갑자기 변했어요. 내가 무슨 말을 해도 순하게 듣고, 다시 예전 어릴 때처럼 나한테 이야기도 많이 하고. 내가 자기 마음을 알아준다고 생각해서 그런지 아들도 마음의 문을 다시 연 거 같았어요. 전에는 무슨 말을 해도 벽에 막힌 걸 억지로 뚫고 들어가는 기분이었는데."

우리는 모두 감동했다.

③ 벼리(가명)

벼리 선생님도 경험담을 털어놓았다.

"어머니가 치맷기가 있는데 모시고 살 형편이 안 되어 간병인을 썼어요. 얼마 전에 간병인을 새로 구했는데 다른 지역에 계셔서 새 간병인을 자주 만나는 것도 아니고 잘하니 못하니 참견한 적도 없는데 갑자기 전화가 왔어요. 자꾸 어머니 주변 분들이 지난번 간병인이랑 비교한다는 거예요. '전에 그 사람은 이렇게 했는데……' '저번 사람은 이런 것도 하던데……' 간병인은 자기 딴엔 최선을 다하는데 이런 소리를 자꾸 들으니까 열받아서 저한테 전화한 거라면서 전화 받자마자 막 큰소리로 흥분해서 쏘아붙이더라고요.

저는 놀라고 당황해서 뭐라고 말할까 하다가 상대의 마음을 알아줘야 된다는 게 알아차려지더라고요. 그래서 '많이 속상하고 서운하셨지요.' 했더니 갑자기 조용해지면서 한동안 말이 없다가 '아, 제가 너무 화를 냈네요. 미안합니다.' 하는 거예요. 저는 너무 놀랍기도 하고 기쁘고 뿌듯했어요. 그리고 좋게 끊었는데 또 한참 있다가 문자도 왔어요. 아까는 정말 미안했다면서……."

④ 키치(가명)

국어과 교과부장인 키치 선생님이 이런 교내 메신저를 보내왔기에 서로 칭찬하기를 주고받았다. 이런 대화가 늘 오고 가는 교무실이면 학교 다닐 맛이 날 것이다.

키치 7월 교과협의록 틀을 보내드리니 해당 학년의 내용 모두 적어서 파일로 오늘까지 보내주세요.

부장 파일 보내요. 빨간 글씨 부분이 3학년 국어입니다.

키치 와우 빠르십니다. 이렇게 일 처리를 빠르고 정확하게 하시는 부장님 모습을 보니 정말 능력이 대단하신 분 같습니다. 그런 부장님이 옆에 계시니 제가 다 든든하고 마음이 편안해지는군요. 부장님은 언제부터 그렇게 멋진 능력자이셨나요?

부장 칭찬 화법을 곧바로 적용하시는 걸 보니 이해력과 습득력이 빠르고, 배운 걸 써먹는 능력이 탁월하며, 재치 있고 센스 있으시네요. 이 바쁘고 정신없는 와중에 여유 있는 농담을 던질 줄 아는 아주 그릇이 큰 사람처럼 보여요. 저는 놀랍고 감탄스럽고 방학 선물을 받은 것 같아요.

키치 우와 역시 부장님이십니다. 부장님 덕분에 저도 엄청 바쁘지만 웃습니다. 그리고 그런 칭찬에 몸 둘 바를 모르겠습니다.

⑤ 교무부장님

교무부장님은 벌새 모임의 멤버는 아니다. 점심시간에 교무부장님이랑 안전생활부장님이랑 나(교육연구부장)랑 우연히 같은 식탁에서 밥을 먹게 되었다. 교무부장님이 갑자기 말했다.

"저번 주 금요일에 내가 복도를 지나가는데 어떤 2학년 아이가 안전생활부장님께 지도 받고 가는 길에 안전생활부장님 뒤에 대고 '시발 개새끼가!'라고 말했습니다. 안전생활부장님은 그걸 못 봤는데 내가 그걸 보고 불러서 막 뭐라고 했거든요. 오늘 생각해 보니까 '니가 화가 많이 났구나.' 할 걸 그랬습니다. 근데 그 순간에는 그런 말이 생각이 안 나더라고요."

반쯤 장난식으로 웃으면서 말하기에 내가 말을 받았다.

"그래도 지금 이렇게 생각나신 게 대단하십니다. 그때는 그렇게 했더라도 아이를 만날 기회가 그날만 있는 건 아니지요. 오늘이라도 걔를 만나서 '니가 그때는 화가 많이 났지? 몰래 욕했는데 내가 혼내서 많이 당황했겠다.'라고 하면 또 오늘, 지금 여기의 만남을 할 수 있습니다.

한번 시도해 보세요." 이렇게 웃으면서 알려드리니 교무부장님은 뭔가 깨달은 듯한 표정이 되었다.

6교시 마치고 교무실에서 퇴근 준비하는데 교무부장님이 다가오더니 은근한 목소리로 말을 걸었다.

"내가 아까 걔 불러서 '니가 그때는 화가 많이 났었지? 내가 못 본 척할 걸…… 너무 뭐라고 한 거 같아서 미안하다.' 했더니 걔가 '아닙니다. 안 그래도 선생님 찾아가서 죄송하다 하려고 생각하고 있었어요.' 하고 반응해서 기특했어요."

⑥ 3학년 부장님의 경우

지필고사 기간이 되면 학생들의 심리적 지지를 위한 팁을 전체 메신저로 날린다. 아래는 메신저 내용이다.

기말고사는 학생들이 감정적으로 영향을 받기 쉬운 기간이라 담임 선생님들께서 학생들과 감정적으로 깊이 만나기 좋은 절호의 찬스입니다. 학생들이 쉬는 시간만 되면 몰려와서 좋은 감정 나쁜 감정을 털어놓을 것입니다. 이번 3일간의 짧은 기간을 통해 학생들의 마음속에 신뢰받는 든든한 교사로 자리매김하는 마법의 대화 기술을 써보시겠습니까?
학생들이 찾아오면 다음과 같은 말로 반응을 실험해 보시기를 권합니다.
하나. 학생의 말을 그대로 따라 말해준다.
둘. 학생의 기분을 찾아 대신 말해준다.

㉮ **학생** 선생님, 시험 망쳤어요.

교사 시험 망쳤다는 말이구나. 정말 괴롭고 속상하겠다.

㉯ **학생** 선생님, 시험 잘 쳤어요.

교사 시험 잘 쳤다는 말이구나. 정말 기분 좋고 신나겠다.

㉰ **학생** 선생님, 과학 한 문제 틀렸어요.

교사 과학 한 문제 틀렸다는 말이구나. 정말 아깝고 아쉽고 후회되겠다.

㉱ **학생** 아니요. 한 문제밖에 안 틀려서 정말 좋은데요?

교사 아, 한 문제밖에 안 틀려서 정말 좋다는 말이구나. 기쁘고 뿌듯하고 자랑스럽겠다.

㉲ **학생** 선생님, 이번 시험 왜 이렇게 어렵게 냈어요?

교사 이번 시험이 왜 이렇게 어려운지 궁금하다는 말이구나. 정말 궁금하고 힘들었겠구나.

㉳ **학생** 선생님, 시험 잘 치라고 격려 좀 해주세요.

교사 시험 잘 치라고 격려 좀 해달라는 말이구나. 정말 간절하고 기대되겠구나.

㉴ 무한 반복

퇴근 무렵에 3학년 부장님이 메신저로 답장을 보냈다.

오늘 ○○이가 복도에서 시험 망쳐서 울고 있길래 "괜찮아."라고 해주려다가 쌤 메신저 생각이 나서 따라 해봤어요. 고마워요!

⑦ 동료를 돕기

신규 선생님이 상담을 하고 싶다고 나를 찾았다. 조용한 곳에 가서 이야기를 들으니 악성 민원 학부모에 대한 이야기였다. 문제 해결의 방향을 정했다.

㉮ 학부모의 몰상식한 협박조의 전화를 받고도 마음의 여유를 찾기
㉯ 학부모를 진정시키고 내 입장을 이해받는 말법 배우기
㉰ 사실적인 문제 해결하기

"선생님의 마음에 여유를 찾기 위해서 작업을 해봅시다. 먼저 사실을 다 말해보세요. 그때 느꼈던 감정을 다 써보세요. 생각과 감정을 연결해서 써보세요. 정말 원하는 건 무엇인 거 같으세요?"

작업 사이사이에 듣기와 칭찬을 했고 작업이 끝난 뒤에는 신규 선생님도 감정적으로 시원해졌다. 여유를 찾은 뒤에는 상대 학부모의 심정도 같이 알아보자고 했다.

일주일 뒤에 신규 선생님이 다시 찾아와서 말했다.

"부장님이 알려주신 대로 아버님이랑 통화했는데 좋았어요. 아버님도 기분 좋은 거 같고 저도 간간이 칭찬을 해드렸는데…… 생각해 보니 이 아이가 장점이 많은데 전화할 때는 그런 점에 대해서 칭찬을 거의 안 해줬던 것 같더라고요."

"멋지네요. 또 전화 올지도 몰라요."

"그렇겠죠. 그때도 뭐 이렇게 하면 되지 않을까요?"

신규 선생님이 도움을 청하러 오지 않는다 해도 도움이 필요한 상황을 보게 되면 적극적으로 개입할 필요가 있다. 신규 발령 때 학생을 어떻게 대하는지 제대로 배워두지 않으면 평생 잘못된 방식으로 학생을

대하게 되고, 그 피해는 고스란히 학생에게 돌아간다. 경력 교사는 신규 교사의 학생 지도를 못 본 척하지 말고 적극적으로 개입하여 올바른 모범 사례를 익히도록 도와야 한다.

신규 교사가 담임을 맡은 학급의 한 여학생이 다른 여학생과 싸운 일로 등교를 거부했다. 담임은 몇 번 통화하더니 몇 날 몇 시에 와서 화해시키기로 했다고 말했다. 내가 2차시 연속으로 수업 없는 시간에 두 여학생을 불러달라고 했다. 시간에 쫓기면 교사의 조급함 때문에 마음에 여유가 없어져 학생들의 이야기를 충분히 듣지 못하기 때문이다.

조용한 곳에서 여학생 둘과 신규 교사와 내가 함께 앉아서 일단 각자 '지금 여기'의 기분을 털어놓게 하고는, 에고그램 검사를 시켰다. 여학생 1은 NP, AC가 비슷하게 높고, 여학생 2는 NP, FC가 비슷하게 높았다.

AC 타입은 스스로 말을 잘 안 하니까 내가 감정을 최대한 구체적으로 섬세하게 읽어주는 말을 했다.

교사 네가 FC랑 같이 다니면서 맞춰주느라 많이 힘들었겠다. 억울한 부분도 많을 텐데 참느라 애 많이 썼구나. 지치기도 했겠다.

FC는 길게 하면 싫어하니까, AC에게 시간을 많이 할애하고 FC는 조금씩 들어주다가 거의 일대일 비율로 칭찬을 하나씩 넣어줬다.

교사 역시 자기 생각이랑 기분을 정확하게 잘 표현하는구나.

처음에는 FC 여학생이 "AC가 저한테 먼저 말 걸어주면 좋겠어요. 맨

날 내가 먼저 다가가고, AC는 자기가 필요할 때만 나를 찾아요."라고
했다.

AC 여학생이 "미안하다."라고 하면서도 "또 나만 사과하고 끝날까 봐
이제 화해를 시도하기가 무섭다."라고 했다. 그래서 그 마음도 들어줬다.

교사 얘 말 들으니까, 실제로 그랬던 부분이 있어서 미안하고, 미안하다
고 사과하고 화해하고 싶지만 매번 너만 사과하는 것 같아서 억울하고,
그냥 있으려니까 눈치도 보이고 학교도 오기 싫을 만큼 힘들었구나. 근
데 내가 보기에 너는 '먼저 말 거는 행동'이 성격상 아주 어려운 일일 거
같아. 한번 말 걸기 전에 마음속으로 수십 번씩 무슨 말 할지 연습해야 되
고, 문자 답장도 엄청 고민해서 보내고, 상대방이 너한테 말을 한마디 하
면 크게 신경 쓰이고, 상대방이 너한테 말을 안 하면 또 신경 쓰이고……
그런데 그 부분 때문에 FC가 너한테 서운하다고 하니까 정말 막막하고
어쩔 줄 몰랐던 거 같구나. 너도 FC에게 서운하거나 바라는 게 있을 거 같
은데? 앞으로 둘이 어떤 상태가 되어 있으면 좋겠니?

AC 싸우고 나서 먼저 말 걸고 다가가려 해도 FC는 너무 화난 티를 많이
내고 차갑게 대해서 다가가기 어려워요.

교사 아이고 그랬구나. 안 그래도 먼저 말 거는 게 부담스러운 네가, 그것
도 싸운 뒤에 말 걸기는 훨씬 부담스러웠을 텐데, 용기 내서 겨우 말을 거
니까 화난 티를 꽉꽉 내고 차갑게 대하면 주눅 들고 위축되고 상처도 받
고 무섭기까지 했겠네. 그런데 아까 듣기로 네가 먼저 사과를 해서 화해
한 일이 반복됐다고 하던데, 그랬다면 지금은 지치고 너무너무 힘들어서
이제 시도할 생각도 안 들었겠다. 그렇게까지 하면서 FC와 친하게 지내

야 하니? 얘가 그렇게 매력이 있어?

AC 쟤랑 있으면 재미있고 잘 웃겨줘요.

교사 그랬구나. 차분하고 조용해서 하루하루 변함이 없는 너한테는 즐겁게 해주고 재미있게 해주는 친구가 정말 소중했겠다. 이 관계를 제대로 돌리고 싶은데 방법을 모르니 집에서 혼자 끙끙 앓았겠네. 학교 와서 마주치는 것 자체가 고통이었겠어.

교사 얘 말 듣고 어때?

FC 미안해요.

교사 미안한 마음이 들었구나. 근데 내가 보기에 네가 일부러 AC한테 차갑게 대하는 건 아닌 것 같은데. 싸운 뒤에 말이야.

FC 제가 어릴 때부터 혼자 지내는 시간이 많아서 화가 나거나 짜증나면 혼자서 식힐 시간이 필요해요.

교사 그렇구나. 그럴 때 그래도 쟤가 먼저 말을 걸어주면 네가 기분 좋게 받아주진 않아도 화가 가라앉고 나면 다시 말을 받아줄 건데, 쟤는 먼저 다가오질 않으니까 서운했구나?

FC 맞아요.

교사 그래. 혼자서도 화를 잘 풀 줄 아는구나. 친구가 먼저 다가오면 언제든지 받아줄 줄도 알고. 근데 내가 배운 대로라면 AC한테는 '먼저 말 걸어주기'가 세상에서 가장 힘든 일이거든. 몰랐지?

FC 네.

교사 그래. 아마 너는 상상이 잘 안 될 거야. 근데 쟤한테 세상에서 가장 어려운 부탁을 해놓고 그걸 안 들어준다고 혼자 서운해하면 너도 서운하고 쟤도 너무 힘들지 않겠니? 작은 거 뭐부터 부탁해 볼 수 있을까?

FC 그냥 천천히 풀면 되니까 일단 서로 인사만 하는 사이라도 되면 좋겠어요.

교사 지금처럼 서로 외면하는 거 말고 만나면 인사라도 하자?

FC 네.

교사 그래. 나도 그렇게 되길 진심으로 바란다. AC야, 들으니까 어때?

AC 조금 안심되고 시원해요.

교사 AC야, 그럼 이 정도 부탁은 들어줄 수 있겠지? 지금 이 자리도 많이 불편할 거고, 오늘 이야기 끝나고 나가면서도 둘이 어떻게 해야 좋을지 좀 불안하고 걱정도 되겠지만, 일단 만나면 인사하는 것부터 시작하는 걸로 노력할 수 있겠니?

AC 네.

교사 FC야, 지금 기분은 어때?

FC 저도 미안하고 좀 후련해요.

교사 그래 둘 다 시간 내줘서 고맙고, 특히 AC는 자기 이야기 하기 쉽지 않았을 텐데 내 말에 잘 대답해 줘서 나를 믿는 것 같아 고맙고, 둘이 기분이 편안해진 것처럼 보여서 나도 안심되네. FC는 친구를 재미있게 해주는 능력이 있다는 거 내가 알게 돼서 반가워. 옆에 있던 담임 선생님은 보시고 어떠셨어요?

담임 선생님은 눈가가 촉촉해지며 "너무 좋네요."라고 말했다. 성격 유형에 대한 정보를 적극적으로 활용하면 갈등 중재에 큰 도움이 된다.

며칠 뒤에 학교 안 간다고 했던 AC 여학생 엄마가 너무 고맙다고 담임 교사에게 연락했다. 알고 보니까 이번에 싸운 게 다가 아니고 이 아이가 인간관계 때문에 1학기 때부터 힘들어했고, 갈등이 생기면 아프다고 학교를 안 가는 일이 잦았다. 그런데 상담 이후에 애가 학교도 잘 가고, 이번에 싸운 FC와도 다시 잘 붙어 다니는 걸 보고 엄마가 감동을 받은 것이다.

6. 결론을 대신하여

사람은 누구나 감정에 불편함이 없고 마음의 여유가 있을 때는 남의 말을 잘 들어준다. 그러나 사람들이 늘 마음의 여유가 있는 것은 아니다. 그리고 다른 사람들에게 불편한 감정이 생기는 일도 자주 일어난다. 마음에 여유가 없고 불편한 감정이 쌓였을 때 남의 말을 잘 들어주기는 어렵다. 하지만 그럴 때라도 '듣기 모형'이 몸에 밴 사람은 기분에 따른 제멋대로의 반응 대신 항상 적절한 반응을 할 수 있게 된다.

사람이 사람을 대할 때에 말해진 내용을 듣는 것만으로는 부족하다. 대화 교육을 제대로 받은 사람은 남이 말하지 않은 것까지 들을 수 있어야 한다. 그럴 때 비로소 상대방도 '이 사람은 나를 이해해 주는구나.'라는 생각을 가지고 마음을 열게 된다. 마음을 연 상대와는 무슨 이야기든 자유롭게 할 수 있고 대화 중이나 대화가 끝난 후에도 편안함과 따뜻함을 느끼게 된다. 우리는 타인과의 소통을 위해서 듣기를 하지만 결국 그 듣기의 긍정적인 영향은 자기 자신에게 돌아온다.

이러한 듣기는 타인의 말을 들을 때만 효과를 발휘하는 것이 아니다. 만약 자기 자신과의 대화, 다시 말해 자기 마음속의 소리를 들을 때 이 모형을 적용한다면 자기 자신의 문제도 해결하기 쉬워진다. 이것은 상대의 말과 기분을 들어주면 상대방이 스스로 해결책을 발견해 내는 원리와 같다. 즉 자신을 괴롭게 만드는 생각과 감정들을 '나는 이러이러한 기분이구나.'와 같이 하나하나 알아차려 나가면 결국 자신의 진정한 본심이 보인다는 뜻이다. 부정적 감정들을 하나하나 알아차리는 동안 마음은 점점 가벼워지므로 '3단계 듣기'를 통해 숨은 뜻과 진짜 의도에 도달한 사람들처럼 최선의 해결책을 생각해 낼 수 있고 잘 해보려는 동기도 생긴다.

그렇다고 해서 이 듣기 모형을 기계적으로 모든 대화에 적용할 필요는 없다. 친구가 "지우개 좀 빌려줘."라고 말하는데 "지우개 좀 빌려달라는 말이구나. 정말 간절하고 기대되겠다."라고 들을 필요는 없다는 뜻이다. 그냥 지우개를 주면 된다. 다만 상대방의 말에 대해 떠오른 생각과 감정 등 어떤 '말을 하고' 싶은 생각이 든다면, 그것이 칭찬의 말이든 비난의 말이든 그 전에는 반드시 듣기의 3단계를 거쳐야 한다는 뜻이다.

이를 위해서는 학교 교육과 함께 가정과 사회가 모두 한 마음이 되어야 할 것이다. 그러나 희망적인 것은 대화 교육을 통해 학생들이 '듣기'를 실천하게 되면, 그 학생이 속한 가정도 사회도 바뀐다는 점이다. 대화에서 둘 중 한 사람이라도 듣기 능력이 갖추어져 있으면 그 대화는 성공적으로 마무리되기 때문이다.

물론 듣기만으로 모든 대화가 이루어지는 않으므로 말하기 모형에도 익숙해져야 한다. 이 책에서 제시한 말하기 모형은 대화 자리에서 좌중을 웃기고 울리는 능숙한 화술의 소유자가 되도록 돕지는 못한다. 대신 상대의 말을 듣고 내 기분이 좋아지거나 안 좋아졌을 때 좋은 감정에 취해 지킬 선을 넘어버리거나 안 좋은 감정에 빠져 나 자신을 파괴하는 길로 가는 것을 막아준다. 대화에서 교육적으로 필요한 '말하기'는 상대의 말이나 행동으로 부정적인 감정이 생겼을 때 적절한 방법으로 감정을 처리하는 지적하기 원리와 상대의 말이나 행동으로 긍정적인 감정이 생겼을 때 상대를 북돋는 칭찬하기의 원리이다.

'대화'가 아니라 학생지도의 관점으로 접근할 때는 '듣기-칭찬하기-지적하기'의 순서를 하나의 세트로 적용하면 좋다. 맨 처음에 학생의 마음을 알아주는 '듣기'로 시작해서 성품에 대한 '칭찬'을 거쳐 맨 마지막에 교사의 본심을 '지적하기'로 전달하면 학생을 올바른 길로 이끌려는 교사의 진심이 전달되기 마련이다.

'대화'를 넘어서 '상담'으로 나아가려는 교사들은 좀 더 많은 공부를 해야 한다. 그것은 이 책의 범위를 넘어서는 것이지만 간략히 소개하면 이렇다. 첫째는 대인관계 맺기, 둘째는 마음 관리하기, 셋째는 동기 촉진하기이다.

지금까지 앞에서 다룬 '듣기', '칭찬하기', '지적하기'는 모두 건전하고 행복한 대인관계를 맺는 기술이다. 단순화하면 각각이 모두 3단계씩이라 총 9가지만 암기하고 연습하면 된다. 그런데 왜 학생들과 교사들은 실제로 잘 안 쓰는가?《비폭력대화》나〈우리 아이가 달라졌어요〉에 나오는 오은영 박사의 조언들을 보며 사람들은 "알지만 안 하게 되더라."라는 반응을 많이 한다. 그것은 상대방에 대해 불편한 기분이 있기 때문에 대화의 기술을 쓰고 싶지 않기 때문이다. 자녀들, 남편이나 아내, 교장이나 교감, 동료 교사에게 이 좋은 대화 기술을 왜 쓰지 않는가? '좋긴 한데, 너한테 이런 걸 써가면서까지 관계를 맺고 싶진 않아.' 대충 이런 느낌이다. 교사도 마찬가지다. 학생에게 감정이 상해버려서 학생의 말을 "네 말은 이런 말이구나."라고 해주기 싫은 것이다.

이를 감안하지 않고 무작정 원칙대로 하라고 요구할 수는 없는 일이다. 이럴 때 필요한 것이 마음 관리이다. 마음 관리를 통해 그 순간의 불편한 마음을 털어낼 수 있다면 올바른 대화 기술을 자유롭게 사용할 수 있을 것이다. 불편한 감정이 올라올 때 그 불편함 때문에 대화법을 사용하지 않게 된다면, 이것은 행동으로 따지면 표면 감정에 따른 행동이다. 표면 행동에 따라 행동하는 인생은 감정에 휩쓸리는 인생이 된다. 감정은 나에게 왔다가 가버리는, 생겨나기도 하고 사라지기도 하는 것일 뿐 나 자신이 아니다. 감정에 휩쓸린 행동은 진정으로 '나 자신'을 위한 행동이 아니다. 감정에는 그에 딸린 본심이 있다. 표면 감정이 아니라 그에 딸린 본심을 찾고 그 본심에 따라 행동하는 것이 진정한 나를 찾는 인생이 된다. 진정한 나를 찾을 때 우리는 마음과 생각과 행동이 자연스러워지고 행복해질 것이다.

그런데 상대의 말만 자꾸 듣는 것은 상담 전문가가 하는 일이다. 평범한 우리는 항상 할 말은 하고 살아야 한다. 대화에 참여하는 화자와 청자는 사회적·연령적·계층적 지위 고하를 막론하고 대등해야 한다. 그리고 교사라면 학생을 바꾸는 힘이 있어야 한다. 그것을 '동기 촉진'이라고 하며 상대방에게 바뀌고자 하는 동기를 불어넣는(촉진) 작업이 된다. 이것은 한두 마디 말로 되는 것은 아니고 '코칭'이라는 좀 더 전문적인 기술을 배워야 한다. 따지고 보면 모든 교사는 '코칭' 화법을 전문적으로 익혀야 생활지도에서 성공할 수 있다.

학생 때문에 불편해졌을 때 학생의 기분과 본심을 들어주고 싶지 않아서 적당히 혼내고 잔소리하고 끝낼 수도 있다. 그렇지만 참고 대화를 시도할 수 있다. 나아가서 불편한 표면 감정을 털어내고 여유 있는 상태에서 대화를 시도할 수 있다. 표면 감정을 털어낼 뿐만 아니라 나의 본심을 알아차리고 그 본심에 따라 행동을 할 수 있다. 그 본심에 따른 행동을 하려 할 때, 학생의 말을 들어주고 싶지 않았을 때의 본심까지 알아차리고 그 본심까지 동시에 충족시키는 행동을 할 수도 있다. 이 모든 것은 나의 선택에 달려 있다. '상황이 이러니까 나는 어쩔 수 없어.' '그 사람이 그렇게 하는데 내가 어떻게 안 그럴 수 있겠어?' 이런 비수체적인 태도가 끼어들 여지가 없다. 내 감정, 내 인식, 내 행동, 모든 것이 '나'이다.

어떤 말을 들어도 수용할 수 있고, 내가 하고 싶은 어떤 말이라도 하는 상태, 이것이 바로 '자존감이 높은' 상태이다. 무슨 말을 듣든지 '네 말은 그런 말이구나?' '그랬다면 네 기분은 이랬겠어?' '네가 진짜 원하는 것은 이거구나?'라고 받아낼 수 있는 상태이다. 그리고 무슨 말이든 '나는 네가 이런 것을 들었어/보았어.' '그걸 보니 나는 기분이 이랬어.' '내가 원하는 것은 이거야.'라고 표현할 수 있는 상태이다. 말을 바꾸는 것이 먼저이고, 자존감은 뒤따라 높아진다. 교사는 자존감이 높아야 자기만의 교육철학을 당당히 실천할 수 있다.

참고 문헌

자료

* 교육과학기술부(2012), 《국어과 교육과정(교육과학기술부 고시 제2012-14호 [별책 5]》, 교육과학기술부.
* 교육부(2015), 《국어과 교육과정(교육부 고시 제2015-74호 [별책 5]》, 교육부.

저서

* 군디 가슐러·프랑크 가슐러, 안미라 역(2008), 《내 아이를 위한 비폭력 대화》, 양철북.
* 글로리아 베커, 최경인 역(2012), 《상대의 마음을 움직이는 칭찬의 기술》, 아주 좋은날.
* 김창오 외(2014), 《교사의 마음리더십》, 에듀니티.
* 레스 기브린, 김호진 역(2010), 《YES를 부르는 대화의 기술》, 새벽이슬.
* 로버트 E. 영, 이정화 역(2003), 《하버마스, 비판이론, 교육》, 교육과학사.
* 마셜 B. 로젠버그, 캐서린 한 역(2017), 《비폭력 대화》, 한국NVC센터.
* 박영목 외(2003), 《국어교육학 원론》, 박이정.
* 사토 마나부, 손우정 역(2010), 《수업이 바뀌면 학교가 바뀐다》, 에듀니티.
* 송감찬(2014), 《감성설득-고객의 마음을 사로잡는 감성칭찬 화법》, 리텍콘텐츠.
* 신의진(2011), 《현명한 부모가 꼭 알아야 할 대화법》, 걷는나무.
* 유동수(2008), 《감수성 훈련》, 학지사.
* 유동수 외(2008), 《한국형 코칭》, 학지사.
* 유동수 외(2009), 《한알 집단상담》, 학지사.

- 유동수 외(2011),《한상담》, 학지사.
- 이규호(1999),《대화의 철학》, 시공사.
- 이주행 외(2004),《화법 교육의 이해》, 박이정.
- 이창덕 외(2019),《수업을 살리는 교사화법》, 테그빌교육.
- 이창덕 외(2010),《화법교육론》, 역락.
- 임칠성 외(2004),《교사화법 교육》, 집문당.
- 전은주(1999),《말하기·듣기 교육론》, 박이정.
- 정윤경·김윤정(2011),《내 아이를 망치는 위험한 칭찬》, 담소.
- 클라라 E. 힐, 주은선 역(2012),《상담의 기술》, 학지사.
- 토마스 고든, 김홍옥 역(2007),《교사 역할 훈련》, 양철북.
- 하임 G. 기너트, 신홍민 역(2007),《부모와 아이 사이》, 양철북.
- 휴 맥케이, 김석원 역(2003),《대화와 설득의 기술》, 멘토.

논문

- 김선혜(2007), 〈교사의 '칭찬' 언어와 '격려' 언어의 차이〉,《초등교육연구》3, 한국초등교육학회., 377-399.
- 김영진(2016), 〈상호 이해를 위한 공감적 대화〉,《현상학과 현대철학》68, 한국현상학회, 113-139.
- 김중수(2016), 〈대화 교육과 듣기의 재개념화〉,《화법연구》34, 한국화법학회, 65-107.
- 김중수(2018), 〈대화 장르 교육을 위한 '반응으로서의 말하기'〉,《화법연구》42, 한국화법학회, 35-74.
- 김평원(2012), 〈청소년 욕설 문화 개선 교육 프로그램의 효과〉,《화법연구》20, 한국화법학회.
- 노은희(2002), 〈청자의 맞장구 유형과 기능 연구〉,《화법연구》4, 한국화법학회, 245-269.
- 박경옥(2005), 〈담화분석을 통한 칭찬화행 연구〉, 한양대 석사학위논문.
- 박성석(2013), 〈관계 중심적 대화 능력 신장을 위한 교육 내용 연구-초면 대화

상황을 중심으로〉, 서울대 석사학위논문.

- 박영하(2011), 〈칭찬의 도덕교육적 타당성 및 적용 방법에 관한 연구〉, 서울대 박사학위논문.
- 박재주 (2012), 〈'대화적 자아' 형성을 위한 대화의 원리, 그리고 대화 속 도덕교육을 위한 대화의 모습들〉, 《초등도덕교육》 38, 한국초등도덕교육학회, 49-75.
- 서영진(2012), 〈상호교섭적 논증 교육의 내용 구성 연구〉. 부산대 박사학위논문.
- 서종훈(2014), 〈화법 교육에서의 대화의 속성과 위상 고찰〉, 《언어과학연구》 68, 언어과학회, 165-190.
- 소미영(2012), 〈'관계 지향적 듣기'와 '반응'에 관한 연구〉, 《화법연구》 20, 한국화법학회, 141-170.
- 엄서현(2015), 〈도덕과 교육에서의 칭찬 활용 방안 연구 - 인격교육론과 강화이론을 중심으로〉, 이화여대 석사학위논문.
- 윤채영·강명숙·김정섭(2009), 〈쓰기 활용 칭찬프로그램이 초등학생의 대인관계 및 자아존중감에 미치는 효과〉, 《초등교육연구》 22(4), 한국초등교육학회, 255-274.
- 윤채영·김경란·김정섭(2009), 〈중등 예비교사가 지각하는 칭찬 유형〉, 《한국교원교육연구》 26(4), 한국교원교육학회, 55-78.
- 이진아·안병곤(2017), 〈한일 양국 초등학생 학교폭력 실태 비교연구〉, 《일본근대학연구》 57, 한국일본근대학회, 411-432.
- 정상섭(2005), 〈공감적 듣기의 듣기 교육적 수용 연구〉, 《한국초등국어교육》 28, 한국초등국어교육학회, 277-305.
- 한연희·전은주(2011), 〈2011 국어과 교육과정 듣기, 말하기 영역 수직적 조직 분석 - '국어' 과목 담화 유형을 중심으로〉, 《화법연구》 19, 화법연구학회, 389-423.
- 허영주(2014), 〈대화 유형별 특성과 조건이 교육적 대화에 주는 함의 - Buber, Noddings와 Burbules의 대화유형을 중심으로〉, 《홀리스틱융합교육연구》 18(3), 한국홀리스틱융합교육학회.

교사를 위한 대화법

3단계 모형으로 익히는 듣기, 칭찬하기, 지적하기

1판 1쇄 발행일 2020년 8월 17일
1판 2쇄 발행일 2024년 5월 20일

지은이 김중수

발행인 김학원
발행처 (주)휴머니스트출판그룹
출판등록 제313-2007-000007호(2007년 1월 5일)
주소 (03991) 서울시 마포구 동교로23길 76(연남동)
전화 02-335-4422 **팩스** 02-334-3427
저자·독자 서비스 humanist@humanistbooks.com
홈페이지 www.humanistbooks.com
유튜브 youtube.com/user/humanistma **포스트** post.naver.com/hmcv
페이스북 facebook.com/hmcv2001 **인스타그램** @humanist_insta

편집책임 문성환 **편집** 윤무재 **디자인** 박인규
조판 홍영사 **용지** 화인페이퍼 **인쇄** 삼조인쇄 **제본** 해피문화사

ⓒ 김중수, 2020

ISBN 979-11-6080-473-7 03370